A VIDA DE
FRANCISCO

EVANGELINA HIMITIAN

A VIDA DE
FRANCISCO

O PAPA DO POVO

Tradução
Maria Alzira Brum Lemos e Michel Teixeira

Copyright © Evangelina Himitian, 2013

Todos os direitos desta edição reservados à
EDITORA OBJETIVA LTDA.
Rua Cosme Velho, 103
Rio de Janeiro – RJ – Cep: 22241-090
Tel.: (21) 2199-7824 – Fax: (21) 2199-7825
www.objetiva.com.br

TÍTULO ORIGINAL
Francisco, el papa de la gente

CAPA
Adaptação de Barbara Estrada sobre layout original de Raquel Cané

IMAGEM DE CAPA
Getty Images/Christopher Furlong

REVISÃO
Raquel Correa
Joana Milli
Tamara Sender
Ana Grillo

EDITORAÇÃO ELETRÔNICA
Abreu's System Ltda.

CIP-BRASIL. CATALOGAÇÃO NA PUBLICAÇÃO
SINDICATO NACIONAL DOS EDITORES DE LIVROS, RJ

H551v

    Himitian, Evangelina
        A vida de Francisco: o papa do povo / Evangelina Himitian; tradução Maria Alzira Brum Lemos, Michel Teixeira. – 1. ed. – Rio de Janeiro: Objetiva, 2013.

        Tradução de: *Francisco, el papa de la gente*
        254p.   ISBN 978-85-390-0486-7

        1. Francisco, papa, 1936-. 2. Papas - Biografia. I. Título.

13-00255   CDD: 922.21
                                CDU: 929:2-725

À minha filha Olivia

Sumário

CAPÍTULO I: *Um dos caminhos a Roma* 9

CAPÍTULO II: *Não se nasce papa* 15

CAPÍTULO III: *Assim se educa o bispo de Roma* 28

CAPÍTULO IV: *A difícil missão de aprender a governar* 47

CAPÍTULO V: *O desterro, um mestrado em pastorado* 69

CAPÍTULO VI: *O nó que a Virgem desatou* 83

CAPÍTULO VII: *A revolução da fé* 97

CAPÍTULO VIII: *O papa da rua* 122

CAPÍTULO IX: *Um papa latino-americano* 139

CAPÍTULO X: *Um homem de todas as religiões* 159

CAPÍTULO XI: *Quando Deus vota: eleições no Vaticano* 173

CAPÍTULO XII: *O papa do povo e seus desafios* 196

A modo de epílogo: Como conheci Bergoglio 207

Agradecimentos 209

Anexo 211

Bibliografia 237

Capítulo I

Um dos caminhos a Roma

Quando o voo da Alitalia finalmente decolou do solo argentino, na terça-feira, 26 de fevereiro de 2013, Jorge Mario Bergoglio, arcebispo de Buenos Aires, teve uma sensação diferente no estômago. Eram 14h15, e o avião acabava de sair pontualmente do aeroporto internacional de Ezeiza. O cardeal se colocou em seu assento, esticou as pernas e respirou fundo. Tinha pedido para sentar na fileira da porta de emergência porque uma dor no joelho e no quadril, que o obriga a tomar corticoides, piora quando fica várias horas sentado. Não gosta de ficar muito tempo parado. Estava com os sapatos de sempre. Os outros, que algumas horas antes seus colaboradores da Catedral Metropolitana, em Buenos Aires, tinham lhe presenteado, estavam na mala. Compraram-nos como se tivessem intuído que o cardeal se negaria a usar os sapatos vermelhos de papa. "Você não pode viajar com estes sapatos", pronunciou-se o conclave local. Bergoglio agradeceu o presente, guardou-o na mala e calçou seus velhos companheiros de viagem.

Chegou ao aeroporto com pouco mais de duas horas de antecedência. Foi sozinho, como fazia toda vez que voava a Roma. Saiu da cúria portenha com uma mala e sua pasta preta como bagagem de mão. Atravessou a Plaza de Mayo e subiu em uma van da empresa de transportes Manuel Tienda León, que o levou até o aeroporto. Antes de partir, despediu-se dos seus, como sempre. Como quem vai e volta.

Um dos caminhos a Roma

"Jorge, você vai pegar a batuta?", profetizou o jornaleiro. "Não, é um ferro quente", respondeu.

Ao longo do dia, as pessoas de seu entorno insistiam em se despedir dele com certa emoção. "Não me venham com isso. Dentro de duas semanas nos veremos", disse a todos.

Pouco depois da decolagem, na solidão e no silêncio do voo, sentado no seu assento de classe econômica — fileira 25, corredor — , as dúvidas começaram a assaltá-lo. "Fiquem tranquilos. Não existe nenhuma possibilidade de que eu venha a ser papa." Bergoglio tinha repetido esta frase aos seus muitas vezes. "No dia 23 [de março] estarei de volta em Buenos Aires." Por que este dia? "No dia seguinte é domingo de Ramos. Tenho que rezar a missa", foi sua resposta.

"Não existe nenhuma possibilidade." Havia dito isso tantas vezes que quase tinha conseguido se convencer. O cardeal tinha certeza de que sua hora já tinha passado, entre outras razões, pelos seus 76 anos.

Mas a possibilidade existia, e ele sabia melhor do que ninguém. Não estava feliz. Sentia-se contrariado. Não queria. Algo parecido tinha acontecido quando o nomearam bispo auxiliar de Buenos Aires, em 1992. Cinco anos depois, quando soube que Roma ia nomear um auxiliar com direito à sucessão para o cardeal Antonio Quarracino, não achou que seria o escolhido. Ao contrário, imaginou que o transfeririam para uma diocese do interior do país. Sua primeira reação foi pedir que não o fizessem. "Sou portenho, e fora de Buenos Aires não sei fazer nada", desculpou-se. Os anos, no entanto, o ensinaram a não se deixar guiar por suas reações instintivas. Havia que esperar, portanto, a decantação das notícias que transbordavam suas emoções. Assim surgia a resposta sensata. "Sim?"

Enquanto o avião se aventurava sobre o oceano Atlântico e as aeromoças serviam bebidas aos passageiros, algumas das últimas conversas que tinha mantido antes de partir voltaram à sua cabeça.

"Está levando muita bagagem, padre?", tinha lhe perguntado uma pessoa de sua confiança, tentando discernir se se tratava de uma viagem de duas semanas ou uma mudança. "Com todas as roupas que os cardeais devem vestir para o conclave...", acrescentou. De qualquer forma, este colaborador próximo sabia que os pertences que o padre Bergoglio tinha acumulado nesta terra cabiam perfeitamente em uma mala: seus discos de música clássica, tango e ópera; um pôster do San Lorenzo — o time de futebol de seu coração — autografado pelos jogadores, que mantém preso em uma das paredes de seu escritório; os sapatos pretos imensamente confortáveis; o crucifixo de seus avós, que pende sobre sua cama no apartamento do terceiro andar da cúria portenha, em frente à Catedral. Pouco mais que isso.

Certa vez lhe perguntaram o que levaria consigo em caso de incêndio. A agenda e o breviário, foi a resposta imediata. Sua agenda é preta e pequena, e ali acumulava os telefones de muitas das pessoas a quem algum dia ajudou. Alternadamente, durante o ano, lhes telefona para saber como estão, felicitá-las pelo aniversário ou perguntar como vão os filhos. O breviário é o livro litúrgico que sintetiza as obrigações públicas do clero ao longo do ano. Anda sempre com ele. "É o primeiro que abro pela manhã e o último que vejo antes de dormir", garante. Dessa vez, para ir a Roma, para o conclave que escolheria o sucessor de Bento XVI, guardou os dois volumes em sua pasta.

"Não, não levo muita bagagem — respondeu ao colaborador. Viajo leve. Uma única mala, pequena, como sempre. Está um pouco pesada, mas não pela roupa, e sim porque levo alfajores e doce de leite para os amigos. Não me perdoariam se não levasse...", respondeu o cardeal.

"Fique tranquilo, não existe nenhuma possibilidade", declarou Bergoglio, lendo nas entrelinhas a conversa que se aproximava.

— Estou rezando por você, padre.

— Como você gosta de mim...

— Você vai ser papa.

— Não. Acho que não. Dia 23 estarei de volta.

— Como sabe que vai voltar? Se o Espírito Santo disser que não, é uma coisa. Mas se é você quem está dizendo que não, pense a quem está dizendo que não.

O silêncio se tornou eterno. Depois se despediram.

"Você sempre fala que se deve levar a pátria nos ombros; neste caso, a Igreja. Talvez esta seja sua hora de fazer isso. É provável que este seja o último serviço que presto ao Senhor", lhe disse outro colaborador, momentos antes de embarcar no avião.

Todas as mensagens pareciam encaminhadas neste sentido. Um destino que começava a se configurar como inexorável, pelo menos em seu foro íntimo, em sua convicção e em sua intuição. Mas não em seu desejo. E tampouco na opinião pública. O nome do Jorge Mario Bergoglio, por alguma razão, não figurava entre os cinco principais candidatos da imprensa nem dos apostadores.

E se fosse verdade? E se esta fosse sua hora de colocar a Igreja nos ombros? A Igreja perde — ou perdia — milhares de fiéis por dia. Seria ele o homem que deveria enfrentar esta terrível realidade e colocar-se à frente? Ele se transformaria no bom pastor que sai para buscar as ovelhas afastadas do rebanho ou, como costuma dizer em suas homilias, se transformaria no "penteador de ovelhas: aquele que se dedica a fazer cachinhos na única ovelha que resta no rebanho", enquanto as outras andam extraviadas pelo caminho?

Seria ele o papa americano? Não soava absurdo, uma vez que metade dos católicos do mundo vive na América Latina. Mas na Argentina só um de cada cinco católicos assiste à missa aos domingos. O verdadeiro desafio seria reconciliar a Igreja com aquilo que o mundo inteiro espera dela: honestidade, transparência, austeridade, coerência, proximidade e maior abertura.

Um dia depois de que a fumaça branca avisasse ao mundo que um novo pontífice tinha sido eleito, o telefone voltou a tocar em Buenos Aires. A pessoa que o havia desafiado antes do voo atendeu. De Roma soou uma voz fresca e alegre. Era o papa. "Você tinha razão. No fim das contas... os cardeais me aprontaram essa", disse, em tom risonho, irônico, inconfundível.

Os cardeais... Com eles foi mais direto. No conclave, quando se soube que tinha superado os noventa votos, sem rodeios emitiu sua primeira absolvição: "Eu os perdoo", disse.

Alguns meses antes, um grupo de sindicalistas portenhos tinha ligado para o escritório da Pastoral Social da Arquidiocese de Buenos Aires. Estavam preocupados. "Diga ao padre Bergoglio que não ande sozinho pela rua. É perigoso. Tem muita gente que não gosta dele. Deve se cuidar", disseram. Não era uma ameaça, justamente o contrário. Era um pedido de pessoas próximas ao poder genuinamente preocupadas com sua segurança e com sua opção de andar pelas ruas como qualquer portenho.

"Não deixarei a rua", respondeu Bergoglio, desconsiderando o comentário trazido por seus colaboradores. "Preciso estar em contato com as pessoas. Senão, fico neurótico. E me transformo em um rato de sacristia", acrescentou.

Sua opção tem fundamento. Ele sabe que a chave da revolução que começa na vida daqueles que o conhecem recentemente reside no fato de que o veem como uma pessoa próxima. Como mais um entre eles. Como um homem comum. "Jesus viveu fazendo o bem. Ele andou, caminhou no meio do seu povo. Entrou no meio das pessoas. Sabem qual é o lugar físico em que Jesus passava mais tempo? A rua", disse durante uma fala pública em outubro de 2012.

"O que lhe agrada tanto em Buenos Aires?", lhe perguntaram em uma entrevista realizada pela equipe de imprensa do Arcebispado de Buenos Aires em novembro de 2011, quando concluiu seu mandato como presidente da Conferência Episcopal Argentina. "Caminhar. Qualquer canto de Buenos Aires tem algo a dizer. Buenos Aires tem lugares, bairros e povoados. Lugano é mais que um bairro: é um povoado com idiossincrasias que o diferenciam de um bairro comum. Há lugares, como grandes avenidas, que são só lugares; alguns bairros mantêm sempre seu encanto", respondeu, sempre apaixonado pela sua cidade.

Talvez tenha sido por isso que, quando da sacada do Vaticano anunciaram a eleição do sucessor de Bento XVI e que era argentino, a festa irrompeu justamente no lugar que Bergoglio mais ama de sua cidade: a rua.

Buenos Aires, quarta-feira, 13 de março de 2013. Os instantes que se seguiram à fumaça branca foram eternos. A humanidade inteira sabia que já havia um papa e esperava conhecer seu nome. Na cidade, nos bares, nos locais de trabalho, nas casas, se abriu um parêntese temporário, um parêntese em que estava permitido abandonar a rotina e ver televisão. Mas só uns poucos, talvez os mais próximos, esperavam ouvir

Um dos caminhos a Roma

um nome argentino. Para os outros, o italiano Angelo Scola ou o brasileiro Odilo Pedro Scherer encabeçavam as apostas.

"Bergoglio poderia se tornar a surpresa", publicou em um destaque da página 3 do jornal argentino *La Nación* a jornalista Elisabetta Piqué, correspondente em Roma, no próprio dia do conclave.

Deve-se dizer: essa não era a expectativa quando o cardeal protodiácono francês do Vaticano, Jean-Louis Tauran, saiu à sacada principal da Basílica de São Pedro, escoltado por dois padres. Com voz trêmula e tom pausado, aproximou-se do microfone e pronunciou o que todo mundo já sabia: *"Habemus Papam"*. Na praça do Vaticano explodiram os aplausos, e a tensão contagiou todo o planeta. E então chegou o anúncio do nome em latim que poucos compreenderam nesta primeira instância: *"Eminentisimum ac Reverendisimum Dominum, Dominum Georgium Marium Sanctae Romanae Ecclesiae Cardinalem Bergoglio."*

"O que disse? Disse Bergoglio?", era a pergunta repetida pela audiência universal. A dúvida durou apenas alguns segundos. Logo as cadeias de notícias confirmaram: o argentino Bergoglio era papa. Na cidade de Buenos Aires a surpresa foi como uma explosão. Houve gritos, abraços, aplausos, mãos na boca, incredulidade, festejos e, obviamente, também comentários pessimistas.

Como se fosse um gol de ouro na final de uma copa do mundo. A notícia deixou as pessoas sem palavras. Transbordou.

Agarrado às grades de sua sacada do 12º andar em um edifício na avenida del Libertador perto de Salguero, em um bairro elegante da cidade de Buenos Aires, um jovem gritava a notícia a quem quisesse ouvir: "O papa é argentino! O papa é Bergoglio! Obrigado, Deus!" Eufórico, emocionado.

Os motoristas não soltavam as buzinas, em um concerto que em poucos segundos se estendeu por toda a cidade. Ouviu-se em bairros tão distantes entre si quanto Palermo, Flores e Almagro.

Nas ruas de Buenos Aires, o lugar favorito do novo papa, havia alegria, saudações, pessoas que gritavam a novidade, que telefonavam, que falavam com desconhecidos sem importar a religião, sem julgar a notícia como boa ou ruim... O papa era argentino.

Capítulo II

Não se nasce papa

O bairro de Flores é o centro geográfico da cidade de Buenos Aires. Está em convulsão. Não são todos os dias que os moradores ficam sabendo que o papa veio ao mundo em sua própria comunidade.

Na rua Membrillar, 531, entre Francisco Bilbao e Espartaco, ainda se mantém de pé a casa de sua infância, onde Jorge Mario Bergoglio, o homem que hoje senta no trono de Pedro, viveu até os 21 anos. Da versão original da casa só subsistem duas grades e uma pracinha que coroa o pátio. É preciso percorrer um longo corredor, destes em que ecoam os saltos dos sapatos, para chegar até ali. Embora a fachada tenha sido reformada, a estrutura da casa se mantém firme depois de uns 76 anos. "Tem fundações boas", aponta Arturo Branco, atual dono da propriedade, um ex-seminarista que mora ali com Marta, sua mulher. Nos dias seguintes à nomeação de Francisco, a casa de Flores se converteu no epicentro das peregrinações dos vizinhos. São muitos os que dizem compartilhar lembranças da infância com o novo pontífice. E reunir-se, contá-las e rememorá-las é a forma que os vizinhos encontraram para se somar ao furor pelo novo papa.

Bergoglio nasceu na quinta-feira, 17 de dezembro de 1936, e foi o primeiro dos cinco filhos que tiveram Mario José Francisco Bergoglio, contador, e Regina María Sívori, dona de casa. Depois vieram Oscar, Marta, Alberto e María Elena, a única viva atualmente. Rosa Margarita

Não se nasce papa

Vasallo, a avó, morava perto de sua casa. Ensinou-o a memorizar as orações e o incentivou, desde pequeno, a abraçar a fé cristã. Quando nasceram seus irmãos mais novos, o pequeno Jorge costumava passar o dia na casa dos avós, onde aprendeu a falar piemontês.

Embora ambos tivessem emigrado da Itália, os pais de Bergoglio se conheceram em Buenos Aires, quando participavam de uma atividade da igreja. A história de como a família Bergoglio veio da Itália para a Argentina é longa.

Em 1864, o bisavô do papa comprou uma casa de campo em Bricco Marmorito, que se encontra à sombra dos Alpes, em uma região produtora de vinhos do noroeste da Itália. Ali também explodiu a festa quando se ouviu o último *"Habemus Papam"*. Um ramo da família, primos distantes do papa Francisco, acompanhava atentamente a eleição. "Quando soubemos da notícia, ficamos surpresos, porque nunca pensamos que ele poderia chegar a ser papa", disse Anna Bergoglio, uma prima distante.

Os Bergoglio se estabeleceram neste povoado da província de Asti junto com outros membros da família. Alguns anos mais tarde voltaram a se mudar para Portacomaro, no centro da Lombardia, onde nasceu e cresceu Angelo, o avô do papa. Também neste pequeno *villagio* italiano, de apenas 1.960 habitantes, soaram os sinos e se organizou uma grande festa na praça, celebrada dois dias depois. Na cidade de Buenos Aires, no bairro de Flores, e também em Bricco Marmorito e em Portacomaro, todos queriam reivindicar o novo papa como verdadeiro filho de sua terra. "É o neto do Angelo Bergoglio", anunciava a todos os que passavam o padre Andrea, responsável pela Igreja de San Bartolomeo.

Em 1920, Angelo se mudou com seus seis filhos para Torino. Dois anos depois, três de seus irmãos emigraram para a Argentina e se instalaram na cidade de Paraná, em Entre Ríos, onde fundaram uma empresa de pavimentação. Em 1929, Angelo decidiu juntar-se a eles. Não porque tivesse problemas financeiros, mas porque sentia falta dos irmãos. Então, decidiu vender a confeitaria de que era dono e comprar passagens para a Argentina no navio *Principessa Mafalda*. Mas o navio sofreu uma avaria e acabou naufragando no norte do Brasil, de modo que viajaram no *Giulio Cesare*. Mario José, o pai de Francisco, tinha 21 anos, era solteiro e havia se formado como contador.

Quando desembarcaram no porto de Buenos Aires era uma tarde quente de verão. No entanto, Rosa — a avó do pontífice — estava com seu casaco de pele de raposa, pois levava costurada no forro uma verdadeira fortuna: todas as suas economias. Não podia tirá-lo.

Os recém-chegados não se instalaram no Hotel dos Imigrantes, localizado na zona portuária, como costumavam fazer os que atracavam naqueles anos. Seguiram viagem para o Paraná.

Um imponente edifício os esperava ali, perto do rio. Tinha sido construído pelos tios-avós do papa Francisco, que o batizaram com o ambicioso nome de Palácio Bergoglio. Possuía um andar para abrigar cada uma das famílias. Mas quando explodiu a crise de 1931, as contas não renderam como haviam calculado, e um ano depois ficaram sem nada. Tiveram que vender até o túmulo da família.

O irmão mais velho dos Bergoglio morreu de câncer, o mais novo foi para o Brasil e o do meio, junto com Angelo, recomeçou de zero, relata María Elena, a irmã mais nova do papa, que atualmente vive no distrito de Ituzaingó, na zona oeste da Grande Buenos Aires.

Recomeçou. Angelo conseguiu um empréstimo e comprou um armazém em Buenos Aires. Não era um negócio refinado como a confeitaria que tinha administrado na Itália, mas ele dominava o ofício. Mario José, o pai do cardeal, começou a procurar emprego como contador em outras empresas. Enquanto isso, fazia as entregas das mercadorias de bicicleta.

Em 1934, os pais do Bergoglio se conheceram no bairro portenho de Almagro, no oratório salesiano de Santo Antônio, durante uma missa. Um ano depois se casaram, e um ano mais tarde nasceu o papa.

O cardeal Bergoglio passou boa parte de sua primeira infância na casa da avó paterna. Recentemente, quando lhe perguntaram pela pessoa que mais o teria influenciado em sua vida, sem hesitar apontou: "Minha avó". Foi durante a última entrevista radiofônica que concedeu antes de ser papa. Um amigo, o padre Juan Isasmendi, responsável pela rádio Paróquia Nossa Senhora dos Milagres de Caacupé, na *villa* de Nº 21, no bairro portenho de Barracas, o havia convidado. Bergoglio, que não é adepto de dar entrevistas e evita o máximo a exposição pública, havia concordado com uma condição: que enviassem as per-

Não se nasce papa

guntas por e-mail. Algumas vezes, logo depois de ser entrevistado, o cardeal costuma incutir no jornalista a dúvida a respeito da utilidade de suas respostas. "Você acha que o que eu disse vai servir para alguma coisa?", indaga. Ingenuidade ou modéstia? É difícil discernir. Quando Bergoglio finalmente decidiu aceitar a entrevista da rádio paroquial, não hesitou diante da pergunta: "Uma pessoa?" "Minha avó", respondeu. E a seguir justificou: "Foi ela quem me ensinou a rezar. Marcou-me muito na fé. Contava-me histórias de santos. Quando eu tinha 13 meses, meu irmão nasceu. Minha mãe não dava conta de cuidar de nós dois, e minha avó, que morava perto, me levava pela manhã para a casa dela e me trazia à tarde. Do que mais me lembro é desta vida dividida entre a casa de minha mãe e meu pai e a casa dos meus avós. E quem me ensinou a rezar de fato foi a minha avó."

"Ele fala muito de sua avó Rosa. Nota-se que era muito apegado a ela e também a vincula com sua vocação para o sacerdócio", lembra Francesca Ambrogetti, autora, junto com Sergio Rubín, de um livro de entrevistas e experiências de Bergoglio intitulado *El jesuita*. Entre outras coisas, sua avó lhe transmitiu os costumes piemonteses. A hora da refeição era um momento especial para a família, em particular aos domingos, quando os jantares podiam se estender até a madrugada.

Bergoglio garante ter aprendido com a avó a resposta abrangente e bondosa para aquele que está prestes a se aventurar em um desafio incerto. Assim fez quando ele lhe disse que queria entrar no seminário: "Bem, se Deus o está chamando, bendito seja... Mas, por favor, não se esqueça de que as portas desta casa estão sempre abertas e que ninguém vai condená-lo se você decidir voltar."

A devoção do cardeal pela avó se manteve intacta até o final. Nos anos 1970, sempre que podia ia visitá-la na casa de idosos da Ordem de São Camilo, onde ela se alojava. Era o único a quem ela dava ouvidos. No dia de sua morte, contam as freiras enfermeiras que o acompanharam, Bergoglio permaneceu ao lado dela o tempo todo. "Quando sua vida se apagou, prostrou-se no chão e disse: 'Neste momento minha avó enfrenta o momento mais importante de sua existência. Está sendo julgada por Deus. Este é o mistério da morte.' Alguns minutos depois se levantou e saiu, sereno como sempre", relatou a irmã Catalina.

A vida de Francisco

No seio familiar, María Elena lembra que Mario José foi um pai firme, mas jamais levantou a mão para os filhos. Esse papel era cumprido pela mãe. "Meu pai olhava para nós, e a gente preferia dez chicotadas a este olhar. Com a mãe, voava o sopapo! Mas, também, pobre mulher... éramos cinco!", comentou rindo.

"Com minha mãe ouvíamos, nos sábados às duas da tarde, as óperas transmitidas pela Radio del Estado. Ela nos fazia sentar ao redor do aparelho e, antes que a ópera começasse, nos explicava do que tratava. Quando estava para começar uma ária importante, dizia: 'Ouçam bem que vão cantar uma canção muito linda.' A verdade é que estar com minha mãe, os três irmãos mais velhos, nos sábados às duas da tarde, desfrutando da arte, era uma beleza", relatou Bergoglio em *El jesuita*.

Colecionar selos foi uma de suas paixões quando criança. As outras? Ler e jogar futebol; nesta ordem. Também caminhar.

Naqueles anos, o bairro de Flores era um pulmão na cidade, já que quase todas as casas tinham um quintal ou um jardinzinho. Em sua quadra, todos se conheciam e as famílias antigas, que ainda permanecem no bairro, se atrevem a contar casos da infância do sucessor de Bento XVI.

A praça Herminia Brumana, a poucos metros da casa dos Bergoglio, era o epicentro das atividades. "Eu o conheço há cinquenta anos. Nos reuníamos para jogar bola, mas ele estava quase sempre com livros", diz Rafael Musolino, um colega de infância.

Outros amigos de infância lembram que Bergoglio era um líder de perfil discreto. Reuniam-se para jogar bola e depois das peladas ele ajudava os colegas com os deveres escolares. Estavam no primário e ainda demoraria para que despertasse para sua vocação religiosa.

Na praça entre as ruas Membrillar e Bilbao ainda se ouvem alguns testemunhos de moradores que o viam passar correndo na saída da escola laica Nº 8, Coronel Pedro Cerviño, perto do número 300 da rua Varela. Tirava o guarda-pó branco enquanto percorria apressado a quadra, que tinha mais terra que grama. Toda tarde, quando saíam da aula, Bergoglio e seu primo se uniam a um grupo de garotos que apressavam o passo para dar início a uma partida de futebol. Entre eles já era um líder. Talvez não aquele que organiza o jogo com a bola debaixo do braço e determina quem vai para cada time. A liderança de Bergoglio começava a se esboçar de maneira muito mais sutil, desde baixo. Era a quem o time olhava para organizar o jogo no campo, embora não fosse nem de longe o melhor jogador, ou o goleador. Convocava, organizava, distribuía. Era um líder, sim, mas de perfil discreto, como hoje o vê o mundo.

Na escola em que cursou os estudos primários ainda existe documentação que certifica que Bergoglio foi um de seus filhos. São os volumosos livros de conceitos que, já com um tom amarelado, resistiram aos embates do tempo: uns setenta anos. Ali, entre as folhas ásperas e secas, com pontas partidas, ficaram registrados os nomes e os conceitos de cada um dos alunos que passaram por suas salas de aula. "Jorge Mario Bergoglio, idade: 6 anos, conceito: suficiente."

"Na nossa época não davam notas, apenas isso: suficiente ou insuficiente. Ele ia bem, mas não me lembro dele como um menino extraordinário, e sim como parte da turma", conta Ernesto Lach, de 77 anos, exímio pianista e colega de colégio do novo papa.

A professora de primeiro ano foi Estela Quiroga. O papa se lembra bem dela porque manteve com ela uma amizade por carta até sua morte, em 2006. Na troca de correspondência, em cartas escritas sempre à máquina, Bergoglio lhe contava cada passo que dava em seu caminho de fé. Chegou a convidá-la especialmente para sua ordenação. Depois, costumava contar-lhe as histórias que o comoviam, sobre as pessoas que tinha podido ajudar.

Cinco anos antes de sentir o chamado de Deus para lhe consagrar sua vida, Bergoglio se apaixonou por uma vizinha e sonhou se casar com ela e ter uma casa e uma família. Com apenas 12 anos, apaixonou-se louca e perdidamente. Ela se chamava Amalia e tinha a mesma idade que ele. Foi um amor pré-adolescente, quase platônico, detalha María Elena, irmã do papa. A simplicidade e a candura de menino ficaram gravados na carta que Jorge Mario enviou a Amalia: "Se não me casar com você, me tornarei padre." Ter recebido esta carta valeu a Amalia a irritação do pai, e até uma surra. Por isso o repudiou, embora gostasse dele. "Talvez sejamos almas gêmeas. Nós dois amamos os pobres", disse

Amalia aos meios de comunicação no dia seguinte à notícia de que seu "pretendente" fora eleito para ocupar o lugar de Pedro.

Em todos esses anos, embora Amalia tenha seguido sua vida — casou-se e teve filhos e netos —, a possibilidade de que o novo papa tivesse encontrado sua vocação por Deus no amor que ela não pôde corresponder sempre rondou sua mente. Tinham apenas 12 anos.

"Saíamos para brincar como faziam todas as crianças. Ele era maravilhoso, um menino sempre correto, muito amigo. A mãe dele era uma Virgem Maria", contou Amalia entre lágrimas de emoção.

"A única carta que ele me mandou me valeu uma boa surra do meu pai. Ele tinha desenhado uma casinha branca com teto vermelho e acima dizia: 'Esta casinha é a que eu vou comprar quando nos casarmos. Se não me casar com você, me tornarei padre', escreveu, e cumpriu", diz Amalia. "Era um romântico. Pelo menos resta a ilusão de saber que fui a primeira mulher que o inspirou a pensar em um lar, em uma família."

Nessa entrevista, o próprio Bergoglio contou: "Quando criança, uma vez pensei em ser padre, mas como a gente pensa em ser engenheiro, médico, músico… Passou pela minha cabeça."

No mesmo ano em que Bergoglio se apaixonou por Amalia, seu pai tomou uma decisão. Além de matriculá-lo na escola secundária, começaria a trabalhar com ele no escritório de contabilidade. "Meu filho, é hora de você começar a trabalhar", lhe disse. Não porque em sua casa houvesse necessidade. "Lá em casa não sobrava nem faltava nada", apontou certa vez Bergoglio. Não tinham carro nem tiravam férias, mas não faltava nada à mesa. Como italiano e imigrante, dom Mario sabia que o melhor legado que podia deixar a seus filhos era a educação e o amor pelo trabalho, dois conceitos vertebrais a que se aferrou ao longo de sua vida o homem que hoje é papa.

Foi assim que começou bem de baixo: durante dois anos, com tarefas de limpeza no escritório contábil. Foi diligente e cumpridor. Pouco tempo depois começou a trabalhar em uma fábrica de meias da qual seu pai era contador.

O papa cursou seus estudos secundários na escola técnica industrial Nº 12 (hoje Escuela Nacional de Educación Técnica Nº 27 Hipólito Yrigoyen), montada em uma casa de família, na rua Goya, 300, no

Não se nasce papa

bairro de Floresta. Em um dos quartos, ele e outros 12 alunos começaram a aprender as primeiras noções de química e física. Da dúzia de companheiros, só sobrevivem três. Néstor Carabajo, que continua sendo seu amigo íntimo. "Estudávamos química, mas ele era bom em literatura, em psicologia e em religião. Nesta época, aos 14, 15 anos, já era militante religioso", contou ao jornal *Clarín*. Ninguém sabe bem por que acabou estudando química. Talvez tenha sido pela vocação de seu pai de educar os filhos para o trabalho, e a escola técnica podia ser vista como uma saída segura para uma profissão.

"Jorge era bom em todas as matérias, mas não era dos que passavam a vida estudando", assegura Carabajo. "Nas segundas-feiras nos reuníamos depois das aulas para conversar sobre futebol e às vezes íamos jogar bola em um terreno da igreja Medalla Milagrosa. Um ou outro vidro quebrava, é claro. Depois dos desafios do futebol, ajudava todos a estudar, incluindo os das divisões inferiores. Além disso, jogava basquete e gostava muito de assistir a lutas de boxe."

Seus conhecimentos sobre literatura faziam dele um exímio conhecedor das palavras. "Era especialista em Borges. Quando vinha, comentava conosco sobre tudo o que lia. Mas, além disso, sabia de cor o *Martín Fierro* e aqui guardamos seus discursos, que são verdadeiras joias literárias", diz agora o padre Gabriel Marroneti, pároco da igreja San José de Flores, onde Bergoglio recebeu o chamado para o sacerdócio.

Não foi nem a química, nem o futebol, nem sequer o basquete, que praticava como seu pai, as disciplinas a que dedicou mais horas durante a adolescência. Foi a literatura. Contam seus amigos que, enquanto os outros passavam correndo pela praça da rua Varela, 300, para ir jogar futebol, não eram poucas as vezes em que Bergoglio parava ali, livro na mão, e ficava horas sentado, lendo.

Com *Los novios* de Alessandro Manzoni, ou *A divina comédia* de Dante Alighieri, na primeira linha, o jovem descendente de imigrantes foi descobrindo seu amor pelas letras. Também gostava dos textos de Johann Hölderlin, o grande poeta do romantismo alemão. Continuou lendo-os e relendo-os até seus últimos dias em Buenos Aires. Em sua biblioteca, no segundo andar do apartamento em que morou até se tornar papa, em frente à Catedral Metropolitana, há uma seção de grandes clássicos que Bergoglio percorre em seus poucos momentos livres.

Com os anos, somou-se à sua biblioteca pessoal a obra completa de Jorge Luis Borges e de Leopoldo Marechal, dois autores que admira com fervor.

Também possui uma interessante coleção de discos de tango. É conhecedor de suas duas etapas, com Carlos Gardel e Azucena Maizani — a quem deu a extrema-unção —, e Astor Piazzolla e Amelita Baltar. Não faz muito tempo, pediu a um amigo que gravasse para ele uma fita com as melhores canções de Piaf. Sim, porque ele não usa CD. Para dormir ou trabalhar, prefere ouvir música clássica.

Na adolescência, como parte de sua busca por emprego, conseguiu uma vaga no laboratório Hickethier y Bachmann, entre as ruas Arenales e Azcuénaga, onde trabalhava das sete da manhã à uma da tarde. Era um laboratório de análise de gorduras, água e produtos alimentícios. Bergoglio se dedicava aos alimentos; fazia as análises bromatológicas das amostras enviadas pelas empresas para efetuar seus controles.

Naquele período, Bergoglio conheceu uma mulher que seria decisiva em sua vida. Chamava-se Esther Ballestrino de Careaga. Ela lhe mostrou como era a militância política e até o levou a investir em leituras comunistas, que ele lembra com precisão, assim como dela, a quem define como "extraordinária". Foi sua chefe em um laboratório químico e até lhe ensinou alguma coisa de guarani, pois era paraguaia. Muito tempo depois, nos anos 1970, a ditadura o golpearia ao voltar a cruzar seus caminhos da pior e mais triste maneira: a mulher foi sequestrada junto com as desaparecidas freiras francesas Léonie Duquet e Alice Domon.

"Lembro-me de que, quando lhe entregava uma análise, me dizia: '*Che,* mas como você a fez rápido!' E em seguida me perguntava: 'Mas fez essa dosagem, certo?' Então eu lhe respondia que não tinha por que fazer já que, depois de todas as dosagens acima, essa deveria resultar mais ou menos igual. 'Não, é preciso fazer bem as coisas', repreendia-me. Definitivamente, ela me ensinava a seriedade do trabalho. Realmente, devo muito a esta grande mulher", contou Bergoglio em *El jesuita.*

Não se nasce papa

Seus estudos secundários, na então escola industrial Nº 12, já mostraram outro Bergoglio. Adolescente, mais comprometido, inclusive politizado. Como os tempos que corriam. De fato, há quem se lembre, por exemplo, de que o sancionaram em uma oportunidade por levar um escudo peronista na roupa.

Eram os anos de Juan Domingo Perón e Evita, anos de confrontação, de igrejas queimadas e de violência na procissão de Corpus Christi. E também do bombardeio da Plaza de Mayo pela Força Aérea, de golpe de estado da Revolução Libertadora, dos fuzilamentos de militantes peronistas nos depósitos de lixo da localidade buenairense de José León Suárez e do "tirano prófugo", como era obrigatório denominar o deposto Juan Perón. Anos de intolerância recíproca que ele jamais esquecerá.

No entanto, quando a vida de Bergoglio parecia se encaminhar em um sentido, seu coração deu uma virada. Aos 17 anos Deus saiu ao seu encontro, em 21 de setembro de 1954, dia da primavera. Estava indo comemorar a chegada da estação do amor com sua namoradinha e um grupo de amigos quando, ao passar pela paróquia de São José de Flores, sentiu vontade de se confessar, e se separou do grupo. Há alguns anos lhe perguntaram o que o tinha impulsionado a ser sacerdote, e ele não hesitou: "Foi uma…", disse. Não se referia a Amalia, mas ao que tinha sentido ao passar pela porta daquela igreja. Nunca chegou à festa da primavera naquele ano. "Deus me 'priorizou'", definiu o próprio Bergoglio em sua última entrevista radiofônica antes de ser consagrado papa.

"Estava fazendo o colégio industrial, estudava química, e num dia 21 de setembro — me lembro sempre disso porque estava saindo para ir passear com meus colegas — passei pela igreja de Flores. Eu frequentava essa igreja. E simplesmente entrei ali. Senti que tinha que entrar. Essas coisas que você sente por dentro. Que não sabe como. E olhei. Estava escuro nessa manhã de setembro. E vi que um padre vinha caminhando. Não o conhecia. Não era da igreja. Sentou-se no último confessionário, à esquerda, olhando para o altar. E aí eu já não sei o que me aconteceu …"

"Senti como que se alguém me agarrasse por dentro e me levasse ao confessionário. Não sei o que aconteceu ali. Evidentemente lhe contei minhas coisas, me confessei. Mas não sei o que aconteceu. E, quando terminei de me confessar, perguntei ao padre de onde era, porque não o conhecia", relembrou Bergoglio. "Disse-me: 'Sou de Corrientes e estou morando perto, no lar sacerdotal. Venho celebrar missa aqui, na paróquia, de vez em quando.' Tinha câncer, uma leucemia. Morreu no ano seguinte. Ali senti que tinha que ser padre. Não hesitei, não hesitei", garantiu.

Foi exatamente ali, no confessionário localizado ao lado da Virgem de Luján e da imagem de São José, onde descobriu sua vocação religiosa. Deus o estava esperando e foi ao seu encontro. Não regressou com seus amigos. Voltou a sua casa, para meditar sentado no coreto, sozinho, sobre a decisão que estava por tomar.

Receber de Deus um chamado deste tipo não foi uma coisa simples de elaborar. A princípio não disse nada. Em seu foro íntimo, travava-se uma luta intensa. Viveu esses anos como em uma "solidão passiva", já que sofria "aparentemente sem motivo, por uma crise ou uma perda, diferentemente de uma solidão ativa, que se sente ao ter que tomar decisões transcendentais", contou certa vez.

Somente alguns anos mais tarde comunicaria à família a decisão de ingressar no seminário e se ordenar padre.

Terminou os estudos secundários aos 19 anos, porque o industrial requeria um ano a mais de estudos. Nesse momento disse à mãe que tinha decidido, que seu caminho continuaria na Faculdade de Medicina. Regina se alegrou com a notícia. "Apoiou-o e lhe arrumou um quarto, que era um quarto de cacarecos que havia no terraço, para que pudesse estudar tranquilo", lembra María Elena Bergoglio.

Certo dia, no entanto, Regina entrou no quarto para limpá-lo e se deparou com uma surpresa: livros de teologia e filosofia. María Elena ainda se lembra da conversa que mãe e filho tiveram:

— Jorge, venha aqui. Você disse que ia estudar medicina.

— Sim, mãe.

— Por que mentiu para mim?

— Não menti, mãe, vou estudar medicina da alma.

Nesse dia sua mãe chorou. Naquele tempo, para uma família de imigrantes como a deles, que um filho estudasse medicina e se tornasse doutor significava uma ascensão social. Era motivo de orgulho para os pais, que depois de tanto esforço viam o fruto de seu trabalho. O pai, em compensação, se alegrou. "Entendeu que Jorge ia embora. Por isso

Não se nasce papa

a 'cara feia' da mamãe", conta María Elena, ou Mariela, ou Malena, ou "Nena", como Bergoglio costuma chamá-la.

Quando ele ingressou no seminário, Regina ainda não conseguia digerir a notícia. Não ia visitá-lo; era Francisco quem voltava à casa familiar para compartilhar seus dias livres. "Não porque estivesse zangada comigo ou com Deus", esclarece Bergoglio. "Não concordava. 'Pense: eu não consigo ver você como padre', dizia."

Dar a notícia ao grupo de amigos tampouco foi simples.

Naquela tarde de 1957 a vida de Jorge Bergoglio mudou para sempre. Tinha decidido se tornar sacerdote e comunicou isso aos amigos em um velho casarão do bairro de Flores, entre a Carabobo e a Alberdi. Ali, sua "turma" recebeu a notícia com alegria e um pouco de nostalgia pela perda do trato cotidiano. Duas garotas chegaram a chorar com sua decisão. Era o primeiro passo de sua longa caminhada até a Santa Sé.

Alba Colonna se lembra bem daquela tarde. Fazia parte do grupo de amigos formado justamente pela comunhão que se dava entre as paróquias de Flores e de Vila Lugano. Conta que "era um garoto muito delicado, muito sociável. Não era um superintelectual nem uma pessoa mística. Somente lhe interessavam as questões sociais e por isso percorria os bairros carentes".

Não chamava a atenção. Não era o clássico líder carismático, exatamente o contrário. Parecia humilde, cordial e levava uma vida semelhante à de qualquer jovem de sua idade naquela época. E, como eles, frequentava os famosos *"asaltos"*, encontros na casa de algum dos garotos para dançar e se divertir. Bergoglio se aproximava das amigas vestido de terno, oferecia a mão e as tirava para dançar os clássicos de David Carroll, como *Tirando manteca al techo* ou *La mecedora del abuelo*. Alba se lembra também de que "Jorge era um grande dançarino de tango. Gostava muito".

As festas de Bergoglio, com seus amigos de adolescência, eram divertidas e longas. No sábado à noite, elas chegavam com a comida e eles com a bebida. Se também houvesse algum aniversário, não faltava entre os garotos o paletó branco de rigor. O baile se estendia até as cinco da manhã, quando os rapazes acompanhavam as damas até suas casas. "Mas às oito já estávamos todos na missa", conta Alba.

26

A vida de Francisco

Jogador de basquete e torcedor fanático do San Lorenzo, em sua juventude Bergoglio costumava ir ao velho "Gasômetro", o estádio de futebol onde seu time jogava na época. Quando menino, ia junto com os pais e os quatro irmãos. Quando adolescente, com os amigos. Xingava? No máximo, lançava um "vagabundo" ou um "vendido" para o juiz, mas nada além. Segundo o jornalista Ezequiel Fernández Moores, Bergoglio apoia a reivindicação dos torcedores do San Lorenzo de recuperar seu velho estádio no bairro portenho de Boedo, o Gasômetro, onde hoje funciona um supermercado da cadeia Carrefour.

Capítulo III

Assim se educa o bispo de Roma

Quando o marcador começou a acumular voto após voto a favor do cardeal portenho durante a quinta votação do conclave, outros bispos começaram a cercar Bergoglio e a fazer brincadeiras. O nome do futuro papa era o assunto. Um deles sugeriu, segundo o próprio Francisco contou no dia seguinte à eleição, que se batizasse Adriano, por Adriano VI. "Porque aqui é preciso reformar", disseram entre risadas. Os comentários jocosos continuaram. "Deveria se chamar Clemente." "Por um dos papas que conduziu o cristianismo romano?" "Não, porque assim você poderia se vingar finalmente de Clemente XIV, que suprimiu os jesuítas", foi o arremate.

Finalmente a inspiração veio da boca do arcebispo emérito de São Paulo, Claudio Hummes, que, quando superou o voto setenta e alcançou a maioria necessária, o abraçou, o beijou e disse: "Não se esqueça dos pobres." A frase ficou ecoando em sua cabeça. Enquanto a contagem prosseguia — por uma questão protocolar deviam contar até o último dos 115 votos —, decidiu o nome: nem Adriano, nem Clemente, nem Inácio, como o fundador da ordem a que pertence. Escolheu chamar-se Francisco, como o Louco de Assis.

Bergoglio se ordenou padre em 13 de dezembro de 1969, a três dias de completar 33 anos. Depois, toda vez que alguém lhe perguntava como devia chamá-lo, dizia: "Padre Bergoglio ou padre Jorge." Insistia com os seminaristas que tinha sob sua responsabilidade no Colégio Máximo, da localidade de San Miguel, na província de Buenos Aires, que o chamassem simplesmente de Jorge. "Não me chamem de padre, pois somos colegas", pedia.

Alguns dias depois do conclave, o papa pegou pessoalmente o telefone e fez várias ligações. Para Daniel del Regno, seu jornaleiro, para lhe avisar que estava cancelando a assinatura do jornal. Também ligou para o seu dentista e para seus colaboradores do Arcebispado portenho. A recepcionista o atendeu e, quando constatou que era mesmo o papa, se enrolou. "Como devo chamá-lo?", conseguiu perguntar. "Por favor, me chame de padre Bergoglio", respondeu ele.

A questão dos nomes e cargos não é um assunto que lhe tire o sono. De fato, em vez de papa se refere a si como "o bispo de Roma". "Por favor, nada de Sua Santidade, nem de Excelentíssimo... Não se dão conta de que os títulos de ricos não combinam com o nome Francisco?", disse, assim que assumiu, a um de seus colaboradores em Buenos Aires, que atravessava o mesmo dilema ao se dirigir a ele. "O bispo de Roma que preside na caridade as outras igrejas cristãs", assim gostaria que o chamassem. "Muito comprido? Bem, papa Francisco. Ou apenas Francisco." Melhor até, como ele mesmo disse ao jornaleiro: "Me chame de Jorge, como sempre."

Embora seja extremamente metódico, o novo papa não gosta dos protocolos do Vaticano. Ou pelo menos não daquelas normas que o fazem se sentir uma peça de museu, que o afastam das pessoas. Rompê-las, por outro lado, o aproximam. Quando ligou para a irmã María Elena para cumprimentá-la, despediu-se com um irônico: "Bem, deixo-a porque não quero esvaziar os cofres do Vaticano."

Não importa como o chamem. Mas, quando estampa sua assinatura, com letra pequena e apertada, Jorge M. Bergoglio remata com duas letras minúsculas: s.j. Significa sacerdote jesuíta, a ordem em que Francisco ingressou quando tinha 22 anos e à qual teve de renunciar em 1992 para se tornar bispo auxiliar de Buenos Aires.

Os membros da Companhia de Jesus são os únicos que aos votos de pobreza, obediência e castidade acrescentam um quarto: obediência ao papa. Os três primeiros são vitalícios e assumidos ao terminar os dois

Assim se educa o bispo de Roma

anos do noviciado, no início da carreira sacerdotal, que no caso dos jesuítas somam 14 anos de estudo. (Nos seminários do clero secular representam cinco ou oito anos, segundo o seminário.) No entanto, ao se ordenarem também assumem um quinto compromisso: o voto especial pelo qual se comprometem a repudiar todas as dignidades, seja bispado, arcebispado ou cardinalato, com duas exceções: ser enviado às terras de missão ou por pedido expresso do papa para que renuncie ao voto.

Esse voto especial dos jesuítas teve origem na época de Santo Inácio do Loyola, fundador da ordem, nos tempos em que a luta pelo poder e pelas dignidades dentro da Igreja, com tudo o que isto implicava, se tornou inflamada. Santo Inácio instituiu este voto em sua ordem como uma cerca para resguardá-la desta luta pelo poder dentro da Igreja. Se emergisse uma competição para assumir postos de liderança, os jesuítas estavam automaticamente excluídos da corrida, não por vocação pessoal, mas pelo compromisso assumido diante da Companhia. Simplesmente, se lhes oferecem um bispado, devem recusá-lo.

Existe outra explicação: o funcionamento orgânico da ordem, extremamente verticalizada, indica que um sacerdote jesuíta não pode responder ao mesmo tempo ao papa negro e ao papa branco. Papa negro é a maneira popular de designar o superior geral da Companhia de Jesus, a máxima autoridade dos jesuítas, atualmente o espanhol Adolfo Nicolás, 29º sucessor de Santo Inácio, que tinha como um de seus lemas as palavras de Jesus: "Não se pode servir a dois senhores."

Por que um membro da ordem não pode aceitar o cargo de bispo sem sair da esfera da obediência à Companhia? Um jesuíta explicou isso sem rodeios: por um problema de superposição de autoridade. Pertencer a uma ordem religiosa implica um voto de obediência plena ao superior. No caso dos jesuítas, ao provincial, autoridade máxima no âmbito de cada país. Mas quando um membro é solicitado pela papa como bispo, se torna chefe territorial dessa região, que é a diocese. O provincial deixa de ser seu chefe. Então, já não deve morar em uma comunidade jesuíta nem responder à autoridade do local.

Bergoglio tinha 56 anos e levava 32 de obediência à Companhia de Jesus quando foi nomeado auxiliar da Arquidiocese de Buenos Aires. Quando lhe solicitaram que fosse bispo auxiliar se desculpou, como deve fazer todo jesuíta. De modo que João Paulo II decidiu fazer valer o quarto voto que o sacerdote tinha assumido depois de sua terceira prova, em Alcalá de Henares, em 1971: o de obediência ao papa. Desta forma, o papa "exigiu" dele que aceitasse a nomeação.

Ao se tornar bispo, Bergoglio teve de sair da órbita da Companhia. Depois disso, embora continue sendo um sacerdote jesuíta, não deve mais obediência ao provincial e ao geral da ordem.

"Nós, os jesuítas, temos o compromisso de não aceitar bispados, mas quando a Santa Sé pede a um jesuíta que seja bispo, então cabe à consciência do interessado discernir qual é sua opção", explicou o padre José Aldunate, s.j.

A História de Francisco, o Jesuíta

Os jesuítas e os franciscanos têm em comum sua predileção pelos pobres, embora ideologicamente procedam de distintas vertentes. Essas duas ordens, assim com os dominicanos e os capuchinhos, são atualmente as principais dentro da Igreja. Há uma quinta, os beneditinos, mas eles se diferenciam das quatro anteriores por estar dedicados à vida em silêncio.

Os salesianos, por exemplo, não são uma ordem, mas uma congregação, da mesma forma que o Opus Dei, que João Paulo II elevou à condição de prelazia apostólica. O que diferencia uma ordem de uma congregação é o fato de que seus membros tomem ou não os votos antes de se ordenar.

Tanto os franciscanos quanto os capuchinhos têm São Francisco como seu fundador. São cisões do mesmo movimento. Os dominicanos arrematam sua assinatura com a sigla "O.P.", que significa "ordem de pregadores", e das quatro ordens principais são os que contam com a maior representação dentro do conclave, embora no total não cheguem a somar 10 por cento dos votos, dado que a imensa maioria dos membros não pertence a nenhuma ordem, mas procede do clero secular.

Até bem recentemente, os jesuítas contavam com dez cardeais, mas por razões de idade só dois deles tiveram participação ativa no último conclave: Julius Riyadi Darmaatmadja, da Indonésia, e Bergoglio. Agora os cardeais da Companhia de Jesus são nove, mas somaram um papa, o número 266 do Vaticano e o primeiro jesuíta da história.

Por que Francisco se tornou jesuíta?

O próprio Bergoglio simplificou a questão dessa maneira: "Na verdade, não tinha muito claro para onde ir. O que estava claro era minha vocação religiosa." Finalmente, depois de passar pelo seminário arquidiocesano de Buenos Aires, ingressou na Companhia de Jesus atraído "por sua condição de força dianteira da Igreja, desenvolvida com obediência e disciplina". E por estar orientada à tarefa missionária. Ansiava ir em missão ao Japão, onde os jesuítas desenvolvem uma obra muito importante.

Como se sente por dentro o chamado de Deus? Convocou-o a ser sacerdote ou papa? "O que senti? Nada, que tinha que ser padre. Ponto. Fui chamado. Nesse momento tinha 17 anos, esperei mais três anos, trabalhei e depois entrei no seminário", relatou Bergoglio durante sua entrevista para a rádio da igreja Nossa Senhora dos Milagres de Caacupé, no bairro de Barracas.

Uma pessoa que influenciou muito sua decisão pelos jesuítas foi seu diretor espiritual, o padre Enrique Pozzoli, da comunidade salesiana de Almagro, na basílica de Maria Auxiliadora, segundo conta seu amigo dos anos de seminário, o padre Roberto Musante, que hoje está à frente de uma missão em Angola.

Pozzoli foi um padre que o marcou a fogo nos primeiros passos de um caminho que efetivamente o levaria a Roma. Pouco depois, esse salesiano de fé teve a iniciativa de levar dom Bosco à Terra do Fogo, o verdadeiro "fim do mundo". "Conheci Bergoglio quando ele tinha apenas 18 anos e eu, 20. Foi quando estava definindo sua entrada nos jesuítas", detalha Musante.

Quando completou 21 anos, Bergoglio ingressou no Seminário Metropolitano, que se localiza no bairro portenho de Villa Devoto, na rua José Cubas. Ali teve como colega, entre outros, o jornalista cultural Luis Pedro Toni. "Era muito estudioso, mas de nenhuma maneira místico. Tinha 'uma namorada' que morava por perto. Jogávamos futebol, conversávamos", lembrou o jornalista em uma entrevista poucos dias depois da posse de Francisco.

O próprio Bergoglio conta a história dessa suposta namorada em seu livro *Sobre o céu e a terra*: "Nunca me passou pela cabeça casar. Mas quando era seminarista fiquei deslumbrado com uma garota que conheci no casamento de um tio. Surpreenderam-me sua beleza, sua luz intelectual... e, bem, andei confuso um bom tempo e pensando bastante."

Depois de uma semana em que nem sequer conseguiu rezar ("Quando começava a fazê-lo, aparecia a garota na minha cabeça", aponta), teve de repensar a escolha do celibato. "Tive de repensar a opção outra vez. Voltei a escolher, ou a me deixar escolher pelo caminho religioso. Seria anormal que não passasse por este tipo de coisas", assegurou.

Pouco depois, quando Bergoglio se viu obrigado a deixar o seminário por uma doença pulmonar — não por uma mulher — , seu caminho e o de Toni se separaram. Luis Pedro continuou sua formação por mais oito anos, mas nunca se ordenou. Quando voltaram a se encontrar, o então cardeal insistiu que concluísse seus estudos de Teologia. O jornalista lhe deu ouvidos e se matriculou na Universidade Católica Argentina.

Antes que um de seus pulmões o obrigasse a repousar durante alguns meses, e enquanto cursava seu primeiro ano no seminário de Villa Devoto, Bergoglio se somou à atividade religiosa da igreja São Francisco Solano, no bairro portenho de Villa Luro. Os moradores da paróquia que se ergue na rua Zelada, 4.700, conservam a esperança de que o papa talvez tenha sido inspirado pela imagem austera deste outro Francisco, um monge espanhol que em fins de 1500 viajou em missão à América, instalou-se no vice-reinado do Río de la Plata e desenvolveu uma sensível tarefa entre os indígenas.

O Pulmão Direito, Ferroada na Carne

O padre Bergoglio relembra o desespero e a dor que experimentou naquele ano, quando começou a sentir que um ferro lhe atravessava as costas. Tinha 21 anos, e os médicos não conseguiam dar um diagnóstico certeiro. Acabou internado no hospital Sírio-Libanês. A infecção requereu um tratamento com sondas que lhe provocava fortes dores. Ele

Assim se educa o bispo de Roma

mesmo conta em *El jesuita* que um dia, quando sentia que não podia aguentar mais aquele calvário, uma freira se aproximou e disse: "Com sua dor você está imitando Jesus."

Monsenhor José Bonet Alcón, vigário judicial de Buenos Aires e presidente do Tribunal Eclesiástico Nacional, seu colega de curso no seminário, assumiu a tarefa de visitá-lo no hospital. Bonet Alcón se lembra de Francisco como um jovem de grande virtude e grande capacidade para arcar com o sofrimento. E este sofrimento esteve presente em sua vida desde muito cedo. "Visitava-o nos momentos livres e passava parte do dia com ele. Às vezes até dormia no hospital. Cuidávamos dele e sofríamos muito por ele", conta o monsenhor.

A doença pulmonar que o aproximou da morte também despertou laços de solidariedade duradoura com seus colegas. "Outro seminarista, José Barbich, e eu lhe doamos um litro ou um litro e meio de sangue, em uma transfusão de pessoa a pessoa", acrescenta Bonet Alarcón. Finalmente, operaram-no e extraíram a parte superior do pulmão direito (não todo o pulmão, como muitos acreditam). Essa questão em sua saúde nunca o impediu de praticar esportes nem de caminhar vigorosamente pela cidade. Por outro lado, o obriga a resguardar-se dos dias úmidos e a dosar esforços como, por exemplo, subir escadas muito inclinadas, como as do metrô de Buenos Aires.

Naqueles anos, a companhia de seu pai espiritual, o salesiano Enrique Pozzoli, foi fundamental. Tanto que expressou seu reconhecimento a ele no prólogo de seu primeiro livro *Meditaciones para religiosos*, pela "forte incidência" que teve em sua vida e por seu "exemplo de serviço eclesiástico e consagração religiosa".

"Este sacerdote também o aconselhou a passar um tempo nas serras de Tandil [na província de Buenos Aires], na Villa Don Bosco, para recuperar seus pulmões. Os aspirantes salesianos passavam suas férias ali e eu atuava como assistente; tivemos oportunidade de nos conhecer, embora se mantivesse um tanto silencioso e humilde", relata Musante.

Quando o papa Francisco começava sua corrida rumo ao sacerdócio, os religiosos da Companhia de Jesus dirigiam o seminário de Villa Devoto. Os melhores seminaristas foram com os jesuítas, em grande parte pelo bom exemplo que davam. Foi durante a estada em Tandil que

Bergoglio finalmente decidiu seguir os passos de Santo Inácio de Loyola. Musante, por sua vez, escolheu dom Bosco. De algum modo, suas missões continuaram ligadas. Hoje, o salesiano prega em Angola, onde cuida e educa centenas de crianças no bairro Lixeira.

Tempos depois, nos anos de mortes e sequestros de sacerdotes, durante a ditadura militar que governou a Argentina entre 1976 e 1983, os caminhos de Musante e Bergoglio voltariam a se encontrar.

O Ingresso na Companhia de Jesus

Logo depois de completar 22 anos, Francisco deixou o seminário de Villa Devoto e em 11 de março de 1958 ingressou no noviciado da Companhia de Jesus, na província de Córdoba. Foi o primeiro passo dentro da carreira de sacerdócio que anos mais tarde o levaria a Roma.

Como se educa um papa? Essa é uma pergunta que muitos se formulam nestes dias. Para ser justos, deve-se dizer que a formação que Bergoglio recebeu não tinha como objetivo educar o futuro supremo pontífice nem prepará-lo para conduzir a Igreja. Como vimos, os jesuítas são os únicos sacerdotes que realizam um voto específico de autoexclusão para não seguirem esse percurso. "Educar um jesuíta" implica prepará-lo para justamente o contrário de ser papa. "Sentar-se no trono de Pedro não era um objetivo a que Bergoglio se propôs em nenhum momento de sua carreira sacerdotal", confirma um amigo íntimo de Francisco.

A formação de sacerdotes entre os jesuítas consome 14 anos de estudo. Os dois primeiros correspondem ao noviciado, que nessa época era cursado em Córdoba. É ali, no final desse primeiro período, que os jesuítas, diferentemente de outras ordens, tomam os votos de castidade, obediência e austeridade. (Os seminaristas dos credos seculares não realizam esses três votos.) Depois, cursam dois ou três anos de humanidades, que nessa época eram ministrados no Chile, e se formam como junioratos. Depois seguem três anos de estudos para se licenciar na Faculdade de Filosofia e Teologia do Colégio Máximo San José, na localidade de San Miguel, província de Buenos Aires. E a seguir, cumprem três anos de práticas de magistério, em que os estudantes dão aulas a

Assim se educa o bispo de Roma

alunos do curso secundário em um dos colégios da Companhia de Jesus. Por último, obtêm a licenciatura em Teologia, na faculdade do colégio de San Miguel.

Então, depois de terem sido noviços, junioratos, filósofos, professores e teólogos, os jesuítas são ordenados sacerdotes. Pela frente, ainda terão de realizar a terceira prova, que consiste em um ou dois anos de prática de exercícios espirituais planejados por Santo Inácio do Loyola, ao término dos quais devem assumir o quarto voto, de fidelidade ao papa, e então se celebra o rito da profissão perpétua.

Em março de 1958, Bergoglio ingressou no noviciado da Companhia e dois anos mais tarde, em 12 de março de 1960, fez seus primeiros votos como jesuíta. Pouco depois, se transferiu para o seminário jesuíta do Chile.

O casarão da Companhia de Jesus que alojou Bergoglio em 1960 está localizado na vila rural de Padre Furtado, na Depressão Intermediária da Região Metropolitana, a 23 quilômetros da cidade de Santiago. Francisco chegou ali para se preparar para o sacerdócio e estudar humanidades. Encontrou-se com uma exigente rotina, que começava às seis da manhã, com uma missa em latim e cantos gregorianos. À medida que as horas avançavam, no edifício de três andares e noventa quartos de Padre Furtado, podiam se abrir breves espaços para o esporte ao ar livre. Mas o rigor marcava a vida comunitária. Havia dois compromissos iniludíveis: madrugar e comer em completo silêncio.

O lugar é conhecido como Casa Loyola. É um edifício semirretangular, construído em 1938. A vila rural pouco a pouco foi se integrando à malha urbana, devido ao desenvolvimento imobiliário. Não obstante, o prédio conserva seu arvoredo de macieiras, pereiras, ameixeiras e nogueiras, além de um entorno de jardins que preserva o silêncio dentro do terreno.

O presbítero Juan Valdés, vigário da paróquia Santo Inácio de Loyola e atual colaborador da casa de exercícios espirituais que recebeu Bergoglio em 1960, lembra-se de ter ficado impressionado com uma exposição realizada por aquele que hoje ocupa o trono de Pedro.

"Nessa época, eu era noviço. Os alunos estavam separados por níveis, por isso não se compartilhava muito com os dos cursos avançados.

A vida de Francisco

Lembro-me de que o ouvi em uma conversa oratória enquanto almoçávamos", afirmou Valdés em uma entrevista para o jornal chileno *La Tercera*. O vigário relatou que Bergoglio chegou à época anterior ao Concílio Vaticano II e que naquele período as regras eram muito estritas quanto à vida em comunidade, que incluíam a separação física entre os noviços e aqueles que estavam nos cursos superiores. Não compartilhavam pátios, salas de aula nem conversas.

O dia a dia para Bergoglio e seus colegas começava às seis da manhã, e as atividades terminavam depois das seis da tarde. "Tínhamos que tomar banho com água fria, e talvez dois dias na semana com água quente", lembra Valdés.

Por norma, não podiam conversar mais que o estritamente necessário. "Se um aluno precisava falar com outro, o fazia sob o lintel da porta de seu quarto e de maneira muito econômica", conta Valdés. O silêncio só era rompido durante os recreios, quando era permitido conversar com os colegas: "Na maior parte do tempo se vivia de forma muito conventual. Orava-se muito."

Francisco ocupava os quartos da ala norte do edifício. Trata-se de pequenos quartos onde, além de camas, havia mesas simples de madeira. Em cada quarto dormiam entre dois e quatro seminaristas. "Havia rodízio entre os alunos para que não estivessem sempre com as mesmas pessoas", relata o religioso.

"Que o rei da eterna glória nos faça partícipes da mesa celestial." Esta frase está escrita em latim em um mural que ainda se conserva na sala de jantar que um dia foi ocupada pelo atual papa.

Os almoços e jantares eram momentos de introspecção para os jesuítas, e "se devia comer em silêncio" enquanto um aluno lia uma escritura ou alguma reflexão. Foi ali que Valdés ouviu Bergoglio falar pela primeira vez.

Os alunos deviam servir a mesa ou lavar os pratos depois das refeições, já que se queria incutir neles o amor e o compromisso com o trabalho, uma mensagem que ficou gravada no coração do papa. De fato, já como bispo, quando morava na cúria portenha, um grupo de freiras se encarregava de lhe deixar preparado o almoço e o jantar, sempre com um estilo simples, e depois o próprio Bergoglio se servia. Levava sal à mesa e meia taça de vinho. Depois, não via problemas em recolher e lavar a louça antes de prosseguir com suas ocupações. Também fazia sua própria cama. Tinha, porém, uma pessoa que se encarregava de fazer a limpeza, uma vez por semana, às terças-feiras.

Nos anos de seminário no Chile, depois do almoço a rotina continuava com o estudo de idiomas e leituras. O padre Emilio Vergara, que foi reitor espiritual nesse centro de estudos, afirma no artigo de *La Tercera* que a formação humanista que Bergoglio cursou incluiu o estudo de latim, grego, literatura e história da arte, entre outras disciplinas. Além de aprender essas línguas, analisavam diversas obras de autores como Cícero ou Xenofonte.

Segundo Valdés, "os que estavam no noviciado eram proibidos de ler jornais. A ideia era que se mantivessem em um ambiente de estudo". Só podiam ouvir música clássica. Na casa jesuíta havia um corredor que todos os jovens usavam para estudar e conversar em latim. "Era um trecho curto, onde sempre iam cinco ou seis religiosos de um lado, e outros cinco ou seis na direção contrária. Hoje me lembro muito vivamente de que nessas caminhadas cruzei com o atual papa. É impressionante", relatou Fernando Montes, atual reitor da Universidade Chilena Alberto Hurtado.

Havia um cômodo, uma espécie de cabana, que os estudantes chamavam "La Tom" [*A Tomás*] por causa do livro *A cabana do pai Tomás*, onde muitas vezes se reuniam para compartilhar experiências e tomar chá.

Uma das atividades mais esperadas pelos jovens jesuítas era a prática de esportes, uma ou duas tardes por semana. O complexo possui uma piscina. Os alunos argentinos se destacavam no futebol, mas naqueles anos Francisco teve de afastar a bola dos pés, embora não do coração, por causa da cirurgia do pulmão.

Bergoglio sentia que seu problema de saúde o estava excluindo de muitas coisas. Alguns meses antes de viajar para o Chile, quando terminou o noviciado em Córdoba e fez os votos de austeridade, castidade e obediência, pediu para ser enviado à missão da Companhia no Japão. Disseram-lhe que não seria possível, por causa de seu pulmão. Custou-lhe muito aceitar essa situação, que o afastava daquilo que ele acreditava que era seu propósito na vida. Dezenas de vezes, durante a hora de oração, perguntava a Deus por quê. Por que tinha despertado nele o desejo de ser missionário e não lhe tinha dado as condições de saúde para realizá-lo? Então se lembrava das palavras da freira que lhe havia dito que com sua dor estava imitando Jesus. Anos mais tarde descobriria que Deus estava lhe apontando outro caminho, muito próximo de sua alma missionária, mas afastado do Japão. "Mais de um teria se salvado de mim, se tivessem me mandado para aquele país", ironizou.

A Opção Pelos Pobres

Não seria o Japão, mas ali onde lhe cabia estar, acabou completando sua vocação. Trabalhar pelos mais pobres. "Quero ver uma Igreja pobre para os pobres", disse em uma de suas primeiras declarações como papa.

Muitos atribuíram o significado dessas palavras ao voto de pobreza. Isso vem dos jesuítas, disseram muitos. No entanto, seus próprios amigos, aqueles que fizeram suas primeiras experiências com ele na Companhia de Jesus, reconhecem que sua opção pelos pobres vai muito além de seu voto de austeridade. "No Jorge isso vem de berço. Ele é assim. Não gosta de esbanjar. Em sua casa não havia necessidade, mas tampouco sobrava nada. Essa paixão e militância pela austeridade não lhe veio dos jesuítas, mas de sua família. Os pais chegaram como imigrantes e com muito esforço conseguiram se instalar. Ele trouxe da família a fé católica e ao mesmo tempo o estilo austero, pois eram cinco irmãos e o dinheiro não chegava. Os filhos de outros imigrantes se rebelaram contra esse estilo de vida, que obrigava, por exemplo, a comer tudo 'com pão para que dê'. Então, a geração posterior foi muito mais consumista. Mas Jorge não. Abraçou esse estilo austero de sua casa, onde administrar muito bem os recursos era a única opção para que o que havia desse para todos", confia um amigo pessoal de Bergoglio, que o conhece desde a adolescência.

Foi no Chile onde esse amor pelos despossuídos, que já tinha nascido desde o momento em que recebeu o chamado para o sacerdócio, se aprofundou. O fator desencadeante? Entrar em contato direto com a necessidade.

Assim ficou gravado em uma carta que escreveu do Chile para sua irmã María Elena, em 5 de maio de 1960. Embora ela e Jorge tivessem 12 anos de diferença, quando o pai da família morreu, aos 51 anos, como consequência de um ataque cardíaco, Francisco assumiu María Elena um pouco como sua filha.

"Quando ele foi para o Chile, já não podíamos nos ver tanto quanto gostaríamos, mas nos falávamos toda semana. Fizemos isso sempre, até hoje. Não sei se poderemos manter isso", queixou-se María Elena, sem esconder as lágrimas.

Desde então a pobreza já o inquietava. "Vou lhe contar uma coisa: dou aulas de religião em uma escola, para o terceiro e quarto anos", escreveu Bergoglio à irmã. "Os meninos e meninas são muito pobres; alguns chegam a vir descalços para o colégio. Muitas vezes não têm nada para comer, e no inverno sentem o frio em toda sua crueldade. Você não sabe o que é isso, pois nunca lhe faltou comida, e quando sente frio se aproxima de uma estufa. Digo isso para que pense... Enquanto você está feliz, há muitas crianças que estão chorando. Quando se sentam à mesa, muitos não têm mais do que um pedaço de pão para comer, e quando chove e faz frio, muitos estão vivendo em barracos de lata, e às vezes não têm com o que se cobrir. Outro dia me dizia uma senhora: 'Padrezinho, se eu pudesse conseguir uma manta, que bom seria! Porque à noite sinto muito frio.' E o pior de tudo é que não conhecem Jesus. Não o conhecem porque não há quem o mostre. Percebe agora por que digo que são necessários muitos santos?"

Nesse trecho da carta, escrita à máquina, costume que manteve até o último dia como arcebispo de Buenos Aires e cardeal primaz da Argentina, Francisco, que então tinha apenas 23 anos, abriu seu coração. Doía-lhe a dor alheia. Sentia o frio daqueles que não tinham um casaco e estremecia ao pensar que uma criança não teria o que comer. O contato com a necessidade o tornou mais humano e ao mesmo tempo, paradoxalmente, tornou-o uma pessoa espiritual, um santo que devia andar na terra para clamar ao céu pelas necessidades dos menos favorecidos. Sua missão também consistia em abrir os olhos e o coração dos outros, mobilizá-los para impulsioná-los a ajudar. Foi isso o que tentou fazer com sua irmã.

"Fico, pois, esperando uma breve carta sua em que diga qual é o propósito que fez para me ajudar no meu apostolado. Não se esqueça de que de 'seu propósito' depende que uma criança seja feliz", disparou.

"Eu queria que você fosse uma santinha. Por que não tenta? São necessários tantos santos." Agora que seu irmão é papa, María Elena lê a carta em voz alta, em sua casa de Ituzaingó, e começa a rir. Enquanto acende um cigarro, olha para Jorge, seu filho, a quem batizou assim em homenagem ao irmão. "Santinha? Nós, os três mais novos éramos terríveis. Mas Jorge e Oscar eram muito bons", afirmou.

O Professor que Levou Borges à Sala de Aula

O Colégio da Imaculada Conceição, na cidade da Santa Fé, é, com mais de quatrocentos anos de existência, o mais antigo da Argentina. Além de contar com inquestionável reconhecimento internacional pela qualidade de sua educação, tem desde quarta-feira 13 de março de 2013 um novo motivo de orgulho: o papa Francisco foi um de seus destacados docentes.

Um jovem Bergoglio, que nessa altura aspirava se tornar padre e fazia parte da Companhia de Jesus, chegou para cumprir uma das missões que todo jesuíta deve cumprir: a docência.

Foi assim que, entre 1964 e 1965, aos 28 anos, Bergoglio chegou à instituição de Santa Fé para ensinar literatura, psicologia e arte. "A priori não parecia ser a área em que melhor podia desempenhar, uma vez que ele era técnico químico", lembra o jornalista e escritor Jorge Milia, que nessa época foi seu aluno e que mais tarde se tornaria um de seus amigos, com quem manteria uma relação estreita, embora epistolar, devido à distância que os separava.

"Foi meio louco que o colocassem para ensinar literatura, mas ele gostava muito de ler. Os jesuítas têm uma regra: 'Pelo difícil, às estrelas.' Ou seja, para chegar acima é preciso percorrer um caminho complexo. Imagino que não queriam tornar as coisas fáceis para ele."

O *maestrillo* Bergoglio — este é o título que corresponde aos que estudam para ser padres e se dedicam ao ensino — deixou um rastro indelével em seus alunos. "Fez-nos enfrentar a literatura espanhola, colocou-a na nossa cara e nos empurrou para o abismo", conta Milia. Nesse momento os planos de estudo contemplavam a leitura de livros de *La Celestina* a García Lorca. Foi maravilhoso. Ele transmitiu muita informação, inclusive aos alunos a quem o tema não atraía. Fez-nos imergir na literatura espanhola, desfrutá-la. E nos que tinham um pouco mais de interesse, fomentou a pesquisa e nos oferecia sua orientação se fosse necessário."

De todos os alunos que tinha sob sua responsabilidade, Milia chamou a atenção de Bergoglio pela escolha do tema de pesquisa: "Eu sempre me metia em questões complexas. Tinha começado a ler uma coisa aborrecida como *A suma teológica* de Santo Tomás de Aquino, algo muito estranho, sobretudo em um adolescente de 16 anos. Lembro-me de que se aproximou e perguntou por que tinha escolhido isso. Eram volumes com muito cheiro de umidade, que estavam na biblioteca; imagino que fazia anos que ninguém os tinha retirado. Ele achou fantástico, mas me disse: 'Você está louco, quer se suicidar.' Acho que queria evitar a todo custo que eu sofresse."

O Colégio da Imaculada Conceição tinha, nessa época, uma forma de ensino muito especial: as aulas eram ministradas de segunda a sábado, um costume que foi sendo abandonando com os anos. A maioria dos alunos era interno e provinha de várias províncias do país, e até dos países limítrofes, como Chile, Uruguai e Paraguai. "Nas quartas e sábados não tínhamos aula, mas devíamos fazer obras de assistência social ou atividade catequética. Nos domingos à tarde era o momento de relaxar e espairecer, pois íamos ao cinema. E Bergoglio nos acompanhava. A maioria dos *maestrillos* fazia isso", conta Milia, que agora mora na província de Salta, no norte, em uma casa com jardim e cheiro de laranjeiras.

Para os alunos do quarto e quinto anos, o colégio tinha academias especializadas em distintas áreas do conhecimento. "Ingressei na de literatura, que era a de maior antiguidade e prestígio. Entrava-se nas academias por solicitação pessoal de próprio punho, dizendo por que a gente queria se integrar a ela, e depois os professores decidiam quem devia entrar. Bergoglio se integrou à academia como uma espécie de adjunto, e o fazia como complemento à sua cadeira. Eu era mau aluno, tinha as piores médias, e me aceitaram assim mesmo. Nunca soube se Bergoglio tinha intercedido por mim, mas acho que entrar nessa academia foi a maior alegria que dei ao meu pai, que também a tinha integrado."

Outro aluno em quem Bergoglio deixou uma marca profunda foi José María Candioti. Este é hoje advogado, de 64 anos, e se lembra do agora papa como um professor "muito exigente". E destaca sobretudo que Bergoglio abriu um leque de possibilidades para muitos alunos, pois fez um esforço tremendo para despertar em todos eles sua vocação.

"Lembro-me", diz Candioti, "de que trouxe para o colégio pessoas relacionadas com a literatura: [as escritoras] María Esther de Miguel, María Esther Vázquez e, em 1965, nada menos que Jorge Luis Borges, que apresentou um seminário sobre literatura gauchesca. Era um grande admirador de Borges. Daquele encontro entre o escritor e o agora papa Francisco surgiu a ideia de um concurso de contos. Foram selecionados oito textos de alunos do colégio e editaram o livro *Cuentos originales*, do qual o próprio Borges escreveu o prólogo".

Da passagem de Borges pelo Colégio da Imaculada Conceição, Milia também guarda uma lembrança muito grata. "Foi uma grande experiência aqueles quatro ou cinco dias que estivemos com ele. Tivemos a oportunidade de ver um Borges que as pessoas comuns não conheceram. Ele sabia que não precisava vir revestido de nenhuma couraça, não vinha armado de sua clássica ironia ou sarcasmo. Em compensação, no dia em que foi à academia de literatura disse: 'Estou um pouco coibido por estar rodeado de acadêmicos.' Tivemos uma conversa esclarecedora, muito calorosa. Eu lhe perguntei sobre o livro *Evaristo Carriego*, porque o tinha lido e era um grande admirador de sua obra, e ele me disse que se arrependera de tê-lo escrito porque Evaristo era amigo da família e o livro estava tingido de afeto, e por isso não valia nada."

Milia revelou vários casos destes inesquecíveis anos de colégio no livro *De la edad feliz*, editado em 2006, que começou a tomar corpo depois de uma reunião de ex-alunos, ao se cumprirem quarenta anos de sua formatura em 2005. Mas foi somente depois de mostrar os manuscritos a seu amigo, o então arcebispo de Buenos Aires, que este tomou

Assim se educa o bispo de Roma

forma de livro. "Bergoglio me disse: 'Isto é um livro.' Diante do meu ceticismo, disse: 'Você escreve muito bem, mas não sabe nada da vida, anda desligado.' E então lhe impus uma condição: que ele escrevesse o prólogo. Obviamente, primeiro disse que não, mas finalmente concordou. Muitos brincam comigo dizendo que não deve haver muita gente no mundo que tenha sido prefaciada por Borges e pelo papa."

Risonho, Candioti relata um caso típico do jovem rebelde e difícil que era nos anos do colégio. "Em uma prova da matéria dele, escrevi: Respondi corretamente o perguntado e isso não se deve a que tenha estudado muito, mas aos meus vastos conhecimentos sobre a matéria. Sua resposta me marcou pelo resto da vida. Deu-me um dez pelo exame, mas acrescentou: 'Como não estudou, lhe dou um zero. Dez mais zero dá dez, divido por dois, cinco. Esta é sua nota final.' Deu-me uma aula de humildade."

Nesses dias, Milia deve ser um dos poucos argentinos que não está feliz com a nomeação do amigo como bispo de Roma. "Quando ouvi o cardeal francês Jean-Louis Tauran pronunciar o nome de Bergoglio em latim, comecei a chorar; foi uma comoção enorme", reconhece o escritor. Eu havia cancelado uma audiência que tinha com ele em 22 de fevereiro. Neste dia ia viajar a Buenos Aires e de passagem tinha dado um jeito para ir visitá-lo. Mas como tive de suspender minha viagem a Buenos Aires, cancelei a audiência e me pareceu lógico ligar para ele para que dispusesse do espaço. Agradeceu a ligação e falamos sobre a renúncia de Ratzinger, de que se havia tomado conhecimento nesse mesmo dia. Disse: 'Para fazer o que fez, deve ter uma enorme coragem e uma humildade ainda maior.' E ficamos de nos ver quando voltasse do conclave. Aí senti algo estranho, e me passou pela cabeça perguntar: 'E se você não voltar?' Ele me disse: 'Deixe de bobeira... como não vou voltar?' Ele achava que suas possibilidades haviam se esgotado no conclave anterior."

Hoje Milia não pode evitar sentir-se triste e um pouco órfão ao ver o amigo consagrado papa e ocupando o trono de São Pedro. "Tenho um sentimento de perda muito grande", confessa. "Sinto que do ponto de vista do meu egoísmo o perdi. Pela forma como Bergoglio é, não acredito que vá negar suas raízes. Mas ter sido proclamado papa o arranca

A vida de Francisco

bruscamente de suas raízes. Transforma-o em um homem universal. Sem dúvida vou sentir saudade das nossas conversas."

Depois de trabalhar dois anos como professor em Santa Fé, Bergoglio voltou para Buenos Aires e continuou dando aulas por mais um ano no Colegio del Salvador. A partir de 1967, e até 1970, cursou a licenciatura em Teologia na faculdade do Colégio Máximo San José. Somente vários anos mais tarde, na Alemanha, terminou sua tese. Finalmente, em 13 de dezembro de 1969, três dias antes de completar 33 anos, Bergoglio se ordenou sacerdote.

Apesar da resistência inicial que tinha sentido diante do fato de que seu filho mais velho se consagrasse a Deus, Regina Sívori assistiu à cerimônia de ordenação. Para sua surpresa, quando Bergoglio desceu do palco, sua mãe o esperou de joelhos para pedir que lhe desse uma bênção. Lamentou muito que seu pai não pudesse estar ali. Além dos irmãos, teve uma visita muito especial. Estela Quiroga, sua professora do primeiro ano na escola Nº 8 Coronel Pedro Cerviño, quis estar presente nesse dia tão importante. Sua avó Rosa, a mesma que tinha chegado no navio com um casaco de raposa em pleno janeiro, parecia a mais emocionada. Com vários anos de antecedência, tinha lhe comprado um presente e escrito uma carta "para o caso de não chegar viva" ao dia de sua ordenação. Entre lágrimas, a mesma mulher que o tinha ensinado a rezar o rosário quando era apenas um menino, abraçou-o na igreja San José do Colégio Máximo e lhe disse o quanto estava orgulhosa de que agora fosse um "médico de almas".

No domingo seguinte à consagração de Francisco como papa, o núncio apostólico, monsenhor Emil Paul Tscherrig, presidiu uma missa na Catedral Metropolitana de Buenos Aires e leu uma oração que Bergoglio tinha escrito alguns dias antes de sua ordenação como sacerdote. Monsenhor Tscherrig achava que era o melhor indício de que no coração daquele estudante a ponto de se tornar sacerdote já se albergava a alma do papa. "Esta oração reflete o que o papa Francisco sempre foi: um homem de profunda fé e um cristão comprometido. Pouco antes de sua ordenação sacerdotal, em um momento de grande intensidade espiritual, escreveu o seguinte em forma de oração: 'Acredito na minha história, que foi atravessada pelo olhar de amor de Deus. E espero a surpresa de cada dia em que se manifestarão o amor, a força, a traição e o pecado, que me acompanharão até o encontro definitivo com este rosto maravilhoso que não sei como é, a que escapei continuamente, mas que quero conhecer e amar.'"

O que seguiu à ordenação como sacerdote foi sua terceira prova em Alcalá, Espanha, no que constitui o ano que os jesuítas dedicam a refletir, realizar exercícios espirituais e algum trabalho pastoral.

No final de 1971, Bergoglio realizou seu quarto voto como jesuíta, aquele a que João Paulo II apelaria para insistir que aceitasse o bispado. Assim concluiu a etapa de formação, e começou a de seu trabalho como sacerdote. Tinha 35 anos e o mundo pela frente.

Capítulo IV

A difícil missão de aprender a governar

Em 5 de agosto de 1973, os jornais argentinos publicaram a notícia. Os jesuítas acabavam de escolher seu novo provincial, Jorge Mario Bergoglio, que, com apenas 36 anos e quatro como sacerdote da ordem, conseguia se posicionar como a máxima autoridade da Companhia de Jesus na região.

O Superior dos jesuítas mundialmente, padre Pedro Arrupe, o havia nomeado como substituto de Ricardo O'Farrel. "Completou sua formação na Espanha e se especializou em espiritualidade e vida religiosa. Em 1971 retornou ao nosso país para atuar como professor de noviços, cargo que exercia ao ser renomado provincial", aponta a imprensa esse dia. Ficaria encarregado de fiscalizar 15 casas, 166 sacerdotes, 32 irmãos e vinte estudantes.

"Uma das primeiras atividades que o novo provincial desenvolverá será receber o prepósito da Companhia de Jesus, que visitará os jesuítas de nosso país. A viagem do padre Arrupe faz parte de uma excursão pelo Brasil, Paraguai, Argentina, Uruguai e Chile, para se informar dos problemas atuais que devem ser encarados pelos jesuítas em sua atividade apostólica", continua a reportagem da época.

A visita de Arrupe não era casual. Não eram anos fáceis aqueles em que coube a Bergoglio assumir a chefia da Companhia. Na América Latina corriam anos de violência política, guerrilha e terrorismo. Os

A difícil missão de aprender a governar

golpes de Estado e os governos militares se contagiavam de um país a outro, ao mesmo tempo em que o populismo e a luta de classes se refugiavam na clandestinidade. Arrupe era a autoridade máxima dos jesuítas desde 1965 e foi um dos impulsores de Bergoglio, que em pouco tempo desde sua ordenação chegou a ocupar um posto estratégico na região.

Em sua juventude, o médico basco Arrupe tinha sido enviado como missionário da Companhia de Jesus ao Japão. Estava rezando missa em Hiroshima quando, em 6 de agosto de 1945, explodiu a bomba atômica. O sacerdote caiu no chão devido à explosão. Quando percebeu que se tratava de um bombardeio, enviou seus noviços para pedir ajuda e resgatar os feridos. Transformou o colégio em um hospital de emergência. Nessa tarde atendeu mais de 150 pessoas abrasadas pela radiação e operou outras tantas com tesouras de costura em meio aos escombros. Sua rápida reação e seu compromisso para salvar vidas lhe valeram sua ascensão como autoridade máxima da Companhia. É claro que para isso se passaram vinte anos.

A ascensão de Bergoglio como provincial foi muito mais rápida. Por alguma razão, Arrupe o considerou uma peça estratégica dentro do contexto latino-americano.

Sete meses depois de Arrupe se transformar no papa negro, o Concílio Vaticano II emitiu seu documento final, depois de três anos e meio de sessões deliberativas em que participaram cerca de 3 mil cardeais, bispos, teólogos e especialistas em direito pontifício, entre outros.

Ao assumir como supremo pontífice, em 1959, João XXIII tinha anunciado sua intenção de convocar um concílio ecumênico de toda a Igreja católica. Os objetivos eram promover o desenvolvimento da fé católica, obter uma renovação moral da vida cristã dos fiéis, adaptar a disciplina eclesiástica às necessidades e aos estilos de vida dos tempos que corriam e obter maior e melhor inter-relação com as demais religiões, principalmente as orientais.

João XXIII havia assumido como o papa da transição. Mas finalmente seu concílio ecumênico se tornou uma das maiores transformações da Igreja no século XX.

"O Concílio Vaticano implicou a grande transformação da Companhia de Jesus, que, de ser uma ordem dedicada ao estudo, ao ensino e às elites, passou a atuar também nas vanguardas da Igreja, promovendo a Teologia da Libertação na América Latina e chegando até a flertar com certas guerrilhas de libertação", diz o jornalista espanhol Juan Arias, que na época entrevistou Arrupe para um documentário da RAI, um canal italiano, intitulado *O papa negro*. Anos mais tarde, "essa transformação da Companhia de Jesus, que das universidades baixou às favelas e à violência das comunidades mais pobres da América Latina, valeu ao carismático e místico superior geral, o padre Pedro Arrupe, uma ruptura com o então papa João Paulo II", acrescenta.

Antes do Concílio Vaticano II, a Companhia de Jesus tinha 36 mil membros em todo o mundo. Poucos anos depois, tinha perdido 10 mil, e hoje não chega a 20 mil.

Em 1974, quando Bergoglio levava um ano como provincial, Arrupe convocou a Congregação Geral Nº 32 da Companhia de Jesus. Foi emitido um documento que dava constância de que a proclamação da fé em Deus devia estar "inevitavelmente unida à luta infatigável para abolir todas as injustiças que pesam sobre a humanidade". Já durante a reunião dos bispos da América Latina, em 1968, em Medellín, os representantes da Igreja tinham começado a falar em "deixar o Estado e os regimes de segurança e ir em direção aos pobres".

O documento da Congregação Geral Nº 32 dos jesuítas assentou o princípio reitor de suas ações sobre a base da austeridade máxima.

"Nossa Companhia não pode responder às graves urgências do apostolado do nosso tempo se não modificar sua prática da pobreza. Os companheiros de Jesus não poderão ouvir 'o clamor dos pobres' se não adquirirem uma experiência pessoal mais direta das misérias e apertos dos pobres.

"É absolutamente impensável que a Companhia possa promover eficazmente em todo lugar a justiça e a dignidade humana se a melhor parte de seu apostolado se identifica com os ricos e poderosos ou se funda na segurança da propriedade, da ciência ou do poder.

"Sentimos inquietação devido às diferenças na pobreza efetiva de pessoas, comunidades e obras.

A difícil missão de aprender a governar

"Neste mundo em que tantos morrem de fome, não podemos nos apropriar com leviandade do título de pobres. Devemos fazer um sério esforço para reduzir o consumismo; sentir os efeitos reais da pobreza, ter um teor de vida como o das famílias de condição modesta", aponta o documento final e insiste com os membros da Companhia que examinem suas refeições, bebidas, vestuário, habitação, viagens e férias, entre outras questões.

Nesse contexto, não foi simples a tarefa de Bergoglio à frente da Companhia de Jesus. Ao longo da história, os jesuítas se caracterizaram tanto por sua opção pelos pobres quanto por sua trajetória de vínculos com o poder. Sua presença foi intermitente; os vínculos com a política e o poder fizeram com que em várias épocas adquirissem protagonismo, e em outras tivessem de se refugiar no ostracismo intelectual.

A Companhia de Jesus foi fundada em 1536 pelo nobre e militar basco Inácio de Loyola, como resposta não oficial à reforma protestante que em pouco tempo tinha expandido sua influência sobre toda a Europa. Em menos de quatro anos, o Vaticano, atraído pelas virtudes de Santo Inácio para somar fiéis ao catolicismo, confirmou a Companhia como ordem da Igreja. Depois, por seu voto de obediência cega ao papa, por sua disciplina militar e sua vocação pela educação, os jesuítas começaram a ser considerados soldados e professores do papa. A chave do sucesso de sua missão não era a confrontação, mas a palavra. Fundaram escolas, universidades, seminários e bibliotecas em vários países; em muitos casos os primeiros que existiram. Assim forjaram sua reputação de ilustrados educadores.

Os últimos dados disponíveis indicam que a Companhia de Jesus é integrada por 19.216 membros. Destes, os sacerdotes são 13.491; os escolares (que se preparam para ser sacerdotes), 3.049; os irmãos (jesuítas não sacerdotes), 1.810, e os noviços (os que acabam de ingressar nos seminários da Companhia), 866. Além disso, administram uma rede de duzentas universidades e setecentos colégios em todo mundo.

Seis anos depois da fundação da ordem, chegaram os primeiros jesuítas ao Brasil. Durante o período colonial, tiveram uma importante presença no continente americano. Instalaram mais de trinta missões no

Alto Peru e se estenderam para o sul. Missiones, Salta, Tucumán, Córdoba, Santiago del Estero e o Río de la Plata foram seus enclaves principais, assim como o Paraguai, onde instalaram suas famosas estâncias agropecuárias, que funcionavam como verdadeiras unidades autônomas. A missão dos jesuítas era evangelizar as populações locais mediante a educação. Nas fazendas da selva paraguaia, os guaranis participavam de oficinas de educação, música e fé cristã. Como contavam com uma organização própria que lhes permitia manter independência da coroa espanhola, não demoraram a surgir conflitos.

Os bandeirantes, colonos espanhóis e portugueses que se dedicavam a caçar indígenas para vendê-los como escravos, começaram a pressionar as autoridades para que expulsassem os jesuítas do território americano. A Companhia de Jesus se refugiou em seu voto papal para argumentar que eles respondiam ao Vaticano e não às coroas espanhola e portuguesa. Finalmente, em 1759, os jesuítas tiveram de sair de Portugal, por ordem de José I. O rei Carlos III ordenou sua expulsão dos territórios da coroa espanhola em 1767.

Os soldados do rei chegaram à América e de maneira violenta prenderam os jesuítas, confiscaram seu dinheiro e os tiraram do continente. Muitas das missões ficaram abandonadas e se transformaram em ruínas.

Em 1773, Clemente XIV cedeu diante das pressões dos reis da Espanha, França, Portugal e das Duas Sicílias e suprimiu a ordem dentro da Igreja. Somente meio século mais tarde os jesuítas voltariam à Argentina, nos anos de Juan Manuel de Rosas. O "Restaurador das Leis" convidou a Companhia a enviar sacerdotes a Buenos Aires para assumir os colégios e faculdades que eles mesmos tinham fundado e também para missionar nos povoados da campanha, onde faltavam párocos.

No entanto, a conotação política que o governo de Rosas impunha que difundissem fez com que os jesuítas voltassem a se dividir. Os que não queriam politizar a missão partiram para outras jurisdições, e os que se alinharam com o governo abandonaram a Companhia e se somaram à parte mais oficialista do clero.

Assim continuou, ao longo do século seguinte, a participação dos jesuítas na vida política argentina, como detalha o historiador Roberto Di Stefano.

A difícil missão de aprender a governar

Em 1852, depois da batalha de Caseros, na qual Rosa foi derrotado e deposto, os jesuítas voltaram para Buenos Aires, convidados pelo bispo Mariano Escalada, que em 1857 lhes restituiu um seminário. Nesse mesmo ano, o bispo decidiu expulsar os maçons da Igreja. E obviamente, para muitos, os jesuítas foram os instigadores desta decisão. O discurso antijesuítico ficou gravado em livros e folhetos da imprensa liberal.

Em 1874, depois que Nicolás Avellaneda ganhou as eleições presidenciais, o arcebispo de Buenos Aires, Federico Aneiros, voltou a convocar os jesuítas e lhes devolveu as igrejas de Santo Inácio e Mercedes. Houve reclamações, passeatas e enfrentamentos nas portas das igrejas, já que muitos dos paroquianos da Santo Inácio eram maçons.

Missão, divisão, expulsão. Embora as crises por razões políticas tenham se afastado da Companhia de Jesus durante a última metade do século XX, o processo se repetiu tantas vezes ao longo da história argentina que era preciso governar com muito zelo.

Bergoglio sabia disso. Eram anos turbulentos no país, e dentro da Companhia a divisão entre os que proclamavam que deviam se alinhar com a Teologia da Libertação e os que consideravam que era preciso preservar a missão educadora e apostólica da situação política imperante começava a marcá-la. Era válido recorrer à violência para se chegar a um mundo mais justo?

Bergoglio estava entre os que acreditavam que não. Segundo ele, essa crença era incompatível com o Evangelho e não guardava relação com sua preferência pelos pobres. Ele marcava uma diferença entre a Doutrina Social da Igreja e a Teologia da Libertação. (Ver o capítulo X, "Um papa latino-americano?") Naquela época tinha sob sua responsabilidade muitos padres que trabalhavam nos bairros mais pobres e devia evitar que a militância política promovida pelos padres terceiro-mundistas desmembrasse os jesuítas.

Mas não conseguiu. Em poucos anos, quando a ditadura militar desembarcou com sua sangrenta maquinaria, a Companhia de Jesus estava dividida em bergoglianos e antibergoglianos.

Antes do golpe militar, durante o governo de María Estela Martínez de Perón, "Isabel", já tinham começado os sequestros nas áreas em que a Igreja trabalhava com os mais humildes. Depois do assassinato do sacerdote Carlos Mugica — integrante dos chamados padres *villeros**, morto a tiros em 11 de maio de 1974 quando acabava de rezar uma missa na igreja de São Francisco Solano, no bairro portenho de Villa Luro — , muitos padres estavam preocupados e tomavam certos cuidados, como não entrar sozinhos nos bairros e, à noite, andar sempre acompanhados, conforme declarou Bergoglio diante da Justiça. O pároco Rodolfo Ricciardelli — sacerdote da equipe de pastores das *villas*** e uma das figuras mais carismáticas do Movimento dos Sacerdotes do Terceiro Mundo — advertiu-o certo dia na igreja Santa María Madre del Pueblo sobre o perigo que corriam se continuassem com o trabalho nas *villa*s. Havia sido informado de que as Forças Armadas tinham um plano de luta contra aqueles que consideravam "seus inimigos". Faltava pouco para que se pusesse em movimento.

Bergoglio interveio no assunto. Começou a dissolver residências e comunidades jesuítas que tinham sido "marcadas". Com o argumento de realizar retiros espirituais, deu alojamento no Colégio Máximo de San Miguel a pessoas que necessitavam de proteção. Pensava que os militares não chegariam até ali. E não se enganou. Uma dessas pessoas foi Alicia Oliveira, que nessa época atuava como juíza penal da cidade de Buenos Aires. Ela tinha impulsionado numerosas investigações contra a Polícia Federal pelo encarceramento de menores e sua relação com o tráfico de drogas.

Oliveira conta que Bergoglio a visitou para adverti-la de que sua vida corria perigo e lhe ofereceu que se instalasse no Colégio Máximo. "Prefiro que me levem presa a ir morar com os padres", disse-lhe. Tinham uma relação de amizade havia cinco anos. (Ver entrevista com Alicia Oliveira no Anexo.)

No domingo 23 de maio de 1976, os sacerdotes jesuítas Orlando Yorio e Francisco Jalics foram sequestrados da casa que compartilhavam no bairro Rivadavia, no Bajo Flores, junto à Villa 1-11-14, uma das mais populosas da cidade de Buenos Aires. Foram encarcerados e torturados na Escola de Mecânica da Armada (ESMA), o maior centro de detenção clandestina instalado pela ditadura militar na Argentina. Na mesma operação levaram quatro catequistas e seus respectivos maridos. Yorio e Jalics foram liberados depois de cinco meses de torturas, e imediatamente saíram do país com a ajuda de Bergoglio. Os outros nunca apareceram.

---

* Padres que vivem e trabalham em regiões de extrema pobreza em Buenos Aires. (N. do T.)
** Nome dado às comunidades extremamente pobres da Argentina. (N. da E.)

A difícil missão de aprender a governar

Em 2000, Yorio faleceu. Antes, havia falado sobre sua prisão e disse que considerava que seu superior, neste caso, Bergoglio, havia tirado deles a cobertura da Companhia, deixando-os no terreno à mercê da repressão. "Poderia ter feito mais", disse. Esta versão foi publicada pelo jornalista Horacio Verbitsky em 1999, no jornal *Página/12*.

Ao testemunho de Yorio se somaram outras vozes, como a da freira Norma Gorriarán; Emilio Mignone, fundador do Centro de Estudos Legais e Sociais (CELS); um funcionário da Chancelaria, Anselmo Orcoyen, e a catequista Marina Rubino, além da irmã do falecido Yorio.

Por outro lado, saíram a desmentir esta versão e defender Bergoglio o prêmio Nobel da Paz, Adolfo Pérez Esquivel; o bispo e referente dos direitos humanos durante a ditadura Miguel Hesayne; Oliveira, ex-advogada do CELS; e a integrante da Assembleia Permanente pelos Direitos Humanos (APDH) e da Comissão Nacional sobre o Desaparecimento de Pessoas (Conadep) Graciela Fernández Meijide, entre muitos outros.

Logo depois que o Vaticano denunciou uma campanha de difamação contra Francisco, o próprio padre Jalics, que vive na casa espiritual de Alta Franconia, na Baviera, pôs um ponto final nas especulações. "Estes são os fatos: Orlando Yorio e eu não fomos denunciados por Bergoglio", ratificou Jalics em um comunicado publicado no site dos jesuítas na Alemanha. O religioso esclareceu que o padre Orlando Yorio e ele foram sequestrados por sua conexão com uma catequista que primeiro trabalhou com eles e depois entrou na guerrilha. "Durante nove meses não a vimos mais, mas dois ou três dias depois de sua prisão também fomos detidos. O oficial que me interrogou me pediu os documentos. Quando viu que eu tinha nascido em Budapeste, achou que eu era um espião russo", disse.

Conforme relatou o padre Jalics, logo depois de sua liberação saiu do país e somente muitos anos depois do acontecido conseguiu falar com Bergoglio. "Celebramos juntos uma missa e nos abraçamos solenemente. Eu superei o episódio e considero, pelo menos da minha parte, o assunto encerrado", disse.

Conforme consta na causa (ver o Anexo), Jalics declarou diante da Justiça que lhe constava que Bergoglio tinha intercedido diante do embaixador em Roma e que se encontrou com distintas autoridades do governo militar para pedir sua liberdade.

A vida de Francisco

Ao denunciar que se tratava de uma campanha de desprestígio contra o supremo pontífice, os porta-vozes do Vaticano fizeram especial ênfase em que Bergoglio se prestou a todos os requerimentos feitos pela Justiça argentina, em caráter de testemunha, e que não esteve imputado em nenhuma causa. Ricardo Lorenzetti, presidente da Corte Suprema de Justiça da Nação, confirmou: "Não existe nenhuma condenação em seu contrário. É absolutamente inocente", disse.

Bergoglio declarou duas vezes diante do Tribunal Oral Federal Nº 5 como testemunha: na causa pela qual 12 repressores da ESMA foram condenados à prisão perpétua e na causa pelo roubo de bebês durante a ditadura de Jorge Rafael Videla. "É totalmente falso dizer que Jorge Bergoglio entregou estes sacerdotes. Analisamos, ouvimos essa versão, vimos as evidências e entendemos que sua atuação não teve implicações jurídicas nesses casos. Não é um cruzamento de opiniões. Não existe controvérsia. Já há uma sentença", afirmou o juiz Germán Castelli, membro do tribunal, junto com Daniel Obligado e Ricardo Farías.

Em outubro de 2011, 12 repressores foram condenados à prisão perpétua e outros cinco receberam penas entre 18 e 25 anos de prisão por crimes contra a humanidade. Foram considerados culpados pelos homicídios do jornalista e escritor Rodolfo Walsh, pelos assassinatos das 12 pessoas sequestradas na igreja Santa María de la Cruz, entre as quais se encontravam as freiras francesas Léonie Duquet, Alice Domon e Azucena Villaflor, fundadora das Mães da Praça de Maio, e pela privação ilegítima da liberdade e torturas em 85 casos, entre outros delitos. Além disso, o tribunal aceitou o pedido dos familiares das vítimas para que os delitos contra a integridade sexual fossem considerados delitos de lesa humanidade. Também se estabeleceu que os fatos foram cometidos no marco de um genocídio.

A Verdadeira História de Yorio e Jalics

"Naquela época, qualquer padre que trabalhasse com os pobres era alvo de acusações. Estava estabelecido, desde antes do golpe militar, que os padres que trabalhavam com os pobres eram considerados 'esquerdistas'. Era uma calúnia, mas esse era o ambiente em que se vivia naquele tempo, e a gente tinha que estar ao lado de quem realizava esta tarefa pastoral", disse o então cardeal em sua declaração (ver o Anexo).

Bergoglio soube do sequestro dos padres jesuítas neste mesmo dia, um domingo à tarde. Um vizinho ligou para ele e contou que tinha havido uma blitz. Essa pessoa não se identificou. O padre Luis Dourron também estava com eles, mas ao ver o que acontecia de sua bicicleta, passou reto pela rua Varela. Em seguida, o provincial informou às autoridades da Companhia, da Igreja local e da Nunciatura e iniciou contatos para que todos recuperassem a liberdade, conforme declarou.

O sequestro veio em um momento de muito conflito. Bergoglio tinha sido professor de Yorio e Jalics no Colégio Máximo, e eles moravam no bairro portenho de Rivadavia, um conjunto de blocos que ficava junto ao Bajo Flores, na zona sul da cidade, onde eram abundantes as *villas*. Em 1972, tinham montado uma comunidade na rua Rondeau, no Parque Patricios. Tinham o aval de Bergoglio, e Yorio era o responsável.

Dois anos antes de Bergoglio ser elevado à máxima autoridade local, Yorio recebeu um chamado do então provincial O'Farrel, que lhe disse que o padre Arrupe tinha lhe manifestado "a urgência de aprofundar sobre a reflexão da Teologia no fato político latino-americano", conforme consta no expediente. (O testemunho de Yorio foi dado à causa por seu irmão, e mediante um texto com seu testemunho perante à justiça antes de sua morte.)

Segundo Yorio, em 1971 o provincial tinha lhe pedido que "insistisse na importância da pesquisa teológica latino-americana". Também lhe disse que na Argentina a pessoa que estava em melhores condições para fazer isso era ele. De alguma forma, Yorio, que era partidário da Teologia da Libertação, sentiu isso como um legado, como a possibilidade de desenvolver uma liderança. Jalics, que também compartilhava essa visão, concordou em fundar uma comunidade.

Yorio declarou que no início as atividades eram fiscalizadas pelo próprio Bergoglio. Então, começaram a correr boatos: dizia-se — conforme consta no expediente — que eles realizavam orações estranhas, que conviviam com mulheres, que professavam heresias, que tinham

A vida de Francisco

um compromisso com a guerrilha... "Eram calúnias", descartou Bergoglio diante dos juízes. No entanto, advertiu os sacerdotes do perigo que eles e sua comunidade corriam ao ser vistos desse modo.

Embora alentasse o trabalho pastoral nas *villas*, Bergoglio se opunha a que os jesuítas se envolvessem em uma participação política, porque achava que o risco era alto, não apenas para os padres, mas também para as pessoas que estavam sob sua responsabilidade. A recomendação foi abandonar certas comunidades antes que se desatasse a perseguição, mas Yorio e Jalics não acharam isso uma boa medida. E quando o provincial lhes comunicou que deviam se recolocar em outras comunidades e dissolver o grupo que tinham criado, os jesuítas se opuseram. Os sacerdotes sabiam que havia tempo estavam sendo vigiados pelas Forças Armadas.

"A comunidade que tinham formado foi dissolvida por uma política de reordenamentos dentro da província argentina, para fortalecer certos lugares", explicou Bergoglio em sua declaração.

Os contatos foram iniciados em 1974, mas a resistência dos dois sacerdotes fez com que o conflito se prolongasse por quase um ano e meio. A recusa a dissolver a comunidade aprofundou os boatos. Os sacerdotes já não eram apenas vistos como "esquerdistas", mas Bergoglio recebia acusações de que na verdade eram guerrilheiros. Ele sabia que não, mas a ameaça da Teologia da Libertação começava a pesar sobre a ordem e todos os membros corriam perigo. Desde sua posição, é provável que Yorio não interpretasse a recusa de Bergoglio como um ato que tentava protegê-los, mas como uma luta por aquele seu "incipiente protagonismo" na frente da Companhia.

Para evitar que a comunidade fosse dissolvida, Yorio e Jalics elevaram sua reclamação ao padre geral, já que os jesuítas têm direito a explicar por que não obedecem alguma disposição da autoridade. Arrupe interveio.

Em fevereiro de 1976, Bergoglio voltou de Roma com uma ordem do padre geral de dissolver a comunidade. Quando se produziu o golpe de Estado, em 24 de março do mesmo ano, as licenças dos dois sacerdotes e de Dourron para oficiar missa já tinham sido revogadas, como consequência de sua desvinculação da Companhia de Jesus. Deviam se incardinar dentro do clero secular, isto é, procurar um bispo que os recebesse. Por alguma razão, o arcebispo de Buenos Aires recusou o pedido de acolhê-los sob sua órbita, e então ficaram sem suas licenças. De qualquer maneira, Bergoglio os autorizou a continuar rezando missas até que a situação se resolvesse, ou seja, até que encontrassem um bispo.

No dia 23 de maio ocorreram os sequestros. Conforme declarou diante da Justiça, Bergoglio teve quatro encontros com autoridades do governo de fato para pedir por sua libertação. Uma delas foi com o chefe da Armada, Emilio Massera. "Da primeira vez me disse que averiguaria. Enquanto isso, continuei fazendo contatos para averiguar sobre eles, e depois de dois meses, como não apareciam, voltei a visitá-lo. A audiência foi muito feia", disse Bergoglio. Diante das evasivas do chefe da Armada, que dizia que já tinha informado ao monsenhor Adolfo Tortolo, ex-vigário militar (faleceu 1986 e foi acusado de justificar as torturas), o provincial se levantou e o repreendeu: "Olhe, Massera, *quero que apareçam*. Levantei-me e fui embora."

Os outros encontros foram com o então presidente, general Jorge Rafael Videla. No mesmo dia em que Francisco foi eleito papa, circularam nas redes sociais fotos que mostravam um Bergoglio de costas, dando comunhão a um Videla ajoelhado. Pouco depois se soube que a foto era falsa. Aquele não era Bergoglio. A missa, no entanto, existiu: não foi para lhe dar a bênção, mas, pelo contrário, para tê-lo frente a frente e voltar a pedir pela liberdade dos sacerdotes. Da primeira vez o tinha recebido em seu escritório e havia dito que ia averiguar. Da segunda, Bergoglio não pediu audiência. Averiguou quem era o padre que ia celebrar missa no Olivos e o convenceu que alegasse que estava doente e o enviasse em sua substituição. Depois da missa, aproximou-se de Videla e pediu para falar com ele. Conforme declarou, nessa oportunidade sua impressão foi de que cuidaria do assunto.

Quando Yorio finalmente foi libertado, comunicou-se por telefone com Bergoglio e concordaram que devia sair do país. Em pessoa, o homem que hoje é papa foi, juntamente com o secretário da Nunciatura, com uma cobertura diplomática, ao Departamento de Polícia para lhe conseguir um passaporte. O mesmo fez com Jalics.

Deviam sair do país urgentemente. Para não comprometer sua integridade, pediu-lhes que não lhe contassem nada.

A vida de Francisco

"Nunca nenhum dos dois me disse que sentia que eu poderia ter feito mais. Não me repreenderam em nada. Depois soube que Yorio achava que os tinha descuidado um pouco, que não tinha feito todo o possível. Que ao não cuidá-los bem, os tinha desprotegido", esclareceu Bergoglio.

Naqueles anos, "o trabalho dos padres *villeros* era variado em distintos países e em alguns esteve bastante mediado por questões políticas e uma leitura do Evangelho com uma hermenêutica marxista, o que deu lugar à Teologia da Libertação. E outros, em compensação, optaram pela piedade popular, deixando de lado a política, dedicando-se à promoção e ao acompanhamento dos pobres", disse o cardeal diante da Justiça. Assim, sintetizou as duas facções em que a Companhia tinha ficado dividida durante seu provincialado.

Para a Justiça ficou provado que Bergoglio não só não os tinha entregado, como inclusive tinha tentado adverti-los, protegê-los. E que os sacerdotes seguiram em frente, assumindo o risco a que se expunham.

Em sua declaração, Yorio apontou que uma das pessoas que o interrogaram disse que tê-los prendido resultava um grande problema porque tinha desencadeado uma reação fortíssima da Igreja e de muitos setores do país. Também declarou que, quando foi libertado, Bergoglio foi visitá-lo na casa de sua mãe e que ali mesmo se comunicou com um bispo para pedir que o acolhesse de modo que pudesse se incardinar. "Fez isso na minha frente para que não houvesse problemas. Informou muito favoravelmente. Além disso, disse que eu não estava saindo [do país] por nenhum problema com a Companhia, nem religioso nem sacerdotal. Que o único problema era o de 'tensões entre grupos humanos'. O padre Bergoglio fez os trâmites dos meus documentos e pagou minha passagem para Roma. Ali, também interveio no Colégio Pio Latino para facilitar meu ingresso na [Pontifícia Universidade] Gregoriana", declarou.

Yorio esclareceu que neste dia não pediu nenhuma explicação do acontecido a Bergoglio. Que o provincial se antecipou pedindo-lhe que não a solicitasse, que "se sentia muito confuso com o que tinha acontecido, que não se sentia em condições" de dar-lhe, segundo suas próprias palavras.

A difícil missão de aprender a governar

O tribunal desprezou as acusações contra Bergoglio e tirou suas conclusões. Duas coisas ficaram provadas: "Que a reação eclesiástica reflete que os esforços realizados pelas autoridades da Ordem e pela Igreja católica influíram na liberação dos sequestrados. Que Jalics e Yorio sabiam do perigo que suas vidas corriam pela atividade desenvolvida, já que precisamente o regime ditatorial acreditava ver no trabalho pastoral nas *villas* uma fachada que escondia a guerrilha. Que também constam as advertências eclesiásticas (diante do risco a que se expunham) traduzidas na retirada de suas licenças."

ANGELELLI E OS PALOTINOS

Durante a última ditadura militar, a perseguição a pessoas comprometidas com o trabalho social alcançou inclusive membros do Episcopado. Foi o caso do monsenhor Enrique Angelelli, arcebispo de La Rioja. Em julho de 1976, havia reclamado a Videla pela aparição de dois homens sequestrados na paróquia El Salvador, em El Chamical, província de La Rioja: o sacerdote franciscano Carlos de Dios Murias e o pároco francês Gabriel Longueville. Pouco depois, os dois apareceram em um descampado, com as mãos atadas nas costas, torturados e fuzilados. Tinham se passado duas semanas desde os assassinatos dos sacerdotes palotinos Alfredo Leaden, Alfredo Kelly e Pedro Duffau, e dos seminaristas Salvador Barbeito e Emilio Barletti, da paróquia de San Patricio, em Buenos Aires.

Em 4 de agosto de 1976, Angelelli também foi assassinado, quando voltava para a cidade de La Rioja. A caminhonete em que viajava foi fechada por um Peugeot 504 e capotou. Embora as primeiras versões indicassem que tinha sido um acidente, anos mais tarde a Justiça constatou que havia sido um homicídio. Videla e o ex-general Luciano Benjamín Menéndez foram processados por esse fato, como autores mediatos.

Alguns meses antes de ser assassinado, Angelelli pediu a Bergoglio que protegesse os três seminaristas da diocese de La Rioja. Explicou-lhe que o plano curricular que tinha esboçado para eles não podia ser completado em sua província. Na verdade, estava pedindo que os protegesse, porque suas vidas corriam perigo. Foi assim que Bergoglio os recebeu em Buenos Aires e, como não tinham onde morar, autorizou que se alojassem no Colégio Máximo.

"No Colégio se escondiam pessoas, se preparavam a documentação e faziam todo o necessário para tirá-las do país. Eu vi isso, não me contaram. Os jesuítas tinham uma organização para ajudar as pessoas a saírem do país. A diocese de La Rioja ficou muito abalada e ele assumiu a paternidade de nós", contou o sacerdote Miguel La Civita (ver a entrevista com os padres que Bergoglio salvou no Anexo).

"Ele ajudou muitas pessoas perseguidas", confirmou Roberto Musante, o amigo que conheceu quando reencaminhou sua vocação religiosa para a Companhia de Jesus. "Como resultado de nossa relação com o bispo mártir Enrique Angelelli, tive oportunidade de conversar várias vezes com ele; sempre esteve convencido de seu assassinato. Ele recebeu seus seminaristas quando em La Rioja começaram as agressões aos sacerdotes e leigos na época da ditadura. Também ajudou muita gente, apesar de ter tomado decisões que muitos questionaram quando os sacerdotes Jalics e Yorio foram sequestrados. Sempre se mostrou simples, ausente de protocolos, amigo dos padres *villeros* e dos pobres. Seu gesto de se chamar Francisco, apresentar-se como bispo de Roma e pedir a bênção do povo antes de dar a bênção como papa manifestam sua linha pastoral como sucessor de Pedro. Tomara que esta atitude pastoral torne mais evangélica a Igreja de Jesus", diz Musante.

"Bergoglio não hesitou em emprestar até seu próprio documento de identidade para ajudar pessoas que eram perseguidas pelo governo militar a sair do país. Deu-o a um jovem que se parecia com ele e inclusive, para que não tivesse inconvenientes, emprestou-lhe uma camisa com seu *clergyman*, o tradicional colarinho sacerdotal, para que fosse mais crível", detalha Alicia Oliveira.

Carlos Murias, o Primeiro Beato de Francisco

Carlos de Dios Murias, um dos sacerdotes torturados e massacrados em La Rioja, poderá se tornar o primeiro beato do papado de Francisco. Murias era franciscano e tinha sido ordenado pelo bispo Angelelli.

A difícil missão de aprender a governar

"Se o pedido do arcebispo de Buenos Aires, Jorge Bergoglio, de beatificar Carlos Murias for aceito, o primeiro santo do papa Francisco será um mártir da última ditadura militar argentina." Assim começa uma matéria do jornal italiano *La Stampa*, escrita pelo jornalista Paolo Matrolilli, enviado a Buenos Aires depois da eleição do novo pontífice.

A causa para solicitar a canonização foi assinada por Bergoglio em maio de 2011. Segundo Carlos Trovarelli, superior dos franciscanos conventuais na Argentina, ele o fez com discrição para evitar que fosse bloqueada por outros bispos que são contrários a essas iniciativas apoiadas no compromisso social dos sacerdotes.

Carlos Murias nasceu na província de Córdoba, em 1945. Seu pai, agente imobiliário e ligado à política, queria que o filho fosse militar. Carlos estudou no Liceu Militar, mas quando se formou ingressou no seminário e foi ordenado sacerdote por Angelelli.

Murias aportou no povoado de El Chamical em companhia do francês Gabriel Longueville. A missão era fundar uma comunidade franciscana. Em 1976, chegaram o golpe de estado, as advertências e as ameaças.

Murias foi sequestrado no dia 18 de julho. Dois dias depois, seu cadáver foi encontrado no meio do campo: tinham arrancado seus olhos e cortado suas mãos antes de atirar nele.

Sua Amiga Careaga, Sequestrada e Assassinada

Em 8 de dezembro de 1977, um "grupo de tarefas" comandado pelo capitão de navio Alfredo Astiz, "o anjo da morte", sequestrou a ex-chefe de Bergoglio no laboratório e guia de leituras políticas Esther Ballestrino de Careaga. Depois do desaparecimento de sua filha Ana María e de seus dois genros, Careaga tinha se transformado em uma das fundadoras das Mães da Praça de Maio.

Quando os militares levaram Ana María, Careaga ligou para Bergoglio e lhe pediu que fosse à sua casa para dar a extrema-unção a um familiar, sua sogra. Bergoglio se surpreendeu porque a família de Careaga não era católica. Quando chegou à sua casa se inteirou do pedido real. "Chamou-me a atenção que tivesse ligado para mim a fim de que lhe desse a extrema-unção, já que nem ela nem sua família são católicos. Depois soube de seu propósito. Sua filha tinha sido sequestrada. Queria me entregar alguns livros e outros materiais", declarou Bergoglio na causa "ESMA".

Pediu-lhe que levasse os livros sobre marxismo da biblioteca, que os escondesse. Sua filha tinha sido presa e libertada e temia que a qualquer momento revistassem sua casa ou a levassem presa.

Bergoglio cumpriu o pedido e levou os livros. A suposição de Careaga se tornou realidade: em 8 de dezembro de 1977, Esther Ballestrino e María Ponce foram sequestradas na Igreja da Santa Cruz, em Buenos Aires, quando trabalhavam com outras mães para publicar uma lista de familiares desaparecidos. Haviam se reunido nessa igreja para juntar recursos e publicar a primeira lista de desaparecidos no país.

O agente de inteligência que as delatou foi Astiz. Infiltrou-se. Dizia ter um irmão desaparecido e assistia às reuniões do grupo com uma mulher que esteve sequestrada na ESMA, que apresentava como sua irmã. Entre 8 e 10 de dezembro de 1977, houve 11 sequestros; entre os detidos estavam as freiras francesas Alice Domon e Léonie Duquet e a fundadora das Mães da Praça de Maio, Azucena Villaflor.

Esther Careaga foi jogada de um avião, no que depois se denominou os "voos da morte", e o mar a devolveu à praia da Santa Teresita, na provínvia de Buenos Aires. Foi enterrada como indigente, e muitos anos depois seu corpo foi identificado por uma equipe de antropólogos forenses.

"Em 2005 apareceram os restos de minha mamãe", relatou Mabel Careaga, outra de suas filhas. "Quisemos enterrá-los no solar da Igreja da Santa Cruz porque foi o último território livre em que ela e María Ponce tinham pisado, o lugar onde a sequestraram. Pedimos permissão a Bergoglio."

Bergoglio, já como arcebispo de Buenos Aires, autorizou que fosse sepultada no jardim da Igreja de Santa Cruz. Ali descansa seu corpo.

Ajudar tantas pessoas em anos tão difíceis não tornou Bergoglio um homem popular. De fato, quando se soube que tinha sido eleito papa, muitos argentinos começaram a descobrir estes e outros trabalhos solidários que o sucessor de Pedro havia realizado em silêncio.

A difícil missão de aprender a governar

Apareceu então uma enxurrada de testemunhos de pessoas a quem tinha ajudado quando suas vidas corriam perigo por causa da perseguição da ditadura militar. Como o governador de Córdoba, José Manuel de la Sota, que relatou que, enquanto esteve desaparecido, o papa Francisco ajudou sua família e "intercedeu uma infinidade de vezes" diante dos chefes militares para encontrar seu paradeiro.

Algo similar contou o sacerdote paraguaio José Luis Caravias. Disse que Bergoglio o tinha salvado nos anos 1970 da Triple A, a força paramilitar dirigida pelo ministro da Ação Social de Isabel Perón, José López Rega.

Em maio de 1972, perseguido pela ditadura do general Alfredo Stroessner, Caravias tinha abandonado o Paraguai para se radicar na província argentina de Chaco. Mas ali também foi perseguido por sua opção pelos pobres. Bergoglio foi quem o advertiu de que tinham "decretado sua morte" e o protegeu.

Esses e outros testemunhos constituem uma prova do compromisso do Bergoglio com os direitos humanos durante a última ditadura militar. Inclusive Hebe de Bonafini, presidente das Mães da Praça de Maio, que no início havia questionado sua aptidão moral para o papado e o tinha acusado de "fazer parte dos bispos que assassinaram nossos filhos", uma semana mais tarde se alinhou com o ardor pela figura de Francisco. Chegou a lhe escrever uma carta: "Hoje, diante da minha surpresa, ouço muitos companheiros explicar sua entrega e trabalho nas *villas*. Fico imensamente feliz ao saber de seu trabalho e sinto esperanças de uma mudança no Vaticano."

Um Papa Peronista?

"A política é uma atividade nobre. É preciso revalorizá-la, exercendo-a com vocação e uma dedicação que exige testemunho, martírio. Ou seja, morrer pelo bem comum", disse Bergoglio em uma homilia em junho de 2004. Isso no plano intelectual. No plano real, as coisas são diferentes: segundo ele mesmo reconheceu em seu livro *Sobre o céu e a terra*, Francisco não vota. A última vez que compareceu às urnas foi para uma eleição legislativa durante o governo de Arturo Frondizi. "Talvez esteja cometendo um pecado contra a cidadania", afirmou o padre jesuíta. Primeiro, não fez a mudança de domicílio, e quando o fez, continuava aparecendo recenseado em Santa Fé. "Depois, além do mais, fiz 70 anos e já não tenho obrigação de votar. É discutível se é correto não votar, mas afinal sou padre de todos e não devo me embandeirar politicamente."

Dois dias depois de ele ser escolhido papa, a cidade de Buenos Aires amanheceu cheia de cartazes dizendo: "O papa é peronista."

"É peronista?", perguntaram a seu sobrinho Pablo Narvaja Bergoglio. "Em função de sua tarefa pastoral, ele sempre recusou um alinhamento político. Eu poderia dizer que suas concepções o colocavam muito afim com o peronismo, mas ele nunca se embandeirou politicamente porque, se o fizesse, se setorizaria, e ele era um pastor de todos. Mas há muita afinidade", confirmou.

Os amigos do Bergoglio reconhecem que é peronista. "Mas um peronismo de bases, não justicialista. Ele admira a figura de Perón, na medida em que revalorizou e instaurou a cultura da dignidade do trabalho, uma ideia muito arraigada nele por vir de uma família de imigrantes. Não gostava do que veio depois, do clientelismo, dos planos sociais e do uso político da pobreza. Muito menos da corrupção instaurada como política de Estado e assumida como um preço a pagar para levar adiante a revolução. Com isso ele não comunga de jeito nenhum", confiou uma fonte próxima a Francisco.

Os peronistas asseguram que nos anos prévios ao retorno de Juan Domingo Perón ao país, em 1973, logo depois do exílio, Bergoglio teve uma aproximação ao agrupamento de direita Guarda de Ferro, que tomava seu nome do movimento ultranacionalista romeno e que se apresentou tempo depois como a facção oposta à guerrilha dos Montoneros. Surgida durante a proscrição do peronismo, a Guarda de Ferro se caracterizou por um apego quase exegético ao pensamento de Perón. Alguns acreditam encontrar nessa aproximação de Bergoglio ao grupo oposto aos Montoneros a explicação de por que a presidente Cristina Fernández de Kirchner — que na juventude militou neste agrupamento — durante muitos anos o considerou um inimigo político. Embora nos

A difícil missão de aprender a governar

anos 1970 todos tivessem trabalhado entre os pobres na busca de uma sociedade mais justa, fizeram-no com orientações diametralmente opostas.

"Nenhum Guarda de Ferro vai me dar ordens!" Dois jornalistas do *Clarín* garantem ter ouvido essa frase aos gritos de um funcionário e legislador muito próximo ao kirchnerismo nos anos em que Néstor Kirchner ainda vivia e era presidente. De qualquer forma deve ficar claro que Bergoglio nunca falou de sua proximidade com a Guarda de Ferro. Por outro lado, foram seus líderes de antigamente que mencionaram que Francisco tinha sido para eles algo como "um capelão".

"Na época nos aproximamos de Bergoglio, mas ele não foi membro da Guarda de Ferro. Eu o descreveria como um assessor espiritual", admite o histórico dirigente peronista Julio Bárbaro, ao ser consultado para este livro. "Era um jesuíta ligado a nós. Ele e outros padres nos acompanhavam, mas tiveram o acerto de não se envolver na violência. Bergoglio nos confessava e nos dava orientações sobre religiosidade. Exercíamos nossa vocação assim, combinando as duas questões", apontou.

"O papa Francisco não pertenceu à Guarda de Ferro. Foi [alguém] muito especial para mim, foi confessor da direção e mesmo assessor espiritual. Mas nunca delatou ninguém", assegura Mario Gurioli, ex-deputado da nação, que então exercia a direção nacional da Guarda de Ferro.

Em 1979, Bergoglio terminou seu mandato como provincial da Companhia com um gosto amargo por não ter conseguido evitar a fratura da ordem devido à politização da missão. Muitos morreram, muitos outros se afastaram das filas do catolicismo e outros tantos desertaram e se casaram. Mais uma vez, a Companhia de Jesus se debilitou. O trabalho de Bergoglio, no entanto, foi fundamental para que ela não se desmembrasse por completo. Mas o processo tinha sido muito desgastante.

Em 1975, o superior geral Arrupe havia lhe dado instruções para que redirigisse os esforços. Era preciso se concentrar "no importante". Não em "educar os cultos". Como o número de padres jesuítas tinha diminuído, o trabalho seria focado nos colégios e se priorizaria o trabalho solidário com os pobres. "A universidade não permitia educar uma

A vida de Francisco

geração", pensava Arrupe, de modo que deu instruções a Bergoglio para que se desvinculasse da Universidad del Salvador e a cedesse para que fosse administrada pelos leigos. "Tendo em vista que a Companhia de Jesus já administrava a Universidade Católica de Salta e a de Córdoba e que em Buenos Aires se instalara a Universidade Católica Argentina, Arrupe considerou um despropósito que houvesse duas universidades católicas em uma mesma cidade", confiou uma fonte dos jesuítas.

Para muitos, essa foi apenas a versão oficial dos fatos. "O reitor da Universidad del Salvador será eleito", publicou *La Nación* no domingo, 25 de maio de 1975.

"O padre provincial da Companhia de Jesus Jorge Bergoglio mandou uma mensagem à associação civil da Universidad del Salvador e à comunidade universitária. Em um documento, depois de reiterar que a Companhia se desvinculava realmente da Universidad del Salvador, apontou que isso significava: 'Primeiro, a determinação de deixar a livre condução para os leigos que a assumiam; segundo, que a segurança de que esta equipe de leigos era considerada como a única garantia possível para a preservação da identidade da Universidad del Salvador'", detalha a matéria.

"Esta é a hora da coragem criativa, da contemplação fecunda, das decisões que geram unidade. Mas também é a hora da sagacidade para saber detectar os reais inimigos e seus projetos, que, definitivamente, atentam contra o mais importante e sagrado que tem uma instituição educativa: seus alunos", expressou Bergoglio em seu discurso. Uma mensagem críptica, como as que Francisco gosta de dar, para alertar sobre algum perigo? Provavelmente.

As críticas à sua condução entre os próprios jesuítas não demoraram a chegar. Além dos que se opunham à politização da missão, havia os que questionavam que a ordem tivesse se voltado para a pobreza, deixando de lado a importância do ministério didático que a caracterizara ao longo de cinco séculos: a educação.

Estes últimos interpretaram a decisão de entregar a Universidad del Salvador aos leigos como uma traição por parte de Bergoglio, embora a decisão tenha sido tomada mais acima. Também chegaram acusações a respeito de que a instituição educativa tinha ficado nas mãos de

A difícil missão de aprender a governar

jovens leigos de direita, com certos vínculos com a Guarda de Ferro. "Acusaram-no de que, para não dá-la à esquerda, entregou a Universidad del Salvador à juventude de direita", disse uma fonte.

No dia 25 de novembro de 1977, a Universidad del Salvador distinguiu o então almirante Emilio Massera com o doutorado "honoris causa", e ainda hoje não o retirou. Os opositores de Bergoglio arriscam duas possíveis explicações: a proximidade com a Guarda de Ferro, que tinha certa proximidade com Massera, ou uma contrapartida assumida para garantir a liberação dos sacerdotes Jalics e Yorio. "Recebi o convite para o ato, mas não fui. Além disso, a universidade já não pertencia à Companhia de Jesus e eu não tinha nenhuma autoridade além de ser seu sacerdote", conta Bergoglio em *El jesuita*, a única declaração que fez a respeito.

Em nenhuma das fotos daquela cerimônia dos arquivos da Universidad del Salvador aparece Bergoglio.

Dois anos mais tarde, em 1979, com uma sensação amarga pelo desenrolar dos acontecimentos, a liderança de Bergoglio na Companhia chegou ao fim. Com 42 anos, assumiu como reitor do Colégio Máximo — até 1986 — e de sua Faculdade de Filosofia e Teologia, além de continuar sendo sacerdote da Universidad del Salvador.

Capítulo V

O desterro, um mestrado em pastorado

"Cumprimente sempre todas as pessoas quando subir, porque é muito provável que, ao cair, você as encontre de novo." Essas palavras da avó, repetidas à exaustão durante a infância, ficaram gravadas no coração de Francisco. E foi justamente nos últimos anos de vida da avó que se cobrou um novo sentido para a vida adulta do novo papa.

Até então, seu ministério como sacerdote tivera duas etapas muito marcadas: a primeira foram os 14 anos de estudo e capacitação na Companhia de Jesus, onde recebeu ampla formação teológica e cristã. Depois vieram os anos de ascensão dentro da estrutura da ordem, um crescimento veloz e vertiginoso, com grande exposição, no qual precisou aprender a governar em meio à crise, enfrentando muita oposição.

O que chegava naquele momento era a queda. A descida. O ostracismo? Não. Francisco nunca percebeu assim, embora, depois de ter alcançado o posto de máxima autoridade dos jesuítas no país, tenha sido obrigado a virar confessor numa igreja da província de Córdoba ou, literalmente, alimentar porcos em San Miguel. As palavras da avó o ajudaram a não perder a perspectiva.

"Desde jovem, a vida me colocou em cargos de chefia. Recém-ordenado sacerdote, fui designado professor de noviços, e dois anos e meio depois, provincial. E tive de aprender fazendo, a partir de meus erros. Porque erros, isso sim, os cometi aos montes. Erros e pecados. Seria falso

O desterro, um mestrado em pastorado

de minha parte dizer que hoje em dia peço perdão pelos pecados e ofensas que eu possa ter cometido. Hoje peço perdão pelos pecados e pelas ofensas que efetivamente cometi", disse Bergoglio no livro *El jesuita*.

Ao contrário do que poderia parecer, naquele tempo cessaram os anos de viver rodeado de seminaristas, sacerdotes e homens de fé. Começavam, por sua vez, os anos como pastor. Nos bairros.

Naqueles dias — em que escasseiam os documentos e registros disponíveis sobre a tarefa de Bergoglio —, o contato direto com o povo se transformou na chave de seu estilo pastoral. Ele deixaria de ser apenas um homem formado em teologia e humanidade, forjado em oração e meditação, capaz de conduzir a Companhia com mão firme e discernimento espiritual, e aprenderia a abordar um pobre de maneira diferente, e não como alguém que precisa de ensino ou ajuda. Além disso, era preciso estar próximo a eles para aprender.

Era um caminho que Bergoglio começara a percorrer na década de 1970, durante o trabalho conjunto com os padres *villeros*. No entanto, a politização da ação social e a alta patente de Bergoglio na estrutura jesuíta jogaram contra.

Ele queria estar próximo do povo. Entre o povo. Nas ruas. "Os momentos mais lindos são os que passei com o povo", reconheceu ele em entrevista radiofônica na paróquia da Villa de Barracas, em novembro de 2012.

As urgências da realidade — contam aqueles que o rodeiam — levaram Bergoglio a um ir e vir que enriqueceu e complementou sua bagagem doutrinária, numa simbiose entre o que a Igreja propunha e o que o povo precisava, ou os problemas que deveria enfrentar: desemprego, drogas, insegurança e miséria, entre outros.

Mas o que aconteceu para que a máxima autoridade dos jesuítas se transformasse num mero padre confessor de uma igreja em Córdoba? A resposta varia de acordo com o interlocutor. Os detratores de Bergoglio asseguram que foi uma espécie de exílio, de desterro por conta das diferenças que se instalaram dentro da Companhia durante e depois de seu provincialado, pois os jesuítas não o perdoavam por ter entregado a Universidad del Salvador aos laicos e freado o avanço do terceiro-mundismo na ordem.

Depois de sua passagem pelo Colégio Máximo, em San Miguel, onde desenvolveu uma importante obra com a comunidade local, Bergoglio viajou à Alemanha para fazer doutorado. Depois de um ano e meio dedicado ao estudo e à pesquisa sobre a obra do teólogo Romano Guardini, ele precisou voltar às pressas, por exigências das autoridades da Companhia, para assumir uma missão que não podia mais esperar: entre outras coisas, o confessionário em Córdoba.

Era um castigo, dizem. Uma versão conta que chegaram a ponto de abrir a correspondência de Bergoglio, e que durante muitos anos ele esteve confinado, isolado do resto da Companhia.

Bergoglio, porém, vivenciou a experiência de maneira distinta, encarando-a como uma missão. "Ele tinha uma profunda vontade de voltar ao exercício comunitário, de não dar espaço à vaidade ou à sede de poder que, inclusive dentro da Igreja, invertem os valores e fazem uma pessoa acreditar que o importante é a ordem, a congregação ou as instituições, e não as pessoas", confidencia uma fonte.

Assim, sem saber, Bergoglio era levado a um nível mais profundo de espiritualidade, que, nos anos seguintes, marcaria sua liderança. Enquanto todos ao redor consideravam que o padre expiava suas culpas no desterro, ele na verdade estava fazendo "um mestrado" como pastor de almas. "Um pastor para mim é isso: alguém que vai ao encontro do povo", disse uma vez.

Foi a isso que Bergoglio se propôs durante o desterro: ir ao encontro. Desejava regressar ao campo, à pastoral comunitária, sentir-se como um pároco de bairro, voltar a ser simplesmente o "padre Jorge".

Aos 42 anos, tinha um novo destino: assumir as funções de reitor do Colégio Máximo e da Faculdade de Filosofia e Teologia em San Miguel. Além disso, a partir de 1980, Bergoglio se tornou pároco da Igreja do Patriarca São José, na diocese de San Miguel, uma missão que o entusiasmava tanto quanto o trabalho acadêmico. Ele cumpria as tarefas docentes e organizacionais do colégio e da faculdade e se dedicava à paróquia de corpo e alma.

Organizou a catequese e fundou quatro igrejas em bairros humildes da região, bem como três refeitórios infantis. Se queria uma pastoral social concreta, ali encontrou um campo de ação no qual tudo ainda estava por fazer.

O desterro, um mestrado em pastorado

Em 19 de dezembro de 1985, o jornal *El Litoral* publicou um extenso artigo dedicado à transformação ocorrida no bairro a partir da obra desenvolvida por Francisco. O artigo, intitulado "Os milagres do padre Bergoglio", tratava da inauguração de duas das quatro igrejas abertas no bairro durante aqueles anos. Em 16 de novembro, ele inaugurou "uma enorme igreja ao estilo da arquitetura jesuíta do século XVIII em uma área do bairro de General Sarmiento (noroeste da grande Buenos Aires) chamada Los Beatos Mártires del Caaró, missionários fundadores do Alto Peru. Dois meses antes, outra igreja havia começado a funcionar: a de Santo Alonso".

"As carinhas das crianças pareciam de seda, e os olhinhos, estrelas. As mães as protegiam dos apertões, orgulhosas das camisas brancas, dos mantos celestes e dos coques esmerados. Nem parecia o mesmo povo desgostoso que até muito pouco tempo recebia os estranhos com pedradas", dizia o texto. Antes do início das obras de Bergoglio, a região era um bairro carente; porém, depois do início dos trabalhos, até esse aspecto havia mudado.

A ação social não impediu que o padre Bergoglio se dedicasse ao desenvolvimento de novas conquistas para as instituições acadêmicas. Em 15 de outubro de 1981, foi inaugurada em San Miguel a Biblioteca de Teologia e Filosofia, a maior da América Latina em quantidade e qualidade dos livros. A biblioteca do Colégio Máximo, que à época continha 140 mil volumes, recebia habitualmente mais de oitocentas revistas, em sua maioria especializadas em filosofia e teologia. Ainda assim, a instituição recebeu 4.500 antiguidades, entre elas vários incunábulos, um legado da época da Companhia de Jesus no período colonial. A biblioteca havia começado um ano antes, quando Bergoglio foi nomeado reitor do colégio.

O terceiro milagre, de acordo com o artigo do *El Litoral*, foi a realização de um Congresso Teológico Internacional que contou com a presença de centenas de representantes de diversos credos, no mesmo colégio.

Gustavo Antico, hoje sacerdote e reitor da igreja Santa Catalina de Siena, não esquecerá jamais do convívio com o padre Bergoglio nos anos em que era noviço no colégio. Os dois se conheceram quando Antico tinha 18 anos, no início de sua formação como jesuíta. "Ele me

A vida de Francisco

olhou com o mesmo olhar de hoje, e com a expressão impassível me disse: 'Você, aos porcos.' Ele me mandou cuidar, durante o mês de janeiro, dos porcos que estavam na casa de formação", relembra hoje, com um sorriso, o padre Antico.

Cuidar dos porcos não era uma tarefa que Bergoglio conhecesse de longe, do conforto de seu escritório. Antico conta que a máxima autoridade do colégio nunca mandava alguém fazer algo que ele próprio não tivesse feito primeiro. Ele não se sentia diminuído quando literalmente enfiava os pés na lama e alimentava os porcos. Essa atitude o aproximou dos estudantes de uma maneira muito especial. Qualquer um poderia questionar a autoridade de alguém que dava ordens de dentro de uma sala. Porém, quando esse mesmo alguém já havia participado das tarefas cotidianas, trabalhando ombro a ombro com o mais inexperiente dos noviços na alimentação dos porcos, a relação era outra.

Bergoglio sabia disso. Foi nesse período que começou a descobrir onde residia a riqueza do trato próximo com o povo. O que fazia no chiqueiro não era o que hoje os especialistas em management chamam de "liderar pelo exemplo". Havia algo mais. Quando se aproximava das pessoas mais simples, ele, genuinamente, sentia que aprendia.

"Ele nos visitava durante o trabalho e interagíamos no chiqueiro. Vinha todos os dias e costumava nos ajudar com os porcos. Era muito exigente; as horas destinadas ao trabalho durante a formação sacerdotal eram muito importantes para Jorge. Ele percorria cada uma das tarefas dadas e ajudava nelas com total naturalidade", sustentou o reitor do Santa Catalina de Siena, que em todo esse tempo manteve com o papa uma relação muito estreita, que considerava quase paternal. "Sempre foi uma pessoa presente nos processos e momentos importantes da minha vida", assegurou.

Um frango à moda do papa

As histórias daqueles que tiveram Bergoglio como reitor no Colégio Máximo descrevem o novo papa como alguém muito próximo, que aos domingos, quando os cozinheiros tinham folga, assumia o comando das

O desterro, um mestrado em pastorado

panelas e frigideiras. "O que muito poucos sabem do papa é que se trata de um excelente cozinheiro. Ele diz que se vira, mas realmente cozinha muito bem. Aprendeu com a mãe", contou um amigo pessoal de Francisco, que prefere o anonimato.

Numa dessas ocasióes, Bergoglio pediu a esse amigo, naquele tempo ainda um aluno, que se encarregasse do jantar de confraternização do grupo de estudantes de teologia. "Seríamos cerca de trinta ou quarenta pessoas, mas eu não sabia cozinhar. Muito preocupado, já perto da hora, contei a ele. 'Não se preocupe', respondeu. 'Vá até o centro de San Miguel e compre quatro frangos assados, quatro tabletes de manteiga e quatro latas de creme de leite.' Perguntei para que, e ele insistiu: 'Vá, pode ir.' Enquanto isso, mandou um grupo descascar e cozinhar batatas. Quando voltei com tudo, ele explicou: 'Esta é uma receita da minha mãe. Divida o tablete de manteiga em dois. Com uma metade, unte todo o frango assado. Use a outra metade para rechear. Faça a mesma coisa com os quatro frangos e coloque em forno bem quente. Depois de uns dez minutos, tire os frangos, misture o creme e apague o forno. Sirva com as batatas, e pronto. Todos ficam felizes', encerrou. E deu certo o jantar, que servimos numa sala a que chamávamos La Ramona [*A Raimunda*], por causa do quadro de São Raimundo Nonato; foi tudo um sucesso", recorda.

Em março de 1986, uma nova etapa se iniciou. Bergoglio viajou para a Alemanha e se instalou na Universidade de Teologia e Filosofia de Sankt Georgen para escrever sua tese teológica. O tema era a obra de Romano Guardini, sacerdote e teólogo nascido em Verona, Itália, e criado na Alemanha, onde o pai trabalhava como diplomata. Como Bergoglio, Guardini havia passado seus primeiros anos num laboratório químico.

Guardini tinha uma visão inovadora da Igreja e foi um dos líderes dos movimentos espirituais e intelectuais desencadeados após reformas aprovadas pelo Concílio Vaticano II.

De inspiração agostiniana, a teologia de Guardini é mais uma evocação da vida de fé do que uma sistematização dogmática. Em sua obra, o teólogo prefere abordar os problemas de forma concreta e viva, sem abstrações. Sua preocupação é descobrir o sentido da vida nas etapas ascendentes e descendentes, incluindo os momentos-limite.

No dia seguinte à divulgação para todo o mundo de que Francisco era o novo papa, o próprio Vaticano emitiu um comunicado com um curriculum vitae de Jorge Bergoglio, documento que menciona que em 1986 ele se instalou na Alemanha para escrever sua tese de doutorado (ver Anexo).

Em entrevista televisiva após a eleição, o cardeal alemão Karl Lehmann assegurou que o papa Francisco tinha vínculos com a Alemanha, já que havia estudado ali. "Jorge Mario Bergoglio — explicou o cardeal de Mainz — conhece muito bem o alemão e, além disso, fez seu doutorado com os jesuítas de Frankfurt." O cardeal de Colônia, Joachim Meisner, fez uma declaração parecida.

Os meios de comunicação publicaram a notícia. Ansiosos, os jornalistas da cidade alemã correram à Biblioteca Nacional para buscar a tese e realizar a cobertura local da etapa alemã de Francisco. No entanto, tiveram uma grande surpresa: não existiam dados sobre o trabalho, como afirmam diferentes artigos jornalísticos publicados nos dias que se seguiram à eleição papal.

Heinrich Watzka, reitor da Universidade de Teologia e Filosofia de Sankt Georgen, estremeceu ao ouvir a notícia na televisão. Aos 58 anos, Watzka acompanhava os detalhes da eleição papal do seu gabinete na comunidade jesuíta, na qual a universidade funciona desde 1926. Há dois anos e meio, ele é a autoridade máxima. Pela primeira vez na história, um de seus pares acabava de ser eleito papa, e este papa não havia alcançado os maiores méritos acadêmicos em Sankt Georgen?

Naquela noite, além do reitor, havia apenas cerca de vinte pessoas no campus universitário, já que os 368 estudantes que vivem lá só retornariam depois da Páscoa.

A mensagem do cardeal Lehmann, segundo as palavras de Watzka na manhã seguinte, o "assustou". "Foi uma surpresa." Em Sankt Georgen ninguém sabia nada sobre a *Doktorarbeit* (tese de doutorado) do papa. Depois de idas e vindas, de debates e investigações, ficou clara a razão: a tese nunca havia existido.

O desterro, um mestrado em pastorado

Em Freiburg, 270 quilômetros ao sul, ocorreu algo parecido. A mídia falava da residência do pontífice na universidade da cidade em seus anos de estudante. "Em meados da década de 1980, Francisco apresentou sua tese em Freiburg e obteve o doutorado", diziam as reportagens. No entanto, a busca no catálogo da Biblioteca Nacional da Alemanha indicava que algo estava errado. A Biblioteca de Frankfurt guarda uma cópia de todas as teses escritas na República Federal da Alemanha. Quem buscasse o nome "Bergoglio" obteria o nome "Francisco" entre colchetes. Mas sobre publicações, nem uma palavra.

Rudolf Werner Dreier, porta-voz da Universidade Albert Ludwig, de Freiburg, foi o encarregado de dar a notícia na manhã seguinte: o papa não tinha absolutamente nada a ver com Freiburg. Não existia nenhum dado que sugerisse que o padre Bergoglio tenha estado inscrito ali em algum momento. Alguém sugeriu que o mal-entendido era devido ao fato de que se tratasse da cidade homônima na Suíça.

Depois de muito investigar seus próprios registros, Watzka encontrou a resposta. Bergoglio estivera ali como hóspede durante algumas semanas, e apareceu alguém que se lembrava dele. Michael Sievernich, professor de Pastoral Teológica, lembrou-se de ter conversado com o argentino na década de 1980.

De seu escritório em Sankt Georgen, Sievernich aceitou contribuir com informações para a realização deste livro e forneceu mais detalhes: "O padre Bergoglio esteve na Alemanha em 1985 para aprender alemão e, em 1986, para estudar teologia em língua alemã, sobretudo os escritos do teólogo e filósofo alemão Romano Guardini. Bergoglio havia decidido dedicar algum tempo para a pesquisa. Durante a estada na Alemanha, que durou alguns meses, passou uma temporada na Faculdade de Teologia Sankt Georgen, para aproveitar a grande quantidade de bibliografia sobre Guardini disponível na biblioteca da instituição." Qual o interesse do papa Francisco no autor, é difícil saber. Mas, como o pontífice, o teólogo alemão, morto em 1968, também tinha raízes italianas.

Durante várias semanas, Bergoglio levou adiante sua pesquisa na biblioteca enquanto ocupava um quarto na comunidade. No entanto, antes do esperado, a ordem o convocou para um novo destino. E a pesquisa ficou inconclusa, explica o representante da Sankt Georgen.

Não existem registros da tese de Bergoglio na universidade simplesmente porque ele nunca a entregou, por ter sido obrigado a partir de uma hora para outra por ordem de seus superiores na Argentina.

Watzka disse desconhecer se Bergoglio completou o trabalho em seu próprio país, embora, se assim o fosse, consideraria intrigante o fato de não ter recebido uma cópia, já que, anos mais tarde, ele ainda mantinha contato com vários colegas de estudo. O fato é que Bergoglio não obteve o doutorado na Sankt Georgen.

Michael Sievernich tinha acabado de assumir o cargo de professor no ano em que Bergoglio chegou à Alemanha e lembra bem o período com o sacerdote argentino, que havia conhecido durante uma visita à América do Sul, já que ele próprio é jesuíta. "Tinha uma mente muito aberta. Falamos de muitos assuntos, tivemos muitas conversas profundas, primeiro em alemão e depois em espanhol."

De qualquer maneira, a tese ficou inconclusa quando, após alguns meses, as autoridades da Companhia de Jesus o convocaram para uma missão diferente: simplesmente presidir uma área da Universidad del Salvador e ser o padre confessor de uma igreja em Córdoba, bem como seu "diretor espiritual".

Em virtude da estrutura sumamente verticalista da ordem, Bergoglio não podia recusar, pois isso significaria sair da Companhia.

E foi assim que, com o coração dividido, ele deixou a Alemanha. Bergoglio ficou feliz por regressar a seu país, do qual sentia enorme falta quando estava distante, mas sabia que a adoção de uma medida desse tipo enquanto desenvolvia uma pesquisa para sua tese de doutorado significava que continuava no desterro.

"[Ele] não vivenciou como um confinamento, embora seja provável que tenha sido. Ele tinha muita convicção de seu voto e isso significava obediência", confia um amigo pessoal de Bergoglio.

Seu destino em Córdoba era a igreja que ocupa a esquina entre as ruas Caseros e Vélez Sarsfield, onde funciona a residência da Companhia de Jesus, em pleno centro da cidade. Bergoglio ocupou o quarto número 5. Ele se encarregava de oficiar missas e escutar as confissões dos fiéis que chegavam à paróquia de Bispo Trejo e Caseros.

Foi ali que Bergoglio se transformou novamente num padre de bairro. Ouvia confissões, rezava missas, caminhava entre o povo, dava conselhos e lidava com os problemas da vida cotidiana de pessoas que, como ele, iam a pé para todos os lados.

"Para ele, a base do sacerdócio é tudo. Ser o sacerdote do povo. Bergoglio gosta de ouvir as confissões dos jovens ele mesmo, em pessoa. Gosta de escutá-los, porque essa é a melhor forma de entender como a problemática social vai mudando. Ele queria escutar essas confissões, porque era sua oportunidade para entender em primeira mão a real dimensão dos problemas dos jovens, de entrar em contato com a visão de mundo deles numa época de transformações, de mudança de valores. Ele sempre soube que tinha de estar com os protagonistas para entender um processo", afirma Eduardo Suárez, decano da Faculdade de Ciências Sociais da Universidad del Salvador, que o conhece há mais de quarenta anos.

"Por não aceitar meias verdades em sua vida, ele tampouco as aceita na vida dos outros. Mas [este comportamento] está sempre unido a um senso de paternidade muito grande. Ele é uma pessoa extremamente compreensiva com quem lhe abre o coração. Nunca vai julgar. Ao contrário, vai entender e tentar ajudar aquele indivíduo. Por exemplo, ele se opôs ao matrimônio entre pessoas do mesmo sexo. Foi muito duro ao falar do tema. Lapidar. E a sociedade pós-moderna não deixou passar batido. Mas nós, que conhecemos sua pastoral, sabemos que, em muitas oportunidades, homossexuais se aproximaram dele e abriram o coração, contando que haviam sido vítimas de abuso dentro da família e outras coisas, e ele jamais falou com eles nestes termos. Pelo contrário, escutou-os com amor. Aconselhou-os. Uma coisa é o que ele assinala como horizonte. Aí ele é muito duro, mas outra coisa é a atitude que tem com relação às pessoas. É muito compreensivo, é um pastor", conta um amigo pessoal do novo papa.

O MESTRADO EM PASTORADO

O trato próximo, o olhar sempre atento às necessidades dos demais e a importância dos pequenos gestos são as características que seu pastorado foi adquirindo nesse período. A pedagogia do trato com o outro era a chave. Só que, desta vez, Bergoglio não era o mestre. Era o aluno.

Foi essa a mensagem que amadureceu em seu coração depois de muita oração durante o desterro.

Por que, quando jovem, não conseguira viajar para o Japão, se tinha um coração missionário? Por que, durante aqueles anos, a escolha de muitos de trabalhar desinteressadamente pelos pobres havia sido influenciada pelas ideologias? Por que, se havia sido a autoridade máxima entre os jesuítas, estava agora alimentando porcos e cozinhando para os alunos? Por que, em vez de terminar a tese de doutorado, estava servindo o almoço num refeitório comunitário ou ouvindo a confissão de pecadores reincidentes? Ou, melhor dizendo, para quê?

Mais de uma vez ele deve ter perguntado a Deus, nas três horas diárias que dedicava — e dedica — à oração, logo que se levanta, às quatro e meia da manhã. Aqueles que o conhecem sustentam que a resposta deve ter sido semelhante a que recebeu quando Deus o convocou para servi-lo. Pelo mesmo motivo pelo qual entrara no seminário: para aprender.

Aprender com os pobres, com aqueles a quem Jesus chamara de "bem-aventurados", era aprender com Cristo.

Algumas conclusões começaram a ser passadas a limpo durante os anos de isolamento. A opção preferencial pelos pobres, pregada no Concílio Vaticano II, pusera os menos favorecidos no centro da cena. A Teologia da Libertação havia retomado e aprofundado essa missão da Igreja, embora a tenha levado, de acordo com Bergoglio, por caminhos equivocados. Apesar de tudo, os pobres continuavam sendo pobres. Em várias oportunidades Bergoglio repetiu: não se deve entender o pobre a partir de uma hermenêutica marxista, "é preciso conhecê-lo a partir de uma hermenêutica real, extraída do próprio povo". Foi assim que Francisco se aproximou do conceito mais revolucionário de sua vida, revolucionário no sentido de produzir mudanças profundas e duradouras: "A piedade popular." Ou seja, escutar o pobre para aprender.

Bergoglio gosta de relatar uma história que, de certa maneira, resume sua visão social. Ele conta que, em meados do século passado, o papa Pio XII fizera uma convocação a um grupo de nobres italianos. Para chegar até o escritório de Sua Santidade, os italianos tiveram de cruzar um bairro muito pobre da cidade. Ao vê-los passar, os indigentes insultavam os potentados e jogavam neles o conteúdo de suas escarra-

O desterro, um mestrado em pastorado

deiras. Diante do pontífice, os nobres o cumprimentaram, certamente esperando algum pedido. "O tempo da audiência de vocês já terminou", disse a eles, professoral.

Há um par de anos perguntaram a Bergoglio: "Qual é a sua opinião sobre a chamada Teologia da Libertação?" A resposta teria sido outra se a pergunta fosse feita na década de 1970. Os anos de pastorado fizeram amadurecer nele uma visão mais conciliadora.

"A maior preocupação com os pobres, que irrompeu no catolicismo nos anos 1970, constituía um caldo de cultura em que se poderia misturar qualquer ideologia. Isso poderia levar à desvirtuação de algo que a Igreja havia pedido no Concílio Vaticano II e vem repetindo desde então: abraçar o caminho justo para responder a uma exigência evangélica absolutamente inescapável, central, como a preocupação com os pobres". "Desvios houve. Mas também houve milhares de agentes pastorais, foram sacerdotes, religiosos, laicos, jovens, maduros e velhos, que se comprometeram como a Igreja deseja e constituem a honra de nossa obra. O perigo de uma infiltração ideológica foi desaparecendo à medida que foi crescendo a consciência sobre uma riqueza muito grande de nosso povo: a piedade popular. Assim, à medida que os agentes pastorais descobrem mais a piedade popular, a ideologia vai caindo, porque se aproximam do povo e de sua problemática com uma hermenêutica real, extraída do próprio povo."

Um dia, enquanto desempenhava essa tarefa de pastor no silêncio e no anonimato em Córdoba, o resgate chegou.

"Neste belo dia, no qual você pode ter em suas mãos consagradas o Cristo Salvador e no qual se reabre um amplo caminho para o apostolado mais profundo, deixo-lhe este modesto presente, de muito pouco valor material, mas altíssimo valor espiritual", escreveu a avó na carta entregue a Francisco no dia em que ele foi ordenado sacerdote. "Desejo que meus netos, a quem entreguei o melhor de meu coração, tenham uma vida longa e feliz. Se algum dia a dor, a doença ou a perda de uma pessoa amada os encher de desconsolo, lembrem que um suspiro ao Tabernáculo, onde está o maior e mais augusto mártir, e um olhar para Maria aos pés da cruz podem fazer cair uma gota de bálsamo sobre as feridas mais profundas e dolorosas", escreveu a mulher,

80

A vida de Francisco

sem saber o significado que essas palavras teriam, anos mais tarde, para o neto.

Naquela época, o arcebispo de Buenos Aires e cardeal primaz da Argentina, monsenhor Antonio Quarracino, havia viajado a Córdoba para participar de um encontro espiritual. Quando ouviu Francisco falar, ficou deslumbrado. "Quarracino descobriu Bergoglio quando ouviu o discurso dele no encontro. Conversaram e, a partir daí, estabeleceram uma relação. O arcebispo deixou Córdoba pensando que havia encontrado um talento e pediu a Roma que fizesse dele seu bispo auxiliar", contou o padre José Carlos Caamaño, professor de Teologia Dogmática na Universidade Católica Argentina.

Quarracino ficou impressionado pela pessoa [de Bergoglio], pela autoridade com que falava e, também, pelo trato simples que tinha com o povo. O arcebispo percebeu que ele era a pessoa que há tempos procurava para ser seu assistente, para trabalhar na zona sul da cidade, onde estão os bairros mais carentes.

"Quando voltou a Buenos Aires, Quarracino tentou nomeá-lo várias vezes, mas, a cada vez que propunha o nome dele, ele era descartado, principalmente devido às diferenças que tinha com Caselli", esclarece uma fonte próxima a Bergoglio. Esteban Caselli era o embaixador do governo de Carlos Menem junto à Santa Sé. Com amplo acesso à Secretaria de Estado do Vaticano e à Nunciatura em Buenos Aires, Caselli se destacou por sempre ter caminhado por uma vereda oposta à de Bergoglio. Inclusive por promover a candidatura de outro cardeal argentino, Leonardo Sandri, que figurou entre os favoritos no último conclave.

Em 1992, cansado do filtro imposto a seu candidato, Quarracino viajou a Roma e conversou pessoalmente com o papa João Paulo II. Falou-lhe de Bergoglio e pediu-lhe que o nomeasse bispo auxiliar.

Alguns dias mais tarde, o núncio apostólico de então, monsenhor Ubaldo Calabresi, convocou Bergoglio para fazer consultas em relação a alguns sacerdotes candidatos a bispo. Calabresi pediu-lhe que o encontrasse no aeroporto de Córdoba, enquanto o seu voo de Buenos Aires a Mendoza fazia escala na cidade. Era 13 de maio de 1992. Depois de fazer várias perguntas — como conta o próprio Bergoglio —, e quando os alto-falantes do aeroporto já começavam a convocar os pas-

O desterro, um mestrado em pastorado

sageiros que faltavam, o núncio comunicou: "Ah, uma última coisa [...] Você foi nomeado bispo auxiliar de Buenos Aires e a nomeação será publicada no dia 20."

"Lembro que quando estava em Frankfurt escrevendo a tese, costumava, durante a tarde, caminhar até o cemitério. Dali se podia divisar o aeroporto. Uma vez um amigo me encontrou naquele lugar e me perguntou o que fazia ali, e eu lhe respondi: 'Saúdo os aviões [...] Saúdo os aviões que vão para a Argentina...'", contou uma vez. Ele os via decolar e os saudava, como dizia a avó, porque em pouco tempo os veria regressar.

CAPÍTULO VI

O nó que a Virgem desatou

Quando voltou da Alemanha, Jorge Bergoglio trouxe consigo um segredo. Ali, na Igreja de St. Peter am Perlach, em Augsburg, uma imagem o comovera a ponto de despertar em sua alma uma profunda e silenciosa devoção. Era uma pintura de 1700 atribuída, embora sem plena segurança, ao artista bávaro Johann Georg Melchior Schmidtner, que passava quase despercebida para os fiéis e visitantes comuns, mas à qual Francisco se apegou enquanto ia de um lugar a outro, solitário, durante aqueles dias de desterro.

A pintura, sem nome, mostrava a Virgem Maria desatando uma fita de nós que vários anjos lhe entregavam. A Virgem desatava, pacientemente, nós grandes e pequenos, separados e agrupados. Bergoglio observou a imagem detidamente, se ajoelhou diante da bela evocação de Maria, cheia de mistério, e rezou. Imediatamente sentiu que, dentro de si, alguns nós se afrouxavam.

"Quando descobriu a imagem, Bergoglio ficou encantado e começou a sentir uma grande devoção por ela. Na Alemanha, ele estava só e a imagem desta virgem certamente o afetou", conta o padre Omar Di Marco, atual pároco da igreja de San José del Talar, no bairro portenho de Agronomia, onde se encontra a réplica do quadro original, pintada pela artista argentina Ana María Betta de Berti, que a doou à igreja sem imaginar o fervor que despertaria.

O nó que a Virgem desatou

Hoje, a imagem é visitada incansavelmente por milhares de fiéis, que se aproximam para rezar e pedir a ela que interceda em situações familiares difíceis, como brigas entre irmãos e amigos, separações conjugais e até mesmo problemas de abuso de drogas. Também oram para pedir ajuda com problemas de saúde e de trabalho, embora a graça desta Nossa Senhora sejam os vínculos afetivos. Todo 8 de dezembro, dia da Virgem, mais de 60 mil pessoas se congregam diante da pequena igreja do bairro para venerá-la. O lugar também recebe milhares de peregrinos ao longo de todo o ano. Calcula-se que, só nos fins de semana, cerca de 10 mil fiéis procedentes de todas as partes do país acorram à igreja, algo que muitas vezes gera revoltadas queixas dos vizinhos.

Sem dúvida, o fervor popular por esta virgem que muitos devotos consideram milagrosa deve ser atribuído ao novo papa, já que foi ele quem trouxe e difundiu santinhos de Maria, a que desata os nós.

"Certamente, quando recebeu os santinhos pelo correio e os distribuiu entre amigos e pessoas próximas, Bergoglio não imaginava que estava dando início à comoção espiritual que em pouco tempo provocou no sentir religioso de seu povo", assegura hoje Betta de Berti, que utilizou todo o tempo livre e os fins de semana de setembro, outubro e novembro de 1996 para se dedicar de corpo e alma à difícil tarefa de dar vida à réplica.

No princípio dos anos 1990, Ana María trabalhava na administração da Universidad del Salvador e recebeu, das mãos do próprio Bergoglio, um desses santinhos. Naquela época, o sacerdote jesuíta era guia espiritual da instituição e distribuía as imagens entre os fiéis que se aproximavam dele para pedir consolo. O futuro papa, além de reconfortá-los com suas palavras, presenteava-lhes com uma imagem de Maria Desatadora de Nós e explicava-lhes a graça: desatar os nós provocados pelo pecado original. "Nós da vida pessoal, familiar e profissional, da vida comunitária. Todos esses nós, que não são outra coisa senão o pecado, debilitam nossa fé a tal ponto que a Graça de Deus não consegue fluir livremente através da fita da nossa vida", era a explicação que Bergoglio dava quando oferecia o santinho. "As mãos bondosas de Maria vão soltando um a um os nós que nos separam do bem. E assim a fita passa de um anjo a outro, que, ao mostrá-la desatada, nos diz para orar com confiança, porque somos ouvidos", diz o verso da imagem.

A vida de Francisco

E foram ouvidas as orações do padre Bergoglio, quando estava no exílio? Será que Nossa Senhora teve alguma participação? Não é algo a que Francisco tenha se referido. No entanto, todos a seu redor reconhecem que foi quase um milagre o crescimento que ele teve nos anos seguintes. "Sua vida é um testemunho da providência de Deus. Você chegou a ser papa sem ter movido uma única ficha em seu favor", disse-lhe uma amiga pessoal para quem Francisco ligou alguns dias depois de ser eleito.

Quando o núncio apostólico comunicou-lhe que seria nomeado bispo auxiliar, Bergoglio tentou se desculpar, já que o voto que fizera o impedia de aceitar qualquer título de dignidade dentro da Igreja. O monsenhor Quarracino não se perturbou com a resposta e entrou em contato com o Vaticano para explicar a situação, e João Paulo II fez uso do quarto voto dos seguidores de Santo Inácio: o de obediência ao papa.

Assim, "o santinho", tal como Quarracino o chamava, saiu da esfera de obediência à Companhia de Jesus e se tornou bispo. Esse foi o primeiro dos passos no caminho que 21 anos depois o conduziria a Roma.

Sábado, 27 de junho de 1992, na Catedral Metropolitana de Buenos Aires, os sacerdotes Jorge Bergoglio e Raúl Omar Rossi receberam a ordem episcopal do arcebispo primaz da Argentina, como bispos titulares de Auca e Enera, respectivamente. Na cerimônia, também foram nomeados outros vinte bispos de outras jurisdições.

O que significava ser bispo de Auca? Ora, com a nomeação de Bergoglio, subiu para seis o número de bispos da cidade, um a mais do que prevê a estrutura da arquidiocese. De fato, Buenos Aires conta com um vicariato geral e quatro vicariatos territoriais, correspondentes aos quatro pontos cardeais da cidade: norte, chamado Belgrano; leste, denominado Centro; oeste, ou Devoto; e sul, com o nome de Flores.

O Código de Direito Canônico estabelece que cada bispo deve ser titular de uma diocese, pois "um bispo não pode existir sem sua diocese". No caso dos bispos auxiliares, quando não podem ser titulares da diocese onde exercem seu ministério, a Santa Sé os nomeia titulares de dioceses históricas. Assim, enquanto Bergoglio foi bispo auxiliar de Buenos Aires e, anos depois, arcebispo coadjutor, o papa João Paulo II

O nó que a Virgem desatou

o nomeou bispo titular da diocese de Auca, hoje Villafranca Montes de Oca, em Burgos, na Espanha.

"O fato de se haver incluído uma nova cadeira episcopal faz pensar que existe a intenção de ampliar ou modificar o esquema orgânico da arquidiocese", escreveu Bartolomé de Vedia em sua coluna de atividade religiosa no jornal *La Nación*, alguns dias depois da nomeação.

Foi uma cerimônia simples, celebrada na tarde de um sábado. O então núncio apostólico, monsenhor Ubaldo Calabresi, e o então bispo de Mercedes e Luján, monsenhor Emilio Ogñénovich, foram os responsáveis por consagrar Bergoglio.

O cardeal Quarracino afirmou: "A antiga norma dos Santos Padres determina que quem vai ser ordenado bispo seja interrogado perante o povo sobre seu propósito de custodiar a fé." E assim se fez.

"O Senhor permanece fiel à sua palavra. Ele não descumpriu a promessa de estar todos os dias conosco até o fim do mundo. Existem irmãs e irmãos que, com suas vidas, nos pedem por favor que não façamos rodeios e saibamos descobrir em suas chagas as do próprio Cristo", disse Bergoglio em seu primeiro discurso diante dos fiéis como bispo auxiliar.

Quando um sacerdote é ordenado bispo, é tradição que compartilhe santinhos entre os que participam dessa cerimônia crucial. Em sua ordenação, Bergoglio mandou imprimir e compartilhou a imagem de Nossa Senhora Desatadora de Nós entre os sacerdotes que também haviam sido ordenados. O padre Di Marco ainda lembra a surpresa que a imagem causou entre os presentes. "Chamou atenção. Todos estranhamos. Não sabíamos bem do que se tratava. Alguns a conheciam porque tinham visto uma imagem de Maria Desatadora de Nós, mas, para a maioria, foi uma surpresa."

Em setembro de 1996, poucos meses depois de ser nomeado pároco da igreja de San José del Talar, o padre Rodolfo Arroyo recebeu a visita de três fiéis devotos de Nossa Senhora Desatadora de Nós que haviam trabalhado próximos a Bergoglio. Segundo Arroyo, eles procuravam uma paróquia para levar um quadro, réplica do original, com a esperança de que mais fiéis conhecessem aquela graça. "Quando chegaram a San José del Talar, creio que já haviam sido recusados várias vezes. Eu tinha acabado de ser nomeado pároco, tinha pouca experiência e, é óbvio, não sabia como lidar com a questão de colocar uma imagem na igreja, muito menos se era possível fazer um santuário ali", lembra ele. "E quase como para não dizer não, disse que precisava pedir autorização ao arcebispo."

Depois da reunião com os fiéis, o pároco foi falar com Quarracino. "Sou devoto de Nossa Senhora de Luján. A Desatadora de Nós é de Bergoglio. Veja com ele", respondeu o cardeal primaz da Argentina. E assim foi. Arroyo havia enviado um cartão de saudações a Bergoglio no Natal de 1993, recebendo como resposta um santinho com a imagem de Nossa Senhora Desatadora de Nós e a legenda: "O nó que todos carregam por desobediência, Maria desata com sua obediência."

Arroyo pegou o telefone e ligou para o escritório de Bergoglio a fim de contar sobre os três fiéis que pediam para entronizar a imagem. A resposta o desconcertou: "Não me meta nisso, que eu só trouxe a imagem impressa. Mas se Quarracino autorizar, vá em frente, é uma bela imagem." De acordo com Arroyo, e talvez prevendo o fervor religioso que a imagem poderia despertar, Bergoglio, fiel ao perfil discreto que sempre buscou manter, não quis receber o mérito por ter trazido a Nossa Senhora Desatadora de Nós para a Argentina.

Com a autorização de monsenhor Quarracino, que lhe disse para agir de acordo com seus sentimentos, o padre Arroyo aceitou receber a imagem de Maria. Além do mais, a parede estava livre e a imagem era belíssima.

Em 8 de dezembro de 1996, Arroyo benzeu e entronizou a réplica. Nesse dia, a igreja ficou repleta de fiéis; no entanto, aquele número não seria nada em comparação com os que viriam depois. "Ninguém imaginava tanta devoção, mas houve uma explosão", reconheceu o padre Di Marco, que chegou à igreja há quatro anos. "Sua graça, a de desatar nós em vínculos, é muito venerada, mas a virgem também tem a ver com a mãe. E esta é a imagem de uma virgem muito humana, muito próxima, muito maternal."

Hoje, Arroyo é pároco da Igreja do Bom Pastor, no bairro portenho de Caballito, e admite que ninguém previu o fervor popular que a imagem desataria entre os fiéis. "Fui o primeiro incrédulo e surpreendido", assegura ele, ao mesmo tempo em que reconhece que desde então experimentou uma mudança radical na sua tarefa pastoral: em vez de me ocupar de uma paróquia de cem fiéis, no máximo, fui obrigado a enfrentar a árdua tarefa de atender a mais de 10 mil pessoas. A responsabilidade desgastou Arroyo a tal ponto que ele pediu transferência para a Bom Pastor.

A partir do ocorrido em Buenos Aires, a imagem de Nossa Senhora Desatadora de Nós se agigantou na América Latina. "No Brasil fizeram uma capela especial para ela. E na Alemanha, seu país de origem, onde nunca inspirara muita devoção, o interesse está despertando", conta Di Marco. Há, também, um renascer da devoção à Desatadora de Nós na Argentina. Desde que Bergoglio foi consagrado papa, e sua devoção por essa virgem, conhecida, Di Marco garante que San José del Talar já teve vários "mini 8 de dezembro".

Os primeiro meses de Bergoglio como bispo auxiliar não foram fáceis. Era um desconhecido, encarregado do vicariato de Flores, que engloba não só o bairro em que nasceu, mas toda uma vasta área da região sul de Buenos Aires, que inclui zonas residenciais de classe média, complexos de casas humildes e até comunidades carentes, onde a tarefa dos padres de bairro é um elemento-chave. Francisco era um outsider e, como tal, precisou conquistar seu lugar.

Assim, decidiu fazer o que mais gostava na tarefa pastoral: caminhar, percorrer essa parte da cidade.

Ainda hoje, os sacerdotes que travam contato direto e cotidiano com os vizinhos dos bairros do sul lembram que, naqueles anos, Bergoglio inaugurou um novo estilo de bispado. Ele não era uma autoridade que, instalada em um escritório no centro, pegava o telefone e ligava para os párocos para saber como iam as coisas. Pelo contrário, transformou-se no primeiro delegado do Vaticano a percorrer diariamente as ruas de seu vicariato.

"Com ele, iniciou-se um estilo de bispado muito mais aberto. Ele não era apenas a autoridade encarregada. Era alguém que estava disposto a ouvir os sacerdotes, acompanhá-los e ajudá-los na tarefa pastoral.

A vida de Francisco

Ele vinha ver e escutar você. Isso marcou um vínculo muito estreito tanto com os sacerdotes da zona sul quanto com os fiéis", explicou o padre Fernando Gianetti, pároco da igreja de Nossa Senhora da Misericórdia, no bairro de Mataderos, e que também integra a Comissão de Ecumenismo do arcebispado. Quando era criança, Bergoglio jogava bola no campo de futebol que fica atrás dessa paróquia.

"Em 1995, por exemplo", conta Gianetti, "ele rezou missa e participou da confirmação do filho de uma família que há tempos não participava de atividades da Igreja. Eles não conheciam os procedimentos, como se portar ou o que dizer. Mas Bergoglio os foi guiando com muito amor, suprindo seu desconhecimento para que não se sentissem mal. Foi muito forte. Creio que ele se refere a esse tipo de atitude quando afirma que a Igreja tem de ser facilitadora da fé e não reguladora da fé. Ele nos foi ensinando um estilo de pastorado cuja missão não é mostrar ao povo os erros cometidos, mas trazê-lo para perto, propiciar o encontro com Deus", acrescenta o pároco.

Na Igreja da Misericórdia, todos se lembram de quando Bergoglio aparecia com roupas e donativos para as famílias mais humildes, cujas casas ele muitas vezes visitava. Um dia, conta Gianetti, chovia a cântaros numa época de quermesses. "Tocou a campainha da casa paroquial, fui atender e, quando abri a porta, encontrei Bergoglio de galochas debaixo da chuva. Ele se comprometera a participar e assim o fez, apesar do clima. De fato, pegou o metrô e o ônibus da linha 103, e nem o dilúvio o fez desistir", conta.

Para muitos, foi uma grande surpresa descobrir que Francisco andava de ônibus e visitava as comunidades, um fato de que só tiveram conhecimento depois de sua eleição como máxima autoridade da Igreja católica.

No entanto, para os vizinhos dessas zonas carentes, "o padre Jorge" era um velho conhecido, desde a época em que decidiu levar a palavra de Deus a pé e para todos os lados. Sua vida, sua relação com o povo, esse era seu verdadeiro sacerdócio.

Os vizinhos da Villa 1-11-14, em Bajo Flores, uma das comunidades com maior índice de tensão social, onde não é qualquer um que consegue entrar, costumavam vê-lo passar pelas estreitas vielas do lugar, sempre vestido de preto e com passo diligente. Não tinha medo. Ele os conhecia e eles o conheciam. Protegiam-lhe. Esse era seu maior tesouro. Ele próprio já disse isso e seus colaboradores sempre repetem a mesma afirmação. O papa Francisco está convencido de que nas comunidades a religiosidade é muito forte e a fé, profunda. A ponto de que todos deveriam aprender com eles. E não se referia aos moradores dessas regiões "para ficar bem na foto", como faria uma estrela do rock ao ser condescendente com seu público. Em momento oportuno, repetiu o conceito na reunião de bispos de todo o continente, diante do Conselho Episcopal Latino-Americano (Celam), durante a conferência realizada na cidade brasileira de Aparecida, em 2007. "Temos muito que aprender com a fé dos pobres", assegurou diante das máximas autoridades da Igreja na América Latina.

O estilo aberto, o trato direto, a proximidade com os jovens e os depoimentos positivos dos sacerdotes que o tinham por bispo fizeram com que sua figura crescesse em importância. E assim, alheio às questões internas do arcebispado, foi nomeado vigário geral. Naquele momento, o atual arcebispo da cidade de La Plata, monsenhor Héctor Aguer, que também era bispo auxiliar e tinha um sólido vínculo com o embaixador de Menem junto ao Vaticano, Esteban Caselli, era visto como o grande candidato à sucessão de Quarracino. Quando o arcebispo de Buenos Aires decidiu nomear Bergoglio como seu braço direito, as coisas se complicaram.

Em vez de imiscuir-se na disputa política pela sucessão, Bergoglio se voltou para o trabalho com os pobres. Naquele ano houve um incidente na Villa 31, localizada junto ao centro de Buenos Aires e a mais populosa da cidade. Jorge Domínguez, intendente municipal e partidário de Menem, queria a todo custo entrar à força de tratores na comunidade, erguida há quase um século, para erradicá-la. Os vizinhos se organizaram e os chamados padres *villeros* vieram respaldá-los. Então, o presidente Carlos Menem criticou-os publicamente, acusando-os de "terceiro-mundistas". As palavras do presidente só serviram para acirrar os ânimos.

Nesse cenário, Bergoglio foi uma figura-chave para a conciliação. Convenceu o cardeal Quarracino, também simpatizante de Menem, a dar respaldo aos padres, participando de uma missa na comunidade.

Anos mais tarde, já arcebispo de Buenos Aires, Bergoglio redobraria a aposta em designar sacerdotes para as comunidades. Uma de suas primeiras medidas foi aumentar a quantidade de párocos destinados aos assentamentos, que de dez passaram a mais de vinte. Além disso, elevou a equipe de padres *villeros* à categoria de vicariato.

A mensagem era clara. Ele não queria que a paróquia funcionasse no bairro e que de vez em quando o padre visitasse o povo nas comunidades. Queria que eles estivessem ali, vivendo entre os pobres, padecendo dos mesmos problemas, fazendo-se carne com aquela realidade. Talvez tenha sido nesse momento que começou a sonhar, a tecer a ideia que depois se transformaria na bandeira de seu papado: uma igreja pobre para os pobres.

Já então ele sentia uma forte atração pela figura de São Francisco de Assis, que lhe emprestaria o nome de papa. Quando, em 1993, foi apresentado no teatro Cervantes de Buenos Aires o musical *El loco de Asís* [O louco de Assis], de Manuel González Gil e Martín Bianchedi, obra que desde a estreia em 1984 havia percorrido uma infinidade de teatros em todo o mundo e recebido vários prêmios, Bergoglio foi um dos primeiros a assistir.

"Foi uma obra muito polêmica", disse González Gil, contando que naqueles anos houve um setor da Igreja que tentou proibir as apresentações. "Lembro que, em uma ocasião, o cardeal Bergoglio veio ver o musical e nos desejou os melhores votos para a continuidade do espetáculo."

Uma Carreira Ascendente

"O jesuíta Jorge Mario Bergoglio sucederá ao arcebispo de Buenos Aires, cardeal Antonio Quarracino, quando a Sé ficar vacante. Assim dispôs ontem o papa João Paulo II ao nomeá-lo arcebispo coadjutor da Sé primaz", publicaram os jornais portenhos em 4 de junho de 1997. Quarracino estava para completar 75 anos, idade em que deveria se aposentar; além disso, sofria de problemas vasculares que o impediam de se locomover por conta própria. Durante o Corpus Christi celebrado

O nó que a Virgem desatou

na Plaza de Mayo daquele ano, ele se viu obrigado a usar uma cadeira de rodas para se movimentar.

A notícia da nomeação surpreendeu a muitos. Sobretudo aqueles que lutavam para ocupar o cargo. Mas também a Bergoglio.

O núncio apostólico Ubaldo Calabresi convidou-o para um almoço e contou que o monsenhor Quarracino havia viajado a Roma para pedir a João Paulo II que lhe designasse um coadjutor. Bergoglio ficou sério e, naquele momento, temeu pelo pior: que o enviassem para um vicariato no interior do país depois que o novo arcebispo assumisse. "Quero voltar a ser bispo auxiliar, não quero sair de Buenos Aires. Sou portenho. Fora de Buenos Aires não sirvo para nada", disse ele. E como estava errado! Não só porque era ele o eleito para suceder Quarracino, mas porque seu desembarque no Vaticano 16 anos mais tarde se encarregaria de demonstrar o contrário.

Depois do almoço, enquanto tomavam café, Bergoglio fez menção de se despedir, agradecendo o convite. Foi então que trouxeram um bolo e uma garrafa de champanhe com duas taças. "Mas, Ubaldo, por que você não me disse que era seu aniversário?", surpreendeu-se Bergoglio. "Não, não é meu aniversário. Acontece que vão nomear você coadjutor. Parabéns!", brindou Calabresi.

Devido ao estado de saúde do cardeal Quarracino, o papa antecipou a designação. Bergoglio, aos 60 anos, tinha a responsabilidade de mergulhar nos assuntos internos da jurisdição eclesiástica para assumir a condução do arcebispado assim que João Paulo II aceitasse a renúncia do titular. Com a designação antecipada de um sucessor, o papa procurou evitar qualquer possível pressão do governo para influenciar na decisão, como ocorrera a partir de 1987, com a nomeação de Quarracino, que demorou anos por conta da resistência do governo radical de Raúl Alfonsín.

"É a primeira vez que um homem de suas fileiras (a Companhia de Jesus) terá a possibilidade de se tornar arcebispo primaz da Argentina. Ele tem como objetivo renovar a missão pastoral da ordem." "Seus pares o definem como um verdadeiro homem de fé. Mas não foram só a humildade e a qualidade de homem piedoso que o transformaram, nestes cinco anos, num dos auxiliares mais queridos pelo clero jovem. Nessa preferência também se valorizou sua inteligência clara e sua disposição permanente de dialogar com as novas camadas." "É muito pastor." "Ainda hoje recebe os sacerdotes um por um e sabe ouvir. Em contrapartida, fala pouco, mas quando o faz é claro e sua lucidez só é comparável à humildade com que leva adiante seu lugar na cúria." Foram comentários dessa natureza que os diversos meios de comunicação publicaram no dia seguinte à nomeação. E mais um: "Com a designação, a Santa Sé emitiu um claro sinal de respaldo à tarefa pastoral que vem sendo desenvolvida na cidade de Buenos Aires desde 1992."

A notícia causou surpresa mesmo dentro da Igreja. A nomeação de Bergoglio deixara para trás outros postulantes, que, segundo se acreditava, estavam à frente, como o então arcebispo de Paraná e presidente do Episcopado, monsenhor Estanislao Karlic, que durante a década de 1990 tivera um papel de grande destaque em âmbito nacional, ou como o responsável pela diocese de Corrientes, monsenhor Domingo Castagna. Também se especulou que o escolhido seria Eduardo Mirás, arcebispo de Rosário. Poucos imaginaram que o papa optaria por um homem tão próximo a Quarracino, embora pouco depois ficasse claro que, se por um lado eram muito próximos, por outro tinham estilos muito diferentes.

Em poucos anos, Bergoglio conseguiu desenvolver excelentes relações com o clero jovem da arquidiocese de Buenos Aires, que reconhecia sua liderança com muita naturalidade. No entanto, ele ainda não tinha uma imagem e um nome estabelecidos perante a opinião pública para ser considerado favorito. Por conta de seu perfil discreto e do desinteresse em se envolver nas questões internas da Igreja ou em fazer campanha, a sociedade tinha poucas notícias sobre ele.

No final da década de 1990, quando o governo de Menem começava a passar pelo período mais crítico, os bispos, em conjunto, ergueram a bandeira da denúncia política. Em 1997, por exemplo, expediram um duro documento sobre a falta de independência entre os três poderes e a dependência simbiótica que se estabelecera entre o poder político e o judiciário.

O principal pronunciamento do Episcopado denunciava: "A administração do judiciário requer hoje uma clara independência dos de-

O nó que a Virgem desatou

mais poderes do Estado e de corporações profissionais, sindicais ou econômicas." Também se considerava urgente legislar para que o conselho nacional e os conselhos provinciais da magistratura tivessem uma estrutura independente e equitativa. E se propunham ações que ajudassem a sustentar a justiça frente a "um estado de ânimo que leva a pensar na impossibilidade de superar a impunidade".

O documento repercutiu nas esferas oficiais e Menem — que o recebera alguns dias depois, das mãos do então presidente da Conferência Episcopal, monsenhor Karlic — logo vestiu a carapuça. "O nível de justiça em que vive cada cidadão foi uma diretriz do meu governo", assegurou em coluna publicada na Télam, a agência de notícias oficial.

Começaria então uma linha de condução com forte tom de denúncia política dentro da Igreja. Pouco depois, Bergoglio se transformaria no herdeiro e na referência desse estilo. Nos anos seguintes, as homilias dos *Te Deum* — as missas de 25 de maio e de 9 de julho, às quais as autoridades argentinas costumam comparecer — poriam em cheque mais de um presidente.

Dois meses depois de assumir como coadjutor, coube a Bergoglio tomar pela primeira vez a frente na procissão de São Caetano, o santo do pão e do trabalho. Neste ano, em particular, a presença do povo superou as expectativas. Mais de 600 mil pessoas participaram, num momento em que o trabalho se tornava escasso. E o pão também.

Em 8 de agosto de 1997, milhares de pessoas desfilaram pelo santuário de Liniers para pedir teto, pão e trabalho. A convocação, por si só, foi uma bofetada no governo nacional, que apregoava níveis de ocupação que não correspondiam ao que se via nas ruas. A multidão formou duas longas filas de espera, que chegaram a vinte quarteirões, para ingressar no templo. Numa delas estavam os fiéis que queriam beijar ou tocar o santo; na outra, os que desejavam benzer medalhas, palmas ou imagens.

Ali, Bergoglio celebrou sua primeira homilia para um grande público e então afiou suas primeiras frases: "O trabalho, como o pão, precisa ser repartido. Cada um tem que trabalhar um pouco. O trabalho é sagrado porque, quando alguém trabalha, vai-se formando a si mesmo. O trabalho ensina e educa, é cultura. Se Deus nos deu o dom do pão e o dom da vida, ninguém pode nos tirar o dom de ganhá-los trabalhando."

A vida de Francisco

Por fim, em 28 de fevereiro de 1998, após vários dias de internação no hospital Otamendi, o monsenhor Quarracino faleceu e Bergoglio herdou o arcebispado da Sé primaz da Argentina.

"Relembramos hoje quem anunciou e testemunhou o Evangelho, e que com a valentia e o frescor de suas palavras foi um verdadeiro pastor que conservou os valores com coragem", disse Bergoglio durante a missa pelo décimo aniversário de falecimento de seu antecessor, realizada na Catedral Metropolitana há cinco anos. "Foi um verdadeiro pastor."

Hoje, 15 anos depois de sua morte, muitos reconhecem o maior êxito de Antonio Quarracino durante seu período à frente da Igreja: a perspicácia e o fato de ter sido o primeiro a dar seu voto ao futuro papa. Depois de tudo, continua sendo um mistério o porquê de Quarracino ter, durante todos aqueles anos, apoiado, impulsionado e até marcado o homem que se sentaria no lugar de Pedro, a despeito do estilo diametralmente oposto do seu.

Se, por um lado, ambos foram conservadores com relação aos valores fundamentais da fé cristã, por outro, seguiram caminhos muito diversos. Quarracino era fanático pela equipe de futebol Boca Juniors, amante da boa mesa e do melhor vinho, e tinha uma marcada fraqueza por Carlos Menem, a quem conhecera em 1976 na então penitenciária de Magdalena, na província de Buenos Aires, quando fora visitar um dirigente político preso. Envolvido no progressismo pós-conciliar da década de 1970, pouco a pouco ele foi virando na direção do que, na década de 1990, foi denominado neoconservadorismo, influência doutrinária dominante naqueles anos. Essa mudança o aproximou de João Paulo II, de quem recebeu as mais altas demonstrações de apreço. Caloroso, polêmico, sanguíneo, sarcástico, contraditório e, acima de tudo, extremamente midiático, em mais de uma oportunidade sua loquacidade diante de jornalistas o fez passar maus bocados. Tinha pouca simpatia pela Companhia de Jesus. Bergoglio, por sua vez, cultivava um perfil discreto, tinha um estilo muito próximo do povo e dos jovens, e — embora seja peronista — não tinha filiação política. O que Quarracino viu no herdeiro para inclinar sempre, ao longo de tantos anos, a balança a favor de Bergoglio, para desencanto daqueles que aspiravam a seu pos-

O nó que a Virgem desatou

to? É um verdadeiro mistério, que nem os mais próximos a Bergoglio se animam a explicar sem recorrer à providência, à misericórdia e à onipotência de Deus.

Também é uma incógnita qual foi o nó que a Virgem desatou em Bergoglio. Isso continua sendo um mistério. O segredo mais bem guardado do novo papa. Mas ninguém duvida de que desde a volta da Alemanha, em seu regresso definitivo à Argentina, Bergoglio começou a percorrer, quase sem percalços, o seu caminho. Um caminho que o levou a se transformar no sucessor de Bento XVI no trono de Pedro. E não são poucos os fiéis que acreditam que Nossa Senhora Desatadora de Nós deu mostras, em 13 de março de 2013, de um novo e maravilhoso milagre.

Capítulo VII

A revolução da fé

Quando o primeiro compromisso público e oficial como arcebispo de Buenos Aires apareceu em sua agenda, logo depois da morte de Quarracino, Jorge Bergoglio se deu conta de que não tinha o que vestir. Seus colaboradores, prestativos, levaram-lhe o orçamento de uma loja de roupas para religiosos. Já tinham combinado uma visita para que fosse experimentar os novos trajes. A casa faria todo o possível para que estivessem prontos antes do compromisso.

"O quê?", disse Bergoglio espantado. "Não vamos gastar todo este dinheiro em roupa para mim!", sentenciou. O novo arcebispo, que contava 61 anos no momento da nomeação, recusou totalmente o orçamento. Fiel ao seu estilo austero, também recusou se instalar na residência arcebispal de Olivos, situada na rua Azcuénaga 1800, a poucas quadras da residência presidencial, na zona norte da região metropolitana de Buenos Aires. E anunciou que estabeleceria seu domicílio no terceiro andar da sede da cúria, junto à Catedral Metropolitana, onde morava desde que tinha sido designado bispo auxiliar.

"Busquem os trajes do monsenhor Quarracino", ordenou a seus assistentes. Em seguida, experimentou-os. Ficavam enormes, já que seu antecessor pesava vários quilos mais do que ele. Parado em frente a um espelho, pediu que chamassem as freiras encarregadas de preparar as refeições na cúria. "Podemos reformar isto?", perguntou-lhes. As religiosas tomaram medidas, furaram, cortaram, alinhavaram e em menos de um dia o assunto estava resolvido.

"A quem servir a carapuça, que a vista." Nunca tão bem dito. Sem imaginar, esta seria a frase que melhor definiria seu arcebispado nos anos vindouros.

Em suas homilias, a reflexão evangélica se combinaria com a denúncia social e política, um coquetel que se tornava explosivo quando os que estavam sentados no público não eram outros senão o presidente e as autoridades locais. Sua voz não tremeu ao traçar diante dos governantes um diagnóstico claríssimo da situação do país e destacar os responsáveis. Mais de um mandatário deve ter se sentido tentado a se levantar e ir embora, com o custo político que isto teria implicado.

Fiel ao seu estilo enigmático e indireto, Bergoglio nunca apontou de forma explícita contra eles.

Diante de Carlos Menem falou dos que servem "uma mesa para poucos". Com Fernando de la Rúa — que sucedeu Menem na presidência— sentado na primeira fila, descarregou contra os que agiam como um cortejo fúnebre "em que todos consolam os parentes, mas ninguém levanta o morto". Diante do presidente Néstor Kirchner falou da corrupção, do exibicionismo e dos anúncios estridentes. Esse foi o último te-déum de Bergoglio ao que o casal Kirchner compareceu.

Bergoglio não teve uma cerimônia de posse. Como sua nomeação se deu devido à morte do predecessor, não houve atos nem pompa. Desde o momento em que oficiou a missa exequial pelo monsenhor Quarracino, na presença do então presidente Carlos Menem e do embaixador argentino na Santa Sé, Esteban Caselli, Bergoglio se transformou na máxima autoridade da arquidiocese de Buenos Aires. O papa João Paulo II enviou suas condolências em um telegrama dirigido ao novo arcebispo e neste mesmo ato, de forma praticamente automática, nomeou-o para o cargo.

Depois da morte de Quarracino, em 1º de março de 1998, Bergoglio se encerrou em um retiro de exercícios espirituais. Sua primeira aparição pública foi na homenagem que Menem rendeu ao núncio apostólico Ubaldo Calabresi em seus cinquenta anos de sacerdócio. No Salão

Branco da Casa de Governo, em 18 de março de 1998, os olhares não se dirigiam apenas ao núncio ou ao primeiro mandatário. "Quem é esse que está sentado à esquerda de Menem?", perguntou um funcionário de primeiro escalão. Naquela tarde, Bergoglio pagou o tributo a seu perfil discreto, ao seu constante repúdio pelo protagonismo público. Para o entorno presidencial, sua imagem era completamente desconhecida.

Os Doze Apóstolos de Bergoglio

Não havia passado um mês desde sua nomeação como arcebispo, quando Bergoglio começou a mudar as regras de jogo. Durante a Páscoa, delegou aos bispos auxiliares a tarefa de lavar os pés daqueles que se aproximaram da Catedral Metropolitana para participar da missa crismal. Por sua vez, foi ao hospital de doenças infecciosas Francisco J. Muñiz, na cidade de Buenos Aires, e lavou os pés de 12 doentes de aids. E os beijou. Também celebrou uma missa da qual participaram pessoas internadas, médicos, pessoal auxiliar e familiares.

A visita causou comoção na comunidade do hospital público. Embora Bergoglio fosse uma figura desconhecida, a ternura e a desenvoltura com que percorreu o centro assistencial, rezando pelos doentes e sentando-se para ouvir as histórias dos que se aproximavam, emocionaram a mais de um. Era a primeira vez que um arcebispo ia ali na Páscoa. E não foi a última. Depois disto, todo ano Bergoglio referendou este compromisso de tirar o ritual das igrejas e levá-lo aos lugares mais marginalizados da sociedade.

No ano seguinte, a porta descascada do presídio de Villa Devoto se abriu na noite da Quinta-feira Santa para um padre que, com a camisa clerical preta e uma pasta, saiu à rua escura dessa parte da cidade para pegar o ônibus 109 e voltar para sua casa. Era Bergoglio, que acabava de celebrar a missa para os presos, depois de ter lavado os pés de 12 deles. Tinha conversado com os presos e trocado endereços para correspondência, e tinha lhes dado conselhos. Durante muitos anos, manteve contato com os presos que se aproximaram nessa e em outras visitas que realizou à instituição. Escreviam-lhe cartas e ele respondia a todas, com

A revolução da fé

a máquina de escrever elétrica que trouxe da Alemanha. "Respondo a cada uma. Toma tempo, mas não quero deixar de fazê-lo nunca", disse certa vez que lhe perguntaram a respeito.

"Jesus, no Evangelho, diz que no dia do Juízo vamos ter que prestar contas do nosso comportamento. Tive fome e me deu de comer; tive sede e me deu de beber; estive doente e me visitou; estive na prisão e veio me visitar. O mandato de Jesus obriga a todos, e de uma maneira especial ao bispo, que é o pai de todos", explicou.

Em sua terceira Quinta-feira Santa como arcebispo de Buenos Aires, Bergoglio transferiu a missa da santa ceia para o lar San José, no bairro portenho de Balvanera, onde dormem oitenta homens sem teto e almoçam diariamente outras 250 pessoas. Ali também lavou os pés de 12 indigentes moradores de ruas. Animou os presentes a "se tornarem escravos uns dos outros, servindo-se mutuamente, como Cristo tinha feito ao lavar os pés dos apóstolos".

Ano após ano, a celebração da missa da Quinta-feira Santa foi sendo transferida para os diferentes extremos da marginalidade e da pobreza. Lavou e beijou pés de crianças no hospital de pediatria Juan P. Garrahan e de "catadores" na praça Constituición, entre muitos outros lugares da cidade de Buenos Aires.

Cinco anos antes de se tornar papa, a missa foi transferida para a Villa 21-24 de Barracas. Os 12 apóstolos escolhidos foram jovens que lutavam para superar a dependência do crack — pasta base de cocaína — no Lar Furtado, fundado pelos padres da *villa*. Quando esses jovens ficaram sabendo que esta pessoa agora era o papa, voltaram a se reunir na igreja de Nossa Senhora do Caacupé. Os 12 tinham conseguido deixar para trás a droga que causa mais mortes nas *villas* argentinas. E, desde então, lutam todos os dias para se manter firmes e longe do vício que os subjugou durante tanto tempo.

Este foi o estilo que o novo arcebispo começou a marcar, desde cedo deixando claro qual seria seu perfil: próximo das pessoas, sempre procurando levar a Igreja para onde alguém pudesse necessitá-la.

Na primeira Quinta-feira Santa de seu papado esta tradição se repetiu em Roma. O mundo ficou comovido com as imagens de Francisco lavando os pés de 12 jovens que vivem em uma penitenciária de menores. É a primeira vez na história que um papa faz isto, afirmou a imprensa internacional. A primeira vez como papa, mas não a primeira vez como padre Bergoglio.

Em 12 de outubro de 1998, o Arcebispado organizou duas missas maciças em frente ao Zoológico do bairro portenho de Palermo, das quais participaram 95 mil pessoas e em que foram crismadas umas 21 mil, provenientes de todos os bairros da cidade, das áreas mais exclusivas às *villas* mais impenetráveis. Nesse ano foi decidido que o sacramento, em vez de ser administrado nas paróquias, fosse oferecido em uma missa coletiva, para difundir entre os católicos o menos praticado dos sacramentos da iniciação cristã. Bergoglio em pessoa realizou a crisma de uns cinquenta jovens, a maioria deles com alguma deficiência. Cumprimentou um por um, beijou-os e até tirou fotos com eles.

Ao concluir o ofício religioso, um cartaz com as cores da bandeira boliviana se destacava entre as pessoas. Dizia: *"Mamita, que nos devuelvan a Edith".* Era o pedido que uma mãe da *villa* do Bajo Flores fazia à Virgem para que sua filha, que tinha sido sequestrada no assentamento, aparecesse. Bergoglio parou a missa e pediu a todos os presentes que rezassem uma ave-maria por ela.

Dois dias depois de ter sido eleito papa, o mundo se surpreendeu com a notícia de que Francisco foi pessoalmente pagar a conta do hotel em que se hospedou durante o conclave, ou que preferiu viajar com seus colegas cardeais, em vez de fazê-lo em um luxuoso automóvel papal. No entanto, não estava fazendo nada além de ser fiel ao seu estilo.

Em 1998, durante a festa de São Pedro e São Paulo, teve de viajar ao Vaticano para receber das mãos de João Paulo II o pálio — a estola branca que o arcebispo usa nos ombros como símbolo de sua legítima autoridade e de sua comunhão com o santo papa e a Igreja de Roma. O pálio é confeccionado com a lã de dois cordeiros benzidos em 21 de janeiro de cada ano, na basílica de Santa Inés, na capital italiana. Recebê-lo confere a participação no ministério concedido por Jesus a Pedro, o primeiro papa: "Apascenta meus cordeiros."

Quando o governo argentino lhe deu uma passagem de primeira classe para viajar a Roma, Bergoglio se apresentou na Casa Rosada, diante do desconcerto da recepcionista, para pedir que a trocassem por uma de classe econômica.

A revolução da fé

Nessa altura o presidente Menem, que finalizava seu segundo mandato e fantasiava com a ideia de voltar a reformar a Constituição a fim de habilitar-se para um terceiro período, buscou uma aproximação com as altas esferas eclesiásticas. Precisava de alguém que tivesse poder de persuasão entre os bispos mais neutros, que desde a Conferência Episcopal — com o monsenhor Estanislao Karlic à cabeça — o tinham transformado em alvo de várias denúncias. Na véspera de um novo pronunciamento, dois funcionários menemistas tentaram propiciar esta aproximação com Bergoglio, em quem acreditavam ver, por seu discreto perfil, um potencial interlocutor benevolente diante dos bispos. Mas se enganaram de pessoa.

"Depois de oito meses de suceder o cardeal Quarracino, a gestão de Bergoglio se caracteriza por seu estilo eminentemente pastoral, pouco propenso a declarações extemporâneas", publicou o *La Nación* em 13 de outubro de 1998. Faltavam sete meses para que esta nova faceta do arcebispo fosse conhecida.

Em 25 de maio de 1999, durante o te-déum na Catedral Metropolitana, Bergoglio emitiu uma enérgica advertência ao governo nacional: falou sobre o caminho do "confronto que espera a sociedade se apostarmos em uma Argentina em que não estejam todos sentados à mesa, em que somente alguns poucos se beneficiam e a malha social se destrói, em que as brechas aumentam, e o sacrifício é de todos; então terminaremos sendo uma sociedade a caminho do confronto". Suas palavras ecoaram na imensa nave central da Catedral, diante dos olhares atentos do presidente e do então chefe de governo portenho, Fernando de la Rúa.

Com uma linguagem crítica e frases contundentes, o arcebispo expôs a classe política, sem distinções partidárias, por não "encarar problemas", e também questionou que, diante "da fadiga e da desesperança [da sociedade] pareceria que somente se podem contrapor mornas propostas reivindicativas ou eticismos que apenas enunciam princípios e acentuam a primazia do formal sobre o real. Ou, pior ainda, uma crescente desconfiança e perda de interesse por qualquer compromisso com a propriedade pública que acaba em só querer viver o momento na determinação do consumismo".

Bergoglio advertiu: "A sombra do desmembramento social aparece no horizonte, enquanto diversos interesses jogam seu jogo, alheios às necessidades de todos."

Este discurso, no interior do menemismo, gerou numerosas queixas. Os meios de comunicação foram os primeiros surpreendidos ao ver despontar o novo estilo no arcebispo. "Bergoglio estreou seu papel de primaz", sentenciaram. "Estreou esta faceta do seu serviço episcopal com uma substanciosa homilia, uma articulação evangélica aplicada à urgente realidade social e política", escreveu o jornalista José Ignacio López em *La Nación* no dia seguinte.

Até então, as homilias dos arcebispos durante os te-déum tinham sido sempre entendidas como palavras para a Igreja. A exortação, a esperança, o amor sempre tinham sido os eixos, chegando inclusive a transitar a denúncia abstrata. "Desta vez, o arcebispo decidiu ocupar sua cátedra e articular uma comprometida e esperançosa mensagem particularmente destinada aos dirigentes, convidados a recuperar e se nutrir da grandeza do povo, um termo retomado pelo monsenhor Bergoglio várias vezes", destacou López.

Novamente aqui, Francisco tinha apelado a três conceitos que se repetiriam na maioria de suas homilias: a memória, a revalorização da grandeza do povo como reserva espiritual, moral e histórica da sociedade e a piedade popular.

Dois meses depois, durante uma jornada da Pastoral Social, Bergoglio disse que "a Igreja não pode ficar chupando o dedo diante de uma economia de mercado caprichosa, fria e calculista".

Em dezembro de 1999, Fernando de la Rúa assumiu a presidência da nação e Carlos "Chacho" Álvarez, a vice-presidência. Entre os atos de posse planejados se incluiu o Tedeum na Catedral. Bergoglio não se mostrou condescendente nem sequer pelo fato de tê-los sentados na primeira fila, junto com suas famílias: na homilia pediu às novas autoridades que olhassem para o alto para "pedir sabedoria" e para os lados, porque "governar é servir a cada um dos irmãos que formam nosso povo".

"Quando a gente se esquece de olhar para o alto e de pedir sabedoria", afirmou, "cai no defeito tão nefasto da suficiência, e daí à vaidade, ao orgulho... Não há sabedoria". E alertou que "quando a gente se esquece de olhar para os lados, olha para si mesmo ou seu próprio ambiente, e se esquece do povo". Foi muito breve e direto. Quando chegou a hora, rezou pelas novas autoridades. "Por Fernando e Carlos", disse, assim, simplesmente.

Em 25 de maio de 2000 voltaria a tê-los sentados nos primeiros bancos da igreja, e ali aumentou a aposta: "O sistema caiu em um vasto cone de sombra, a sombra da desconfiança. A sociedade argentina parece partir em um triste cortejo fúnebre, em que todos consolam os parentes, mas ninguém levanta o morto", sentenciou em tom lapidar.

"Levante-se, Argentina!", disparou na homilia do Tedeum. "Enquanto não forem reconhecidas nossas segundas intenções não haverá confiança nem paz; enquanto não se efetivar nossa conversão, não teremos alegria e gozo." "Como Cristo, é preciso renunciar ao poder que monopoliza e cega e aceitar exercer a autoridade que serve e acompanha. Alguns poucos têm o poder das finanças e da técnica", acrescentou, "outros exercem o poder do Estado, mas só uma comunidade ativa, que se torna solidária e trabalha compactuada, pode impulsionar o barco do bem comum."

As duras palavras do arcebispo garantiam uma crise para o governo. De alguma forma, Bergoglio estava antecipando que o presidente ficara no afã de ser bem-sucedido após vencer o menemismo depois de uma década de governo, sem conseguir promover reformas significativas que revertessem as injustiças sociais nascidas do novo modelo econômico. Continuavam culpando o modelo, a herança, lamentando as consequências de más decisões do passado, mas ninguém se colocava à frente, com tudo o que isto implicava.

A crise era iminente. No entanto, frente às severas advertências da homilia, Fernando de la Rúa "vestiu a carapuça". Nos dias seguintes, quando os jornalistas o rodearam em busca de uma resposta de tom político, De la Rúa evitou uma definição. "Monsenhor Bergoglio é um santo e um sábio e, em linhas gerais, concordo com suas palavras", disse. "Foram muito profundas e adequadas nestes momentos, porque há toda uma urgência em recuperar os vínculos sociais", declarou o vice-presidente Álvarez, que deixou de lado as críticas. "A mensagem não foi dura nem crítica. Percebi um diagnóstico sobre como estamos na sociedade argentina", acrescentou.

No ano seguinte, à medida que a crise social se aprofundava, as críticas se fortaleceram. Quando De la Rúa voltou a se sentar na primeira fila da Catedral, com a faixa presidencial atravessada no peito, Bergoglio voltou à carga: "Dizem ouvir e não ouvem, aplaudem ritualmente sem fazer eco, ou acham que se fala por outros", disse.

Em outra ocasião, neste mesmo ano, comparou elipticamente os dirigentes políticos com "abutres" que buscam apenas se acomodar no poder, e lamentou que a vocação de serviço na Argentina "tenha passado a ser egoísmo". Em 7 de agosto de 2001, na celebração de São Caetano, Bergoglio voltou a advertir sobre a profunda crise social que estava florescendo. Frente aos fiéis congregados no santuário do bairro portenho de Liniers, denunciou "as contrastantes imagens da realidade", com pobres "perseguidos por reclamar trabalho" e ricos que "evitam a justiça e ainda por cima são aplaudidos".

Em 21 de janeiro de 2001 se conheceu a notícia de que João Paulo II convocara Bergoglio para participar do oitavo conselho de seu pontificado a fim de ser nomeado cardeal. A primeira ligação de felicitação que recebeu foi o de sua professora do ensino fundamental, que fora informada da notícia pelo rádio. Depois vieram outras; entre elas, a de Fernando de la Rúa.

Quando lhe perguntaram como vivia a notícia, se sentia que tinha chegado à cúpula, Bergoglio disse que não. "Não vivo isto como ter chegado a alguma coisa. Segundo os critérios do Evangelho, cada ascensão implica uma descida: é preciso descer para servir melhor. E quero tomar isto com este espírito de serviço", declarou. Sonhou alguma vez com este dia? "Não, não me passou pela cabeça." E ser papa? "Nunca me ocorreu!" Não vive isto como uma distinção? Garantiu que não, que achava que a prezada mitra era uma "distinção para a sé de Buenos Aires e não para uma pessoa". O que mais lamentaria perder? "Não poder confessar o povo", disse. E contou que não recebia confissões apenas na Catedral Metropolitana, mas também, todos os dias 27 de cada mês, ia confessar em San Pantaleón, no bairro portenho de Mataderos. Além disso, quando participava da peregrinação dos fiéis à basílica de Luján, a 60 quilômetros da cidade de Buenos Aires, gostava de sentar-se ali para ouvir os pecados dos jovens. Era sua

A revolução da fé

forma de se manter em contato, de entender o que acontecia com eles, como viam o mundo.

"No confessionário, a gente percebe a santidade do povo de Deus. Um homem ou uma mulher mostra ali sua dignidade de filho de Deus, que se sente pecador e amado com misericórdia pelo Pai", contou. Ele mesmo ia confessar seus pecados a um padre bastante idoso, na igreja do Salvador, na central avenida Callao.

Em 21 de fevereiro de 2001, Bergoglio saiu da casa sacerdotal em Roma, onde tinha dormido. Todos os bispos esperavam na recepção os luxuosos carros que os transportariam ao Vaticano para a cerimônia de consagração. Ele não. Saiu caminhando, vestido de vermelho e a passo vigoroso. Depois de 200 metros parou e entrou para tomar um *ristretto* em um típico café romano. "Fique tranquilo, em Roma você pode caminhar com uma banana na cabeça que ninguém vai lhe dizer nada", disse a um colaborador.

Quando tudo terminou e já era cardeal, fiel ao seu estilo, voltou a fazer a pé a Praça de São Pedro até a Casa Internacional do Clero, só que desta vez colocou um casaco preto sobre seu flamejante hábito púrpura.

Muitos assinalam o Onze de Setembro de 2001 como o dia em que o mundo mudou. O que se pode dizer com certeza é que os atentados contra as Torres Gêmeas em Nova York tiveram algo a ver com a eleição de Francisco como papa.

Sete meses depois de nomeá-lo cardeal, João Paulo II convocou os bispos para o sínodo do Terceiro Milênio, com um pedido expresso aos bispos de todo o mundo a ser "efetivamente pobres" para ser críveis e estar ao lado dos excluídos. Talvez Francisco tenha sido um dos poucos que reuniam *per se* este requisito. O tema central do encontro seria como devia ser o bispo do Terceiro Milênio.

O cardeal Edward Egan, arcebispo de Nova York, era o relator da assembleia geral ordinária do sínodo, mas quando ocorreram os atentados em sua cidade, faltando poucos dias para o evento, teve que partir de forma imediata. Então, o papa nomeou Bergoglio como seu substituto.

O cardeal argentino teve que assumir tamanha tarefa, e se sobressaiu. Outros bispos ficaram deslumbrados com sua participação, em que falou de bispos pobres, críveis, que estavam ao lado dos excluídos.

Bergoglio também expôs na Sala de Imprensa do Vaticano sobre o trabalho do sínodo de bispos e respondeu aos jornalistas. "A força da Igreja", disse, "está na comunhão; sua debilidade, na divisão e na contraposição".

Sua nomeação significou muito mais que um gesto concreto para Bergoglio. Cada vez mais reconhecido entre seus pares e pela cúria, mesmo com seu perfil discreto, ia abrindo caminho e ganhando espaço entre outros participantes. Foi então que seu nome começou a ecoar entre os papáveis do Vaticano.

Certamente, o mundo havia mudado. Antes de viajar a Roma, Bergoglio tinha se reunido com o presidente Fernando de la Rúa na capela da Casa Rosada para rezar pelas vítimas dos atentados e para pedir pela paz. "Que não haja represálias nem mais mortes." Pediu, do mesmo modo, que aqueles que tinham o poder de decidir no mundo "se deixem ganhar pela graça de Deus que permite perceber que os homens e os povos podem viver unidos", e os convocou a realizar isto.

Nessa tarde também participou de uma oração ecumênica no Obelisco, no centro da capital. E escolheu ler a oração de São Francisco de Assis: "Senhor, fazei de mim um instrumento de vossa paz, onde houver ódio que eu leve o amor, onde houver discórdia que eu leve o perdão…". Depois foi caminhando a passo decidido para a Catedral, distante uns 500 metros. Enquanto avançava, meditava sobre os acontecimentos dos últimos dias. As palavras de São Francisco voltaram à sua mente. "Fazei de mim um instrumento de vossa paz."

Paz, era justamente isto que a Argentina precisava. Eram dias em que se aproximava uma das maiores crises institucionais de sua história. Bergoglio estava inquieto pelo clima de agitação social que se vivia.

Em agosto de 2001, a Conferência Episcopal Argentina, da qual era vice-presidente, tinha dado a conhecer um documento que abordava a delicada situação que o país atravessava. O texto identificava o "mais cruel liberalismo" como "uma das doenças sociais mais graves" de que padecia o país. Exigia uma "rede social" para contemplar os pobres e condenava outras "duas doenças": a evasão dos impostos e o esbanjamento do dinheiro do Estado, "que é dinheiro suado pelo povo". O

A revolução da fé

documento concluía com uma crítica à "dívida externa, que aumenta a cada dia mais e dificulta nosso crescimento".

A Igreja tinha acendido um alerta, entre outras coisas, ao calor dos próprios relatórios que chegavam das paróquias. Em todos os bairros a crise se traduzia em famílias que não conseguiam cobrir suas necessidades básicas, lares sufocados pelas dívidas e um clima de grande incerteza e agitação social. Os escritórios do Arcebispado, acostumados a receber de forma esporádica pedidos de auxílio das paróquias, estavam transbordados. A tarefa pastoral próxima das pessoas, desenvolvida pelos sacerdotes, tinha nutrido a Igreja de informação e agido como termômetro social. A crise se agravava. A Cáritas Argentina se encarregou de centralizar a informação e de traçar um diagnóstico certeiro.

Em outubro, o governo de Fernando de la Rúa tinha perdido as eleições legislativas e em novembro impulsionou um pacote de medidas econômicas para enfrentar a crise, que no início de dezembro deram origem ao "*corralito* financeiro" que restringiu a livre disposição de dinheiro de prazos fixos, contas-correntes e poupanças.

Em 18 de dezembro de 2001, 24 horas antes que se desencadeassem os acontecimentos que significaram o final do governo de Fernando de la Rúa, Bergoglio pegou o telefone e fez algumas ligações. Os destinatários: governadores, funcionários, legisladores, empresários e sindicalistas, a quem convocou na sede da Cáritas, na rua Defensa, nº 200, a poucos metros da Casa de Governo, para um encontro em que a Igreja apresentaria um relatório conjunto com as Nações Unidas sobre a pobreza na Argentina.

Tinham confirmado sua participação Carlos Menem, então titular do Partido Justicialista; o líder da Confederação Geral do Trabalho — oficialista —, Rodolfo Daer; o senador Raúl Alfonsín; o governador de Córdoba, José Manuel de la Sota, entre muitos outros. O presidente havia sido convidado especialmente, mas se desculpou e explicou que enviaria o ministro do Interior, Ramón Mestre, e o chefe de Gabinete, Chrystian Colombo.

Há mais de um mês, o governo nacional tinha propiciado uma série de encontros com dirigentes de todo o espectro político e também com representantes da sociedade. "O acordo" era apenas a busca do diálogo para evitar a explosão social. A Igreja tinha desempenhado um papel fundamental na tentativa de aproximar as partes do diálogo, mas, ao mesmo tempo, não tinha baixado o tom da denúncia. "A Igreja está marcando uma grande distância e foi injusta ao generalizar seus conceitos sobre os dirigentes políticos. Nem todos roubam, nem todos recebem subornos", queixou-se o então secretário-geral da presidência, Nicolás Gallo.

Finalmente, o encontro convocado por Bergoglio nunca chegou a se realizar. Enquanto o arcebispo fazia as ligações, já tinha começado a contagem regressiva da bomba social que explodiria no dia seguinte.

O que se seguiu foi o fim. À crise que se vivia e à angústia das famílias a quem o *corralito* havia confiscado as economias de uma vida inteira se somaram agitadores sociais que queriam precipitar a saída do governo. Houve saques, protestos, passeatas, panelaços e violentos confrontos com a polícia, que se prolongaram durante dois dias. O saldo foi trágico: 39 pessoas morreram e outras 350 ficaram feridas.

Quando os confrontos entre manifestantes e a polícia recrudesceram na Plaza de Mayo, Bergoglio se transformou em uma testemunha privilegiada. Enquanto muitos argentinos seguiam o curso dos acontecimentos pela televisão, o cardeal permanecia junto à janela de seu escritório, na sede do Arcebispado, que dá para a praça. Contam seus colaboradores que, quando viu que a polícia batia em uma mulher que participava do protesto, pegou o telefone e ligou indignado para o então ministro do Interior para pedir, exigir, que diferenciassem entre os agitadores e os poupadores que reclamavam porque o fruto de uma vida inteira de trabalho tinha ficado preso no *corralito*.

"Devemos apreciar a maturidade deste novo tipo de reivindicação, de características inéditas até agora no país, e pelo qual as pessoas, sem que ninguém as convoque, sem que nenhum partido político as dirija, saem para exigir que seus clamores sejam ouvidos", disse Bergoglio em um comunicado difundido pelo Arcebispado no dia seguinte. "O clamor foi pelo fim da corrupção."

Na tarde de 20 de dezembro, o presidente renunciou. A crise de 2001 significou uma mudança no estilo de Bergoglio quanto a intervir na política. Da mesma forma que antes se caracterizou por seu trabalho

A revolução da fé

social e por exercer a denúncia do púlpito, a partir da aguda crise que fez cambalear as próprias bases da identidade nacional, Bergoglio se ofereceu como elo de diálogo entre as partes.

Antes da explosão, o então embaixador da Espanha na Argentina, Carmelo Angulo, tinha solicitado a Bergoglio um encontro a que compareceria com alguns de seus colaboradores. Era um sábado à tarde e no centro da cidade havia pouca gente. "Sim, claro, eu os estarei esperando. Toque a campainha para que eu abra", foi a resposta do cardeal. Angulo subiu na caminhonete diplomática e ao chegar ao portão da residência apostólica tocou a campainha. Bergoglio desceu pessoalmente para abrir a porta. Espantado, o embaixador o felicitou por este gesto de simplicidade. "Mas, homem! É para isto que servem os arcebispos, para abrir portas", foi a resposta.

As secretárias de Bergoglio sabiam que, se a agenda pequena e preta do cardeal falasse, diria várias verdades. Diferentemente de seus antecessores, Bergoglio oferecia audiências tanto de manhã quanto à tarde. E ele mesmo organizava os horários. Depois dos acontecimentos que colocaram em xeque a continuidade institucional da nação, Bergoglio manteve várias reuniões-chave. Chamou sindicalistas, empresários, opositores e também representantes de outros credos e de organizações não governamentais. Tinha chegado a hora de fazer uma coisa que muitas vezes havia pregado no púlpito: favorecer a cultura do encontro. E, diante da profundidade da crise, todos pareciam dispostos a colaborar.

Quando Eduardo Duhalde assumiu a presidência interina, depois da passagem fugaz de outros candidatos que não conseguiram o apoio político necessário para se manter no cargo, Bergoglio foi visitar a Casa Rosada.

Em 7 de janeiro de 2002, o flamejante presidente o recebeu durante uma hora e meia. Bergoglio chegou junto com o monsenhor Karlic, cabeça do Episcopado, para comunicar sua decisão de assumir uma "participação ativa" a fim de dar continuidade ao diálogo multissetorial iniciado na sede da Cáritas durante os últimos dias do governo de De la Rúa.

Os bispos ofereceram que a Igreja fosse o "âmbito espiritual" e, ao mesmo tempo, a garantia para "um diálogo de distintos setores que ajude a compactuar grandes políticas de Estado". Foi o início da chamada Mesa do Diálogo.

Os meses seguintes não foram fáceis. Nem tudo era diálogo e bons termos. As necessidades adiadas começaram a explodir antes que se pudesse vislumbrar uma saída. Nas províncias do norte do país, as crianças morriam por causa da desnutrição e não se conseguia retomar o caminho do emprego. Colocados à disposição de Duhalde para propiciar o diálogo, os bispos se somaram à denúncia. A apenas um mês de ter assumido como presidente, apresentaram-lhe um documento crítico para o acordo. Destacavam a falta de compromisso de alguns setores, entre eles os bancos, as empresas e a Corte Suprema de Justiça.

"Os bispos estamos cansados de sistemas que produzem pobres para que depois a Igreja os mantenha. A assistência do Estado não é suficiente porque 40% chegam aos necessitados e o restante se perde no caminho da corrupção", denunciou Bergoglio.

Diferentemente do que aconteceu com outros presidentes, quando Bergoglio expôs suas denúncias, os funcionários não o isolaram. Pelo contrário, buscaram-no mais. O líder de um dos grupos empresariais mais influentes, a União Industrial Argentina, José Ignacio de Mendiguren, então ministro da Produção, adotou-o como confessor em 2002. As pessoas exigiam "que todos saíssem", e ele não podia nem descer do carro na rua por medo das reações. "Foi a pessoa que nos respaldou com o diálogo social e que me conteve emocionalmente", declarou De Mendiguren.

Quando chegou o te-déum de 25 de Maio, coube a Duhalde sentar-se na primeira fila da Catedral Metropolitana. Bergoglio não olhou para o lado. Fez um dramático chamado aos argentinos para reconstruir a República mediante o cumprimento da lei. "O país está às portas da dissolução nacional", disse, e disparou com dureza contra aqueles que, "em vez de representar as pessoas", pretendem "manter seus privilégios, sua ganância e suas cotas de lucros ilícitos".

Conclamou, do mesmo modo, a estar alertas: "Uma guerra surda está se travando em nossas ruas, a pior de todas, a dos inimigos que convivem e não se veem entre si, pois seus interesses se entrechocam dirigidos por sórdidas organizações delinquentes, só Deus sabe o que

A revolução da fé

mais, aproveitando o desamparo social, a decadência da autoridade, o vazio legal e a impunidade."

Insistiu várias vezes diante das autoridades sobre sua responsabilidade de "fazer cumprir a lei" e "resgatar do fundo da alma o trabalho e a solidariedade generosa, a luta igualitária e a conquista social, e a criatividade".

Na saída da Catedral, Duhalde evitou falar com os jornalistas. Fez apenas um gesto com as sobrancelhas e com as mãos, como dizendo "O que posso dizer?"

Das palavras de Bergoglio, ou de seu exemplo, algo tinha aprendido. Nesta tarde, para voltar à Casa Rosada, Duhalde atravessou a Plaza de Mayo a pé. Estava contrariado, porém mais tarde agradeceu a valentia e o papel de facilitador do diálogo que o cardeal tinha assumido naqueles dias.

"Em meio à crise de 2001, Bergoglio assumiu um papel-chave no chamado Diálogo Argentino", escreveu Duhalde em um artigo publicado em *La Nación* cinco dias depois da nomeação do novo papa. "É verdade: todos os argentinos fomos em frente, naquilo que, acho, a história considerará como uma de nossas maiores epopeias coletivas. Mas houve figuras providenciais neste resgate, personalidades gigantescas que, evitando modestamente ocupar o centro da cena, foram determinantes para que não caíssemos na dissolução social, que nesta altura era um risco real e próximo. Este homem, Jorge Bergoglio, foi um deles.

"Quando ninguém dava um centavo por nossa gestão, a Igreja católica argentina e seu Episcopado insistiram na possibilidade de encontrarmos uma saída juntos. Enquanto o governo sob minha responsabilidade sobrevivia, o Diálogo Argentino foi incorporando novos interlocutores, ampliando seus propósitos e se transformando em uma usina programática. Estabeleceram-se bases claras para os indispensáveis consensos; abordaram-se e propuseram-se soluções transitórias e em mais longo prazo para problemáticas tão diversas quanto a da saúde, a reforma política, a sociotrabalhista e o funcionamento dos três poderes do Estado. Conscientes de estar à beira do abismo, da sociedade davam-se estes passos para resgatar a institucionalidade acossada por suas próprias falências e pela revolta popular. [Bergoglio] não era um indiferente político: como milhões de argentinos, mas com maior clareza do que a maioria de nós, sentia-se completamente identificado com a causa da justiça social".

Assim, sem nem sequer imaginar, Bergoglio se transformou, junto a muitos outros, em artífice de uma transição institucional que, depois do chamado às eleições, levaria à presidência aquele que seria seu mais tenaz antagonista político: Néstor Kirchner.

Em 25 de maio de 2003, Kirchner assumiu a presidência e demorou vários meses para receber a cúpula da Igreja católica. Segundo o historiador Julio Bárbaro, a quem conhecia desde a época da Guarda de Ferro, Bergoglio lhe pediu que facilitasse uma aproximação. "Foi um dos meus muitos fracassos políticos: a espiritualidade não comovia muito o meu amigo Néstor", disse. Pouco depois se realizou um "encontro cordial" com as autoridades do Episcopado, mas só isto. Kirchner não estava interessado em que o arcebispo de Buenos Aires tomasse ingerência na política de seu governo. Mas, como seus antecessores, também chegou seu dia de se sentar na primeira fila. O te-déum de 25 de maio de 2004 na Catedral Metropolitana foi o primeiro e o último ao que o presidente compareceu.

Em sua homilia, Bergoglio falou do "exibicionismo e dos anúncios estridentes". Foi uma mensagem crítica e críptica que definia com muita sutileza a gestão presidencial. Utilizou uma retórica bem "bergogliana", bem no estilo "a quem servir a carapuça". Sempre inclusivo, sempre falando no plural e se incluindo entre os pecadores. Nesta ocasião, diferentemente dos presidentes anteriores, que ouviram o te-déum impassíveis, que olharam para todos os lados como se estivessem falando de um terceiro, ou que receberam a bofetada e baixaram a cabeça, Néstor Kirchner decodificou a mensagem e percebeu que o padre estava falando dele. Vestiu a carapuça e decidiu não voltar a se sentar naquele banco nunca mais.

"Este povo não acredita nos estratagemas mentirosos e medíocres. Tem esperanças, mas não se deixa iludir com soluções mágicas nascidas em obscuros arranjos e pressões do poder. Os discursos não o confundem; está cansando da insensibilidade da vertigem, do consumismo, do exibicionismo e dos anúncios estridentes.

A revolução da fé

"A difamação e a intriga, a transgressão com demasiada propaganda, o negar os limites, abastardar ou eliminar as instituições são parte de uma longa lista de estratagemas com que a mediocridade se encobre e protege, disposta a derrubar cegamente tudo o que a ameace. É a época do 'pensamento débil'. E se uma palavra sábia aparece, ou seja, se alguém encarna o desafio da sublimidade mesmo à custa de não poder cumprir muitos de nossos desejos, então nossa mediocridade não para até derrubá-la. Desmoronados morrem próceres, mestres, artistas, cientistas, ou simplesmente qualquer um que pense mais além do inconsciente discurso dominante", disse o cardeal. "Só percebemos isto tarde demais", rematou naquele dia. Quase uma premonição de como o kirchnerismo descobriria suas qualidades como pastor.

No ano seguinte, Kirchner se esquivou de comparecer ao Tedeum para viajar a Santiago del Estero, onde contava com um bispo mais amigável, o agora aposentado Juan Carlos Maccarone. Evitou assim o mau bocado de ter que ver cara a cara o arcebispo de Buenos Aires fazendo uma nova leitura cruel da realidade e de sua administração.

Em 30 de dezembro de 2004 se desatou uma nova crise. O incêndio da discoteca República de Cromañón, durante o show da banda Callejeros, deixou 194 mortos, 1.432 feridos e milhares de famílias transpassadas pela dor da perda e pela sensação de impunidade. O incêndio no local do bairro portenho de Onze despiu uma obscura trama de corrupção, conivência, encobrimento, negligência e imperícia que envolveu de empresários a funcionários e membros da Polícia Federal. Outra vez uma ferida aberta que esvaziava de sentido e minava a credibilidade das instituições. Desde o primeiro momento da tragédia, antes que sequer se soubesse o que tinha acontecido, Bergoglio se fez presente para acompanhar os familiares.

Percorreu os hospitais a que tinham sido levados os atingidos para confortar os pais e benzer os feridos. Deu a bênção a sete dos jovens que faleceram. Pouco depois, clamou por "esta desnecessária oferenda juvenil". Nessa tarde recebeu um telegrama do papa: "Estou penalizado pela dolorosa notícia dos numerosos mortos, entre os quais tantos jovens." Bergoglio assumiu o pastorado da dor das famílias das vítimas e dos sobreviventes. Um mês depois, rezou uma missa por eles e, em meio à tensão política desatada pela tragédia no governo, pediu: "Que nossa oração sacuda e desperte esta nossa cidade dolorida, para que não coloque sua esperança nos capitalistas e sim no Senhor, e entenda de uma vez por todas que com as crianças e os jovens não se experimenta.

"Contamos ao Senhor o que nos aconteceu. Dissemos a Ele que não somos poderosos nem ricos nem importantes; mas que sofremos muito. Pedimos que nos console e não nos abandone, pois queremos ser este povo pobre e humilde que se refugia no nome do Senhor. Uma dor que não se pode expressar com palavras, uma dor que golpeou lares inteiros; devemos buscar refúgio no nome do Senhor. Pedimos justiça, pedimos que este povo humilde não seja enganado", disse.

Seu compromisso com os familiares não se extinguiu aí. Todos os anos participa da missa organizada em 30 de dezembro, em que renova seu clamor por justiça. "Há uma dor sobre a qual não choramos o suficiente. Esta cidade saberá guardar memória disto ou o encobrirá com barulho para que estes 194 sinos que soam todo 30 de dezembro não sejam ouvidos? Não podemos nos dar ao luxo de ser 'otários', de ser tolos frente a [quem propicia] a cultura da morte", expressou na missa quando se completaram cinco anos do incêndio. Além disso, continua em contato com os familiares e costuma ligar para eles em datas importantes ou para acompanhá-los, confortá-los ou simplesmente saber como se encontram.

A notícia da morte de João Paulo II abriu uma nova etapa na vida de Bergoglio. Karol Józef Wojtyła faleceu em 2 de abril de 2005, aos 84 anos e depois de quase 27 de pontificado, um dos mais longos da história. Abriu-se assim caminho para uma sucessão em que acabou eleito o alemão Joseph Ratzinger, braço direito de João Paulo II. No entanto, durante o concílio de 2005, Bergoglio se transformou no segundo mais votado e circularam boatos de que ele teria recusado ser o escolhido para que Ratzinger chegasse a reunir a quantidade de votos necessária, embora isso nunca tenha podido ser confirmado, pois sobre os cardeais participantes pesa um voto de segredo, e violá-lo poderia significar a excomunhão. (Ver o capítulo XI, "Quando Deus vota: eleições no Vaticano".)

A participação de Bergoglio no último sínodo de bispos teria sido decisiva para que sua figura, sem ter sido promovida nem incentivada por ninguém em particular, adquirisse relevância dentro do Episcopado.

A revolução da fé

Seu empenho para colocar Igreja em estado de assembleia e insistir com sacerdotes e fiéis para ir às fronteiras, levar o Evangelho às ruas, havia sido o traço pastoral que o distinguira na arquidiocese de Buenos Aires.

O protagonismo do Bergoglio no conclave foi uma contrariedade para o presidente Kirchner; outra razão pela qual decidiria não comparecer ao Tedeum. E que fosse eleito presidente da Conferência Episcopal Argentina em 8 de dezembro de 2005, com uma maioria arrasadora, desgostou-o ainda mais.

A eleição da nova cúpula da Igreja foi "facílima", publicou *La Nación* depois da votação na 90ª Assembleia Plenária, que teve lugar na casa de retiros La Montonera, na cidade de Pilar.

Na primeira rodada, o cardeal primaz e arcebispo de Buenos Aires superou com folga os dois terços necessários para se transformar no presidente do Episcopado, em substituição ao arcebispo de Rosário, monsenhor Eduardo Mirás, que havia concluído um mandato de três anos. A própria eleição de uma figura com quem Kirchner mantinha tanta distância ecoou no governo nacional como "uma provocação" por parte dos bispos. Mais ainda quando deram a conhecer, com motivo da escolha de suas novas autoridades, uma "carta ao povo de Deus", o documento "Uma luz para reconstruir a Nação", em que os bispos alertavam sobre os riscos e deficiências que percebiam no terreno político e social.

O documento falava do crescimento "escandaloso" da desigualdade social, que podia degenerar em "perigosos confrontos" e em "manifestações violentas" dos setores excluídos. "Em uma sociedade em que cresce a marginalização não seriam de estranhar manifestações violentas por parte de setores excluídos do mundo do trabalho, que poderiam degenerar em perigosos confrontos sociais", ressaltou o documento. Em outra passagem, denunciava a ausência de trabalho "digno e estável" na Argentina e considerava que esta situação era uma das "piores desgraças" de que sofria o país, de cuja magnitude não se tinha uma ideia cabal.

Os bispos também exigiram "políticas firmes e duradouras, cujo fiador seja o Estado", e expressaram sua preocupação pela "deficiência da educação em todos os níveis" e "a precariedade dos serviços de saúde".

A vida de Francisco

A carta pastoral desgostou Kirchner como poucas vezes, embora em um primeiro momento tenha decidido guardar silêncio. O presidente se encontrava em Calafate, na província da Santa Cruz, definindo o que seria seu novo gabinete de ministros, quando soube do tom das denúncias.

"Tudo que venha de Bergoglio o deixa muito nervoso, irritável. Está engasgado e indignado", confiou no dia seguinte ao *La Nación* um homem de extrema confiança do casal Kirchner.

No entorno presidencial especulavam que se tratava da resposta dos bispos à falta do presidente ao último te-déum. Cinco dias depois chegou a dura réplica oficial, de um palanque da Casa Rosada: "Não se atém à realidade", disse o presidente. Os bispos "estão enganados" e suas afirmações parecem "as de um partido político". À medida que falava, ia subindo o tom das acusações. "Que olhem para dentro", rematou.

Assim, nesses anos, o diálogo entre o governo e a Igreja desapareceu do horizonte do possível. Em 2006, Kirchner começou a entrever Bergoglio como o articulador de um projeto opositor. "Nosso Deus é de todos, mas cuidado, que o diabo também chega a todos, os que usam calças e os que usam batinas."

Alguns consideram que a figura de Bergoglio acabou útil ao discurso kirchnerista do primeiro período. Já que não podiam transformá-lo no "inimigo dos excluídos", nem acusá-lo de estar "contra a irmandade latino-americana", tentaram inimizá-lo apelando a outro dos baluartes do relato K: a luta contra as violações aos direitos humanos cometidas durante a ditadura militar. Investiram exageradamente contra ele sem saber qual tinha sido a verdadeira participação de Bergoglio e caíram em um reducionismo trapaceiro da história.

Em todo esse tempo de distanciamento, houve pedidos de audiência. No entanto, os encontros nunca se concretizaram porque, segundo fontes próximas ao homem que hoje é papa, tanto o presidente Kirchner quanto sua esposa, Cristina Fernández — que o sucedeu no poder em dezembro de 2007— queriam que a reunião fosse realizada na Casa Rosada. E Bergoglio nunca quis dar o braço a torcer. Não lhes deu o gosto de vê-lo atravessar a Plaza de Mayo para bater na porta deles. "Se eles pedem audiência porque querem falar comigo, o lógico é que venham até meu escritório", deixou escapar o cardeal.

A revolução da fé

A verdade é que, embora tenham sido vizinhos por tantos anos, por alguma misteriosa razão, assim que Bergoglio se transformou em Francisco, a presidenta argentina achou que o Vaticano ficava mais perto da Casa Rosada que a própria Catedral Metropolitana.

A direção do Episcopado se reuniu pela primeira vez com Cristina Kirchner duas semanas depois de sua posse. O governo interpretou o encontro como "o realinhamento" da relação com a Igreja. Houve fotos e saudações cordiais, mas em 2008, quando se desatou o conflito do governo com o setor agropecuário, a tensão voltou a marcar a relação.

Em março desse ano, logo depois que o governo anunciou que subiria as retenções para as exportações de soja de 34 para 44%, as principais organizações que agrupam os produtores promoveram uma suspensão de atividades de 21 dias, com bloqueios de estradas, o que desabasteceu o país. A disputa chegou ao Congresso, e quando o governo se preparava para aprovar uma lei para avançar na política de maiores retenções, o vice-presidente Julio Cobos votou contra e impediu que a lei prosperasse. Seu voto "não positivo" significou a ruptura com o governo nacional e seu isolamento.

Em meio ao conflito, Bergoglio recebeu a cúpula do agronegócio e solicitou à presidenta um "gesto de grandeza" que permitisse destravar o tenso conflito. Logo depois da votação, também se reuniu com Cobos.

No final desse ano, para recompor a relação, Bergoglio convidou Cristina Kirchner para uma missa em Luján e a presidenta aceitou. No entanto, a aproximação não durou muito. "Os direitos humanos são violados não apenas pelo terrorismo, pela repressão, pelos assassinatos, mas também pela extrema pobreza", declarou Bergoglio. "Há dois tipos de pessoas: as que fazem declarações sobre a pobreza e as que nos dedicamos a executar ações todos os dias para combatê-la, e em todos os lugares", foi a audaz réplica da presidente.

Assim, durante o tempo que se seguiu, a relação entre o arcebispo e a presidenta alternou entre a cordialidade formal, a denúncia social e os ataques pessoais, respectivamente. Houve momentos de paz, de aproximação, embora nunca de entendimento e diálogo. Poucos, mas houve.

Uma das maiores crises na relação se produziu durante o processo da lei do casamento igualitário, que desde julho de 2010 permite na Argentina a união de pessoas do mesmo sexo.

Bergoglio ficou à frente de uma passeata contra esta medida e enviou uma carta a quatro ordens religiosas para pedir-lhes oração. Falou-lhes sobre o "bem inalterável do casamento e da família". As palavras que escolheu para se referir ao novo tipo de união que se buscava legislar foram fortes e muitos as julgaram pouco oportunas. "Não sejamos ingênuos: não se trata de uma simples luta política; é a pretensão destrutiva ao plano de Deus. Não se trata de um mero projeto legislativo (este é somente o instrumento), mas de um movimento do pai da mentira que pretende confundir e enganar os filhos de Deus." Na carta, também falou da "inveja do demônio" e "da guerra de Deus".

Mesmo dentro da própria Igreja distintas fontes admitiram que a carta tinha sido um erro estratégico. Diante do consenso social pós-moderno, que se instalou nos últimos anos sobre esse tipo de união, as palavras escolhidas por Bergoglio acabaram úteis ao relato kirchnerista, que pretendia apresentá-lo como o inimigo dos direitos humanos e das liberdades individuais, enquadrando-o em uma linha ultraconservadora à qual Bergoglio não pertence. Seria mais adequado dizer que o papa é conservador quanto aos dogmas mas progressista nos temas sociais.

"Preocupa-me o tom que o discurso adquiriu; expõe-se como uma questão de moral religiosa e atentatória à ordem natural, quando na verdade o que se está fazendo é atentar para uma realidade que já está aí", respondeu Cristina Fernández.

Três meses mais tarde, as coisas mudaram. O ex-presidente Néstor Kirchner faleceu em Calafate. Bergoglio reagiu rapidamente assim que soube da notícia e em questão de horas decidiu oficiar uma missa por seu eterno descanso. Fez isto na Catedral Metropolitana. "O povo deve abdicar de qualquer tipo de posição antagônica frente à morte de um homem ungido pelo povo para conduzi-lo, e todo o país deve rezar por ele", disse naquela ocasião.

O distanciamento da política que lhe impôs o governo dos Kirchner como mediador do diálogo voltou a colocá-lo à frente do trabalho pastoral. Embora Bergoglio nunca tenha abandonado a denúncia social e política como forma de alerta para o governo nacional, sua tarefa se intensificou nos âmbitos populares.

A luta contra as drogas, a denúncia do trabalho escravo e o tráfico de pessoas se transformaram nas bandeiras de seu apostolado (ver capítulo 8, "O papa da rua"). Esteve com os pais das vítimas da Cromañón e com a associação Madres del Dolor, que perderam seus filhos em diferentes situações de violência ou em acidentes.

Também interveio na pior crise que viveu o chefe de governo da cidade de Buenos Aires, Mauricio Macri, quando um grupo de moradores pobres da zona sul ocupou o Parque Indoamericano com a pretensão de instalar ali suas moradias. Outro grupo de moradores, que vivem nos conjuntos residenciais da área, se opôs à tomada destes terrenos, e se produziram confrontos entre ambos os setores. O conflito atravessava seu pior momento na tarde em que Bergoglio chegou à capela San Juan Diego, que se ergue junto aos blocos.

Havia mais de um mês que se comprometera a rezar missa ali. O cardeal interpretou a disputa como um intuito de Deus, e de nenhuma maneira achou que o conflito fosse razão suficiente para cancelar sua visita, embora as colunas de fumaça preta dos pneus queimados cercassem a capela e a poucos metros houvesse mais de cinquenta policiais armados e cerca de duzentos moradores dispostos a entrar à força no parque e desalojá-lo.

Era o Dia da Unidade dos Povos Americanos, e um costume que Bergoglio tinha como arcebispo era estar sempre presente nas festas dos padroeiros. San Juan Diego é o padroeiro do Parque Indoamericano por ser o primeiro santo indígena.

Passadas as sete da noite, e enquanto de fundo explodiam bombas de efeito moral, Bergoglio fez um apelo à paz. "Devo fazer um chamamento, um convite à unidade dos povos americanos. Esta é a mensagem da Virgem de Guadalupe", disse.

Finalizado o encontro, o cardeal saiu para cumprimentar os moradores, enquanto um homem berrava junto à cerca de arame que rodeia a capela. O clima de agressividade impregnava o ambiente. Um grupo de fiéis relatou que uma mulher boliviana que tinha querido assistir à missa chegou com o rosto deformado pelos golpes que tinha recebido dos moradores no caminho.

A vida de Francisco

Depois de cumprimentar, Bergoglio retornou à capela, e mais tarde partiu sem que ninguém notasse. Enquanto todos se perguntavam onde estaria, ele caminhou até o ponto e pegou o ônibus para a Catedral.

Quatro dias antes de sua viagem final a Roma, e ao completar um ano de outra tragédia ocorrida no bairro Once, em que morreram 51 pessoas e outras 703 ficaram feridas — o trem em que viajavam bateu no muro de contenção no final da plataforma da estação —, o cardeal rezou uma missa pelas vítimas na Catedral Metropolitana. O acidente evidenciou a falta de controle e de investimento no transporte público por parte do Estado, bem como uma rede de corrupção na concessão deste serviço, que atualmente está sendo investigada pela Justiça.

As palavras de Bergoglio ecoaram com força durante a missa: "Há responsáveis irresponsáveis que não cumpriram com seu dever. Quase a totalidade deles [os passageiros] estava indo ganhar o pão dignamente. Não nos acostumemos a que, para ganhar o pão dignamente, se tenha que viajar como gado."

A quem serviu a carapuça, a vestiu.

Capítulo VIII

O papa da rua

São muitos. Muitíssimos. Impossível saber quantos. A todos, alguma vez ele fez o mesmo pedido: rezem por mim. Pediu, mesmo sabendo que muitos deles não acreditavam em Deus. Ou que estavam atravessando uma situação que minava por completo sua fé. Em compensação, abriu-lhes seu coração e se aproximou como amigo, como padre ou simplesmente como um deles.

Os amigos que o papa deixou na sua cidade natal já sentem falta de sua proximidade.

No dia em que ficaram sabendo que "Jorge" se mudaria para Roma choraram desconsolados, e não pela emoção de saber que uma pessoa extraordinária tinha chegado ao coração da Igreja católica. Choraram pela perda da convivência cotidiana com ele. Não o encontrariam mais na porta de sua casa, ou no ônibus ou em um informal jantar familiar.

Francisco também sente falta deles. Depois de almoçar, a primeira coisa que faz é dedicar alguns minutos para dar telefonemas. Quando em Buenos Aires são 4 da tarde, seus amigos sabem que em qualquer momento o telefone pode tocar. "Olá, fala Jorge", assim se apresenta. E a imensa distância se encurta. A conversa não dura muito. Bergoglio não é um homem que fala muito por telefone. Deve ser um dos poucos argentinos que conseguiram fugir da era do celular. Nunca teve um. Não lhe interessava. Prefere o contato pessoal. O telefone é útil para iniciar o diálogo, mas para conversar não há nada como o encontro pessoal.

Obviamente agora a relação é diferente. Seus amigos não têm para onde ligar se precisarem dele. Em compensação, ele se encarregou de dar-lhes um número ao que podem lhe mandar cartas por fax. Depois, ele liga para eles e conversam alguns minutos.

Quem são seus amigos? De todo tipo. De pessoas que conheceu trabalhando juntos para a Igreja a desconhecidos que se aproximaram para lhe pedir um favor, ouviu-os, ajudou-os, e a partir desse momento se tornaram seus incondicionais seguidores. Há cristãos, muçulmanos, judeus, ateus, agnósticos. Há artistas, militantes, políticos, sindicalistas e empresários. E até indigentes que catam papelão e garrafas do lixo, e imigrantes ilegais. Tem amigos que perderam os filhos e outros que costumam convidá-lo para jantar para compartilhar com ele a alegria de ser uma família. Todos fazem parte de sua grande família, esta que ganhou quando decidiu servir a Deus.

Quando morava em Buenos Aires, gostava de passar tempo com eles. Quando podia, abria um espaço na agenda e os visitava. Combinava para tomar o tradicional mate argentino. Ligava nos seus aniversários ou na difícil data em que se completava um novo ano de sua imensa perda. Seus amigos são pobres. Pobres? Sim, pobres. São pessoas que de alguma maneira experimentaram uma necessidade que os enriqueceu.

Quem são os pobres para Francisco?

"Pobres de qualquer pobreza, que signifique desamparo para a alma e, ao mesmo tempo, confiança e entrega aos outros e a Deus. De fato, quem perde seus bens, sua saúde — perdas irreparáveis, das seguranças do ego — e, nesta pobreza, se deixa conduzir pela experiência do sábio, do luminoso, do amor gratuito, solidário e desinteressado dos outros, conhece algo ou muito da Boa-nova", disse certa vez Bergoglio. Por coincidência, o fez durante sua homilia no te-déum que tanto irritou Néstor Kirchner.

Esta riqueza da pobreza é, para Bergoglio, a esperança das nações e do mundo. Uma "Igreja pobre para os pobres" é uma Igreja que sai de sua zona de segurança e conforto para entrar em contato com a necessidade própria e alheia, e que se enriquece a partir desta experiência. Uma

O papa da rua

Igreja que desnuda a si própria e compartilha, não por caridade nem assistencialismo. Nem para subverter uma ordem injusta. Faz isto para, deste modo, se enriquecer. Se todos se tornassem pobres, todos se tornariam ricos. Esta é a mensagem.

Durante os primeiros dias, quando todos queriam ouvir em que sentido seriam dirigidas as palavras do novo papa, Francisco os surpreendeu. "Além do que diga: ele é a mensagem", disse nestes dias um de seus amigos em Buenos Aires. "Seu testemunho, sua coerência, sua austeridade, sua vida. Os problemas de milhões se solucionariam se milhões imitassem seu exemplo", afirmou.

Certa vez lhe perguntaram até onde a Igreja deveria se envolver com a realidade, denunciando, por exemplo, situações de injustiça, sem cair em um desvio político. "Acho que a palavra partidarista é a que mais se ajusta à resposta que quero dar. A questão é não se meter na política partidária, mas na grande política que nasce dos mandamentos e do Evangelho. Denunciar violações aos direitos humanos, situações de exploração ou exclusão, carências na educação ou na alimentação não é fazer partidarismo. O Compêndio de Doutrina Social da Igreja está cheio de denúncias e não é partidarista. Quando saímos dizendo as coisas, alguns nos acusam de fazer política. Eu lhes respondo: sim, fazemos política no sentido evangélico da palavra, mas não partidarista", enfatiza Bergoglio.

As que seguem são histórias de seus amigos e de algumas das pessoas que lhe permitiram ser parte de sua pobreza. Quando o mundo lhes dava as costas, Francisco estendeu a muitos deles uma mão amiga. A outros simplesmente os aproximou do lado mais humano da religião, este que durante muitos anos pareceu ter ficado perdido, adormecido, em meio à liturgia.

Neste dia, sua vida tinha descido ao pior dos infernos. Tatiana Pontiroli, de 24 anos, estava há dois dias morta, depois do acidente ferroviário na estação do Once. Mónica Bottega, sua mãe, acabava de voltar de despedir-se dela e nestes instantes começava a se aproximar do abismo da terrível ausência. "Sentia que, na verdade, ninguém se importava. Eu não tinha perdido a carteira no trem. Tinha perdido a minha filha! E minha perda se dissolvia no tamanho da tragédia. Mil coisas me passavam pela cabeça", resume Mónica, que é diretora de um colégio paroquial em Libertad, no distrito de Merlo, no oeste da periferia portenha.

Sem esperar encontrar nada em particular, checou suas mensagens na internet e ali descobriu a surpresa. Um e-mail que levava a assinatura do Jorge Bergoglio lhe devolveu a esperança.

"A emoção foi tão grande...! A vida da minha filha importava a alguém. Alguém se aproximava da minha dor. Nunca vou me esquecer de suas palavras, de seu alento. Sei que provavelmente as tenha ditado a alguém, mas o simples fato de ter se aproximado de mim em um momento tão difícil, de ter se colocado no meu lugar e ter me dado ânimo, ajudou-me a seguir em frente", conta Mónica, muito comovida.

Poucos dias antes que Bergoglio viajasse a Roma, esse encontro virtual se tornou real. Foi durante a missa que realizou na Catedral, quando a tragédia completou um ano. "Esperou os familiares na porta da Catedral e abraçou e beijou a cada um. Olhou-nos nos olhos, nos ouviu. Foi muito significativo. Nós esperávamos algum apoio de algum lugar importante e o recebemos dele."

Quando Mónica soube de que essa mesma pessoa tinha se tornado papa, só conseguiu explodir de alegria. "Bergoglio conjuga condições de todos os argentinos. Finalmente não somos reconhecidos apenas por ter os melhores jogadores de futebol ou as mulheres mais bonitas. Também por ter homens de corações brilhantes! Quanta emoção!"

Desde o dia em que sua filha Cecilia, de 24 anos, foi assassinada durante um assalto no bairro de Versalles em Buenos Aires, em abril de 2011, Isabel Lobinesco deixou de ser ela mesma para se tornar uma "madre del dolor".

Envolveu-se na luta. Participava de todas as manifestações que organizavam para bater panelas. Ia a todas as mobilizações. Estava decidida a ir até as últimas consequências. Certo dia, outras mães, com situações parecidas com a dela, pediram ao arcebispo de Buenos Aires que oficiasse uma missa pelas vítimas da insegurança. Eram muitas. E foi assim que Isabel se sentou na primeira fila da igreja de São Caetano, para ouvir Bergoglio.

Mal tinha começado a falar, quando Isabel irrompeu a chorar. Não podia parar, não conseguia dominar suas emoções. O cardeal não tentou prosseguir. Ao ouvi-la chorar, interrompeu a missa, desceu do altar, sentou-se ao lado dela e a abraçou. "Disse-me algumas palavras ao ouvido que mudaram tudo, que me consolaram. Disse-me: 'Deixe-a partir. Ela está ao lado de Deus. Ele vai dar a você todo o calor que necessita.' Alguma coisa se transformou em mim com estas palavras e com este gesto. Interrompeu a missa, diante de trezentas pessoas, para vir falar comigo. Para me consolar", conta Isabel, em um relato entrecortado por soluços que quase não lhe deixam falar.

"Foi uma pessoa que soube me dar a pior notícia, que minha filha não ia voltar, com o amor de um pai. Eu, que fui abandonada por minha mãe no lixo quando era bebê, que não sou proprietária nem da cama em que durmo, senti a força daquele abraço. Estava zangada com Deus pelo que tinha acontecido, e o padre Bergoglio me reconciliou. Acho que se há alguém no mundo que reúne os requisitos para ser papa, é ele", resume.

Desde a primeira vez que o encontrou no ônibus da linha 70, chegando à Villa 21-24 de Barracas, Darío Giménez soube que Jorge Bergoglio era mais um deles. Um homem comum. Darío tem 43 anos, trabalha em uma fábrica de lonas e é pai de duas crianças, de 8 e 6 anos.

"Uma das coisas mais lindas que levo na minha bagagem é saber que ele batizou minha filha María José. E não digo isto agora porque sei que é papa. Atenção, eu sempre disse", relata com uma mistura de orgulho e emoção. Darío o conheceu por meio de José María Di Paola, "o padre Pepe", graças a quem ele se converteu ao cristianismo há 14 anos, e hoje é um fiel colaborador da igreja de Nossa Senhora do Caacupé.

"Bergoglio é um homem tão humilde, que faz a gente se sentir bem. Da última vez que veio, o convidamos para jantar conosco. Não tínhamos nada muito sofisticado, era apenas macarrão ao sugo. Nunca vou me esquecer de suas palavras. De repente, me olhou nos olhos e falou: 'Eu gosto de me sentar à mesa dos pobres porque servem a comida e compartilham o coração. Às vezes os que mais têm só compartilham a comida...' Fez-me sentir tão bem!", relata Darío.

A vida de Francisco

* * *

Seu nome é José María Di Paola, mas todos o chamam e o conhecem como "o padre Pepe". Seu compromisso com Deus o levou a percorrer caminhos difíceis. Nos anos em que Bergoglio era vigário da zona sul da cidade de Buenos Aires, começou a dedicar-se a afastar os jovens da droga nas *villas*. Isso o levou a ter que se vincular com as máfias do narcotráfico, e lhe valeu sérias ameaças contra sua vida em 2011.

O padre Pepe teve que abandonar o lugar e ser missionário em um pequeno povoado de Santiago del Estero, desses que nem sequer figuram nos mapas. Duas semanas antes que Bergoglio se transformasse em papa, Di Paola retornou ao lugar onde mais o conhecem e onde mais precisam dele: as *villas*. Desde então mora em La Cárcova, um assentamento precário da localidade de José León Suárez, no norte da periferia portenha. É a primeira vez que um sacerdote se estabelece ali de forma permanente. Parece feliz, entusiasmado com sua nova missão.

Quem moldou seu destino e o transformou em uma peça fundamental na equipe de "padres *villeros*" foi o próprio Bergoglio, que em 1996 o levou a outro assentamento da cidade de Buenos Aires, Ciudad Oculta, no bairro de Mataderos, lugar que esconderam atrás de um muro — daí seu nome — durante a Copa do Mundo realizada no país em 1978, para que o mundo não conhecesse sua existência. As carências e as necessidades não atendidas podiam ser escondidas pelos governos, mas nunca passaram despercebidas para os padres que trabalhavam na região. De Ciudad Oculta, o padre Pepe passou, por decisão de seu chefe, a ser pároco na Villa 21, onde desenvolveu grande parte de seu reconhecido trabalho pastoral. Ali, Di Paola deixou a batina e colocou o traje de super-herói, ao se transformar em um dos principais líderes da luta contra a venda e consumo de drogas. "Conheci o padre Bergoglio em 1995. Eu estava realizando tarefas pastorais no presídio de [Villa] Devoto e se vê que isto o motivou a pensar que minha presença nas *villas* podia ser importante. Teve uma intuição e eu o segui", conta Di Paola em seu novo lar, uma casinha humilde e com apenas o básico para subsistir, onde acabava de preparar um cozido.

Em poucos anos, Bergoglio duplicou o número de sacerdotes presentes nas *villas*, não porque sobrassem — na verdade, nessa época existia uma crise devido à escassez de padres, que ainda hoje se mantém —, mas porque entendia que ali era onde eram mais necessários. "Para ele, a periferia era o centro. Tirava um sacerdote de um bairro da cidade para colocá-lo para trabalhar com os mais pobres porque acreditava que ali era mais necessário", explica. A intervenção não se limitava a realocar peças: era comum vê-lo chegar sozinho e a pé às *villas,* para celebrar missa ou para rezar em alguma capela dos bairros mais marginais.

"Ele vinha e ficava à vontade. Sentia-se bem. Costumava aparecer de surpresa e adorava participar de uma festa na capela e interagir com todos, entrar nas casas, tirar fotos, percorrer as ruas internas", conta o padre Pepe'.

"Às vezes me preocupava que não o reconhecessem e lhe roubassem, por isso pedia que nos avisasse quando chegava, assim iríamos buscá-lo, mas ele dizia: 'Se eu for a uma *villa*, devo ser como qualquer um, tenho que correr o mesmo risco que o morador.' Felizmente, nunca lhe aconteceu nada."

O futebol é uma das paixões que o padre Pepe e Francisco compartilham, mas suas preferências os colocam em campos opostos. Seguidor fanático do clube Huracán, o padre Pepe sofreu como poucos com o rebaixamento de seu time para a segunda divisão, enquanto tinha que aguentar as brincadeiras dos torcedores do clube San Lorenzo de Almagro, como as do então cardeal. Talvez por respeito ao papa, Di Paola prefere esquecer as gozações de que foi objeto.

Mas se lembra de que durante o conclave de 2005, em que foi consagrado Bento XVI, estava trabalhando na Villa 21. Neste bairro havia muita expectativa; Bergoglio era candidato e distintos meios estrangeiros foram até o assentamento para entrevistar os moradores. "Vivenciou-se como a final de uma copa do mundo, as pessoas tinham muita esperança, e quando Ratzinger saiu à sacada, foi uma desilusão enorme", conta o padre Pepe. Mas o futebol sempre dá revanche. E a fé também.

"Aí vem o papa." Como se fosse uma premonição, em algumas *villas* portenhas, onde hoje se comemora e venera Francisco, muitos dos habitantes costumavam chamar assim ao arcebispo de Buenos Aires

Jorge Bergoglio (esquerda) e seu irmão Oscar.

Jorge e seus pais, Regina e Mario.

A família Bergoglio. Atrás, María Elena, Regina, Alberto, Jorge Mario, Oscar, Marta e seu marido; sentados, os avós Juan e María, e Mario.

FAMILIA BERGOGLIO

J.H.S.

Padre Hurtado, 5 de mayo de 1960

Srta. María Elena Bergoglio
Buenos Aires. ARGENTINA.

Querida María Elena:
Pax Christi.

En primer lugar quiero felicitarte por la carta que me mandaste. Es una de las cartas más hermosas que he recibido hasta ahora. En sólo 18 líneas me dices 11 cosas. Muy bien por la síntesis.

Me alegro por tus estudios. Aprovecha ahora a estudiar todo lo que puedas, porque después falta tiempo para todo. Esperoque para fin de año me escribas las cartas en inglés.

Pero lo que tienes que cuidar más es tu formación espiritual. Yo quisiera que fueras una santita. Porqué no haces la prueba? Hacen falta tantos santos... Te voy a contar algo: Yo doy clases de religión en una escuela a tercero y cuarto grado. Los chicos y chicas son muy pobres; algunos hasta vienen descalzos al colegio. Muchas veces no tienen nada que comer, y en invierno sienten el frío en toda su crudeza. Tu no sabes lo que es éso, pues nunca te faltó comida, y cuando sientes frío te acercas a la estufa. Te digo ésto para que pienses...Cuando estás contenta, hay muchos niños que están llorando. Cuando te sientas a la mesa, muchos no tienen más que un pedazo de pan para comer, y cuando llueve y hace frío, muchos están viviendo en cuevas de lata, y a veces no tienen con qué cubrirse. Los otros días me decía una viejita: "Padrecito, si yo pudiera conseguir una frazada, qué bien me vendría! porque de noche siento mucho frío". Y lo peor de todo es que no conocen a Jesús. No lo conocen porque no hay quien se lo enseñe. Comprendes ahora porqué te digo que hacen falta muchos santos?

Quisiera que me ayudases en mi apostolado con estos niños. Tú bien puedes hacerlo. Por ejemplo: Qué te parece si haces el propósoto de rezar todos los días el Rosario? ¡Claro que cuesta trabajo! Pero tu oración será como una lenta lluvia de invierno, que, al caer sobre la tierra, la hace fértil, la hace fructificar. Necesito que éste, mi campo de apostolado, fructifique, y por éso te pido ayuda.

Me quedo, pues, esperando una pronta carta tuya en la que me digas cuál es el propósito que has hecho para ayudarme en mi apostolado. No te olvides que de "tu propósito" depende el que algún niño sea feliz.

Recibí la carta de Marta. Díle que ya le voy a escribir antes del 16 de Junio, y que la noticia del compromiso, me alegró muchísimo.

A Oscar que no sea vago y que escriba. Lo mismo a Alberto. Saludos a toda la familia, y a los amigos. Y tú recibe un abrazo de tu hermano:

Jorge

-Saludos del P. Belgrano a todos Uds.
Está en Chile estudiando por un mes-

Carta enviada por Jorge Bergoglio à sua irmã, María Elena.

Bergoglio com Enrique Martínez Ossola, Miguel La Civita e Carlos González, padres que protegeu durante a ditadura militar argentina.

Com o ex-presidente argentino Raúl Alfonsín. Atrás, Antonio Cafiero e José Ignacio López.

Com o presidente argentino Néstor Kirchner.

Com a presidente argentina Cristina Fernández de Kirchner.

O cardeal Bergoglio compartilhou o palco do encontro ecumênico com outros líderes religiosos e até tomou mate com eles.

Bergoglio recebe o padre Raniero Cantalamessa durante sua visita ao país em outubro de 2012.

O arcebispo de Buenos Aires com Guillermo Borger, presidente da Asociación Mutual Israelita Argentina (AMIA)

Depois de uma missa realizada na porta de uma oficina clandestina. No incêndio que destruiu este edifício morreram seis pessoas, vítimas do trabalho escravo.

O cardeal Bergoglio celebra missa pelas vítimas do tráfico de pessoas, na praça Constitución, na cidade de Buenos Aires.

Durante uma missa contra o tráfico de pessoas e a escravidão sexual.

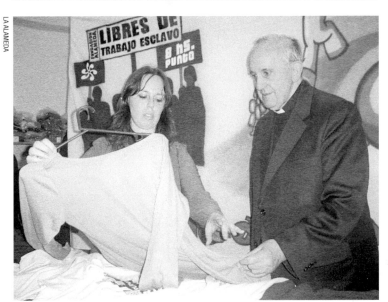

Com Tamara Rosenberg, responsável pela cooperativa de trabalho Mundo Alameda.

Com "catadores" integrantes da cooperativa de reciclagem de resíduos El Álamo.

O papa depois da missa central no santuário portenho de San Cayetano, em homenagem ao padroeiro do pão e do trabalho.

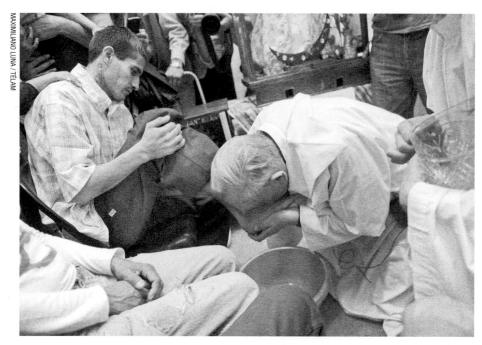

Em sua última quinta-feira santa como arcebispo de Buenos Aires, Bergoglio lavou os pés de 12 jovens que lutam para vencer a dependência das drogas.

Junto a José María Di Paola, o "padre Pepe", referência dos padres villeros.

Bergoglio se dirige ao seu apartamento na sede da cúria, junto à Catedral Metropolitana.

O cardeal Bergoglio no momento da consagração, um dos mais importantes da Eucaristia.

A presidente argentina, Cristina Fernández de Kirchner, é recebida pelo recém-empossado papa Francisco.

O papa Francisco se prepara para presidir sua primeira missa de Páscoa da Ressurreição como Sumo Pontífice.

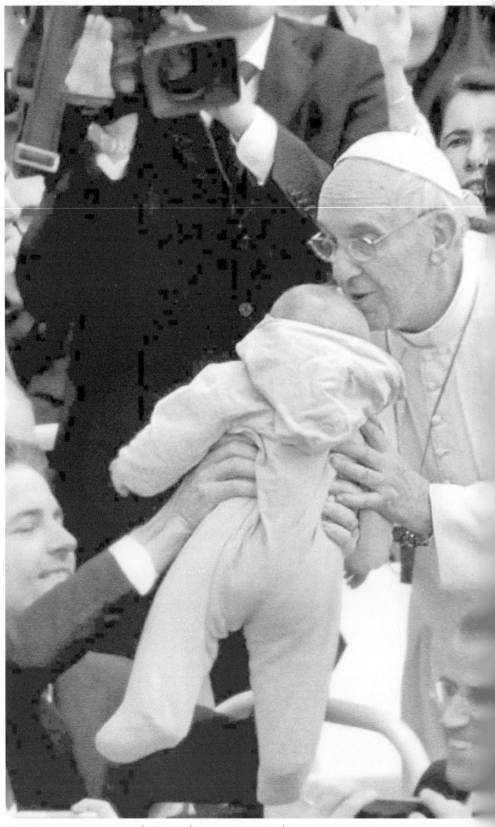

Francisco percorre a praça de São Pedro, na cerimônia de assunção como papa.

Com o traje papal mais austero e a mesma cruz que usa desde que era padre. Esta é a marca de seu papado: uma Igreja pobre para os pobres.

quando o viam chegar caminhando lenta e pausadamente com seus sapatos gastos.

Diziam isto de coração, do sentimento de amor por este homem que chegava para rezar uma missa, benzer uma obra, batizar fiéis ou compartilhar um prato de cozido ou um mate com eles. "Embora disséssemos que não era papa, mas arcebispo de Buenos Aires, as pessoas continuavam chamando-o de 'papa'. Parece mentira; como se tivessem intuído", conta o padre Gustavo Carrara, da paróquia Santa María Madre del Pueblo, da Villa 1-11-14, uma das mais populosas da cidade de Buenos Aires.

Carrara é um dos padres *villeros* que nasceram sob a tutela de Bergoglio, que, desde que chegou ao Arcebispado de Buenos Aires se propôs armar uma equipe de padres que tivessem grande presença nos bairros marginais, em uma clara demonstração de fé e de convicção de que "é preciso aproximar a Igreja dos mais pobres".

Quando conheceu Bergoglio, Carrara era seminarista. "Ele já era arcebispo. Ele me ordenou diácono em 21 de março de 1998 e sacerdote em 24 de outubro do mesmo ano. Era um homem muito próximo de todo o seu clero, nos ouvia e nos guiava sempre no caminho de Deus", lembra Carrara, que não se surpreende diante dos gestos de humildade e simplicidade com que hoje Francisco deslumbra o mundo. "Vejo-o forte, tal como ele é. Pode surpreender a muitos, mas não a nós, pois ele sempre foi assim, sempre andou de transporte coletivo, nunca quis nem sequer que lhe chamássemos um táxi."

O padre, que por estes dias não para de responder perguntas sobre "como era Bergoglio", conta que tinha a esperança de que seu chefe espiritual fosse eleito para ocupar o trono de São Pedro. "Sabia que como arcebispo restava pouco tempo, pela idade dele. Assim, o ganhamos para toda a Igreja. Com sua nomeação se abriu um tempo de esperança, estamos contentes e esperançosos com o papa Francisco, o papa *villero*."

As paredes do escritório antecipam que se trata de um personagem eclético, que joga com uma carta de cada naipe. Ali convivem um retrato de Che Guevara e uma foto de Jorge Bergoglio, da época em que era cardeal; um pôster da presidência da nação, outro do governo da cidade de Buenos Aires; textos de Leon Trotsky; um mapa da China moderna; e o folheto de uma convocatória a uma missa.

O papa da rua

Gustavo Vera tem 49 anos, é ateu e um dos protagonistas locais da luta contra o tráfico de pessoas. Dirige uma organização não governamental, La Alameda, que nasceu durante a crise que o país atravessou no ano de 2001. Naqueles dias, Vera se transformou no porta-voz das cooperativas de empresas falidas que foram recuperadas pelos antigos empregados. Em 30 de março de 2006, sua luta encontrou um novo eixo depois do incêndio de uma oficina têxtil no bairro de Caballito, no qual morreram seis bolivianos que trabalhavam em condições sub-humanas. Vera, que recebia centenas de imigrantes dessa nacionalidade no refeitório de La Alameda, virou desde então o "inimigo número um" das oficinas clandestinas que proliferam na cidade de Buenos Aires. Suas denúncias revelaram todo um sistema de produção de roupa a baixo custo, cuja principal variável de ajuste era o trabalho escravo.

Em La Alameda, as estimativas mais conservadoras indicam que na cidade de Buenos Aires existem 3 mil oficinas têxteis clandestinas. Na metade delas os trabalhadores são reduzidos a condições de servidão para subsistir.

Vera entrou em contato com os *designers* mais exclusivos do país. Este professor de língua española e ciências sociais de uma escola do bairro de *villa* Lugano fez da luta contra o tráfico de pessoas sua bandeira. O sistema das oficinas pôs em evidência que existia uma rede encarregada de captar bolivianos para trazê-los enganados ao país. Mas a rede não acabava ali. Não passou muito tempo até que em La Alameda começassem a chegar denúncias sobre o tráfico de pessoas com fins sexuais. Os envolvidos chegavam até altos postos policiais e judiciais.

Pela primeira vez, Vera sentiu medo.

"Íamos nos meter com assuntos complicados sobre redes de tráfico que envolviam a cúpula da Polícia Federal. Como o cardeal já tinha começado a falar em suas homilias sobre o tráfico, fui até a cúria e entreguei uma carta pedindo uma audiência com Bergoglio. Uma hora depois, a secretária dele ligou e marcou um encontro. Ele nos recebeu, e a primeira coisa que me chamou a atenção foi que estava a par da problemática. A primeira coisa que lhe disse foi que iríamos nos meter em assuntos muito complicados e que simplesmente não queríamos aparecer 'flutuando' no Riachuelo — rio poluído que banha parte da cidade de Buenos Aires. Queríamos o respaldo do cardeal. Como ele respondeu? Organizou a primeira das sete missas que fizemos de forma conjunta", explica Vera, sem rodeios.

Foi em 2008, na igreja Nossa Senhora dos Migrantes, no bairro de Constitución. Em troca, Bergoglio lhe pediu um favor. Queria conhecer as vítimas e oferecer-lhes assistência espiritual.

Desde então, confidencia Vera, mais de oitenta pessoas foram recebidas pelo então arcebispo de Buenos Aires.

"A maioria das vítimas saía do encontro em um estado de paz total. E víamos o cardeal sair com os olhos vermelhos, comovido. Não apenas tinha ouvido, havia sentido na carne o que lhe contavam. Depois vinha falar conosco, nos perguntava que tipo de assistência governamental a pessoa possuía, se tinha onde morar, com o que viver. Ouvia tudo, mas nunca anotava. 'Bem', era tudo o que dizia. 'Bem o quê?', nos perguntávamos no início. Depois entendemos. Dois dias depois, um funcionário ligava e aparecia a ajuda oficial para aquela pessoa, estava tudo resolvido. Assim fez com cada um que recebeu. Ocupou-se de todos e além disso se lembrava de cada caso. Toda vez que conversávamos me perguntava por eles", relata Beira que, apesar de ser ateu, reconhece ter se tornado "mais papista que o papa". "É uma pessoa maravilhosa, revolucionária. Vai fazer o mesmo em todo o mundo", garante.

"No colégio nos ensinaram que a escravidão foi abolida. Mas sabem de uma coisa? Era um conto de fadas! A escravidão não foi abolida em Buenos Aires. Nesta cidade, a escravidão continua sendo comum sob várias formas. Nesta cidade, mulheres são sequestradas e submetidas ao uso e abuso de seus corpos, o que destrói sua dignidade. Aqui há homens que abusam e fazem dinheiro com carne humana [...]. Os cães são mais bem tratados que estes nossos escravos! Expulsem-nos daqui! Desfaçam-se deles!", denunciou Bergoglio durante uma homilia.

Bergoglio tem alta estima e respeito por Vera. Às vezes, aos sábados, pegava o ônibus e ia até La Alameda só para tomar mate com ele e sua gente. Para lhes dizer que não desistissem. Ali costumavam manter longas conversas sobre filosofia, teologia e questões sociais. "Quem dera que muitos cristãos tivessem a honestidade e o compromisso de Vera", disse certa vez.

O papa da rua

Poucos dias depois de que seu amigo se tornasse papa, Gustavo encontrou uma chamada perdida e uma mensagem em seu celular. "Olá, Gustavo, fala Bergoglio. Queria lhe desejar feliz aniversário", dizia.

No dia em que Carina Ramos conheceu aquele que pouco depois seria papa não sentiu qualquer emoção. "Vou ouvir mais um padre", pensou enquanto entrava na cúria portenha. As portas se abriram, e o arcebispo de Buenos Aires a convidou a entrar em um escritório. Durante os últimos 14 anos, Carina havia estado em mãos de distintas redes de tráfico de pessoas nos cabarés VIP de Mar del Plata e Buenos Aires. Foi sequestrada, drogada, violada e obrigada a vender droga aos clientes. Toda vez que tentava sair e denunciar a rede que a explorava, que envolvia de policiais a altos funcionários, acabava em uma situação ainda pior. Passou por vários programas de apoio a testemunhas, mas a força do sistema fazia com que várias vezes fosse apanhada nas redes.

Decepção, desilusão, aborrecimento, desconfiança foram algumas das emoções que Carina levou consigo à entrevista. Tinha ido sem nenhuma expectativa.

"Quando me olhou nos olhos, vi algo que nunca na minha vida tinha visto. Um olhar santo. Contei-lhe que acreditava que Deus tinha me salvado a vida em muitas situações e ele não riu. Eu sempre acreditei em Deus, mas quando dizia isto à minha volta, todos riam, por causa da minha condição", relata.

Bergoglio ouviu toda a sua história sem objetar nada. "Faz muito tempo que não vou à igreja", desculpou-se Carina. "Não importa que não vá à igreja, o importante é que sinta Deus no seu coração", disse-lhe. Só isto.

Passou-se apenas um ano desde aquele encontro e a vida de Carina deu uma reviravolta. Agora mora em Mar del Plata com seu filho adolescente. Conseguiu se afastar das redes de prostituição, fez um curso de cabeleireira e trabalha. Além disso, se matriculou para terminar os estudos secundários.

"Agradeço a Deus o que vivi, pois, se não tivesse vivido isso, não teria conhecido o cardeal", aponta.

O que Bergoglio levou deste e de outros tantos testemunhos a que assistiu em primeira mão permitiu que nutrisse suas denúncias e homilias: "Nesta cidade há muitas meninas que deixam de brincar de boneca para entrar no barracão de um prostíbulo porque são roubadas, vendidas, traídas. Hoje devemos pedir pelas vítimas do tráfico de pessoas, trabalho escravo, tráfico de prostituição. Nesta praça vamos pedir a Jesus que nos faça chorar pela carne de tantos", disse em 2011, ao falar na Plaza Constitución, na cidade de Buenos Aires.

Uma medalhinha. A ela se entrega Susana Trimarco, a mulher que na Argentina é sinônimo de luta contra o tráfico de pessoas, toda vez que precisa juntar forças. Sua filha, Marita Verón, desapareceu de casa na província de Tucumán em 3 de abril de 2002. Tinha 23 anos, e depois disto a família não voltou a vê-la. Susana nunca deixou de procurá-la, removeu céus e terras e finalmente foi descobrindo uma rede de tráfico de pessoas com fins sexuais que, pensa, capturou sua filha. Hoje, a medalhinha adquire uma dimensão enorme, especial, porque quem a deu de presente foi ninguém menos que o papa Francisco, que Trimarco conheceu em 9 de março de 2011, quando era arcebispo de Buenos Aires.

O encontro durou mais de três horas. Bergoglio lhe ofereceu um chá e lhe deu uma medalhinha da Virgem Desatadora de Nós. Desde então a medalha a acompanha sempre, inclusive no julgamento em que Susana enfrentou cara a cara os acusados de sequestrar e prostituir sua filha. A absolvição de todos eles motivou fortes reações por parte de diversos setores sociais. "Ele me brindou grande ajuda espiritual", lembra Trimarco, de sua casa em Tucumán, onde mora com a neta Micaela, filha de Marita. "Confessou-me que rezava por minha filha, por minha neta e por mim. E que admirava minha força e minha luta", diz comovida ao lembrar o encontro.

Trimarco sempre tinha sentido alívio espiritual toda vez que ouvia os discursos do arcebispo a distância, mas o encontro pessoal com ele foi um verdadeira reviravolta emocional: "Meu coração batia muito forte, a mil. Ele me recebeu como se me conhecesse da vida toda. Sua simplicidade, sua humildade, sua humanidade… Lembro-me de que quando saí dali senti que tinha conversado com um santo."

Durante as três horas que durou a audiência, Susana lhe relatou com detalhes sua história e a luta pessoal que havia começado desde que a filha desaparecera. "Contei-lhe que tinha me feito passar por prostitu-

O papa da rua

ta, que uma travesti me acolheu em sua casa, onde dormi em um colchão no chão porque não havia camas… Ouviu-me muito comovido, segurou minhas mãos, deu-me sua bênção e disse que eu tinha sido uma escolhida de Deus e que não abandonasse nunca minha luta. Depois me deu a medalha e garantiu que as portas do Arcebispado estariam sempre abertas para mim."

Quando se soube que os cardeais tinham nomeado Bergoglio supremo pontífice, Susana começou a chorar. Mas de alegria. "É um protetor dos humildes, dos pobres, das crianças… É uma honra, uma grandeza e uma bênção para os argentinos que ele seja papa. Escolheram um santo. Eu tenho uma intuição especial para estas coisas. E quase nunca me engano."

Quando Nancy Miño se encontrou com Bergoglio sentiu que um escudo protetor a abraçava. Passava pelo pior momento de sua vida: tinha recebido uma ameaça anônima e estava vivendo sob custódia permanente. Nancy é agente de polícia e se atreveu a denunciar uma rede de tráfico e corrupção dentro da Polícia Federal. A denúncia tinha colocado sua vida e a de seu filho em sério perigo. "Fazia um mês que estava sob proteção e custódia e, mesmo assim, tiveram coragem de ligar para onde eu estava refugiada e me ameaçar. Depois desta ligação, decidi falar com os meios de comunicação e demos uma coletiva de imprensa. Aí contei tudo o que estava vivendo. Depois da coletiva, recebi a ligação de Bergoglio para que fosse vê-lo no Arcebispado."

Foi encontrar-se com ele em seu escritório. "Eu estava comovida. Que o número um da Igreja argentina me recebesse significava muito para mim, era uma esperança a mais. Alguém grande me estava respaldando. Quando a gente está abalizada por instituições tão importantes quanto a Igreja, as máfias se afastam. Foi um escudo de proteção enorme", assegura Nancy, que há muitos anos tinha sido catequista.

Bergoglio lhe ofereceu hospedagem em um convento, assim como ajuda financeira, pois desde que fizera as denúncias deixara de receber seu salário como oficial da polícia. Ela agradeceu, mas recusou. Aceitou, contudo, a imagem de São José, patrono da família, e uma caixinha com uma medalha da Virgem Desatadora de Nós que o cardeal lhe deu para que velassem por ela.

134

"Disse-me que pouco a pouco as dificuldades iriam se desatando, e de fato assim foi. Graças a ele e aos meios de comunicação houve uma proteção policial importante. E eu voltei a trabalhar como policial em uma dependência de Lomas de Zamora", conta Nancy. Mas Bergoglio fez algo mais por ela: conseguiu que seu filho fosse aceito em uma escola.

"Com tudo o que tinha acontecido, ninguém queria receber meu filho no colégio porque tinham medo de que houvesse um atentado ou um sequestro", explica Nancy. O arcebispo entrou pessoalmente em contato com um colégio católico perto da minha casa, Nuestra Señora de la Paz, para que o aceitassem. Falou com a madre superiora e pediu que abrissem uma vaga para ele, e assim foi. Eu me sinto em dívida com ele e tenho o compromisso de lhe retribuir em dobro tudo o que fez por mim e por minha família."

Em 30 de dezembro de 2004, Nino Benítez perdeu o filho no incêndio da discoteca República de Cromañón. Apesar de na autópsia constar que morreu por asfixia ao respirar monóxido de carbono e monóxido de cianeto — substância desprendida pelo poliuretano, oitenta vezes mais tóxica que o monóxido de carbono—, ele afirma que o filho foi morto pela corrupção.

Mariano estudava Direito e tinha ido ao show da banda Callejeros para acompanhar Gustavo, um amigo de infância fã do grupo. Daquela noite fatídica, a pior de sua vida, Nino se lembra de que em meio ao caos, à desorganização e à confusão, as únicas palavras de alento e consolo vinham de um homem vestido de preto, com batina. "Bergoglio acompanhou os pais dos jovens mortos durante aquela noite da tragédia. Esteve no necrotério rezando, dando palavras de ânimo, apoiando. As únicas palavras de consolo vinham da Igreja e dos psicólogos da escola Pichon Rivière", lembra Benítez ao rememorar aquela terrível madrugada.

O acompanhamento continuou ao longo dos anos, com missas e batismos celebrados no santuário armado na rua Bartolomé Mitre, entre Jean Jaurés e Ecuador, onde se localizava a discoteca e onde se espalharam os corpos sem vida dos jovens na noite do acidente. "Criticavam-nos por ter instalado um santuário na rua, e então o cardeal vinha rezar missa neste mesmo santuário. Sempre nos apoiou, nos deu seu respaldo espiritual. Inclusive fizeram batismos neste lugar", conta Benítez. "Bergoglio sempre nos inspirou a continuar, a pedir justiça. Jamais deixou que nos resignássemos."

Católico desde sempre, a fé de Benítez se quebrou na madrugada em que lhe anunciaram que seu filho tinha morrido. "Eu estava e continuo estando zangado com Deus porque levou o que eu mais amava na vida. E quando muitos de nós manifestávamos [a Bergoglio] nossa raiva, ele nos entendia e oferecia seu ombro para chorar. Bergoglio sempre nos recebeu. Hoje temos um pouco mais de esperança porque há um papa que se preocupa com os humildes, castigados e desamparados."

Olga Cruz é boliviana, costureira e mãe de Daniela e Micaela, de 16 e oito anos, respectivamente. Queria batizá-las, mas uma série de obstáculos enchia sua cabeça toda vez que pensava nisto. "Vão pedir papéis, perguntar se sou casada, por que não as batizei antes, dirão que é preciso fazer um curso, que os padrinhos precisam ser católicos", pensava.

Certa noite, quando assistiu a uma das missas que o cardeal primaz da Argentina oficiou na igreja dos Migrantes, no bairro de La Boca, lhe passou pela cabeça sonhar grande. Aproximou-se dele e perguntou: "Você batizaria as minhas filhas?" Fez isto com tanta simplicidade que surpreendeu a todos. Menos ao cardeal. Ele lhe disse que obviamente sim. "Seria uma honra." Ali mesmo combinaram datas, perguntou-lhe os nomes de suas filhas e consultou Olga se preferia que o batismo fosse feito em uma igreja ou no centro comunitário que ela frequentava. Ela optou por esta última alternativa.

"Não sabia que era uma possibilidade, achava que os sacramentos sempre fossem feitos em uma igreja. 'Onde está o povo e precisam de mim, eu tenho que ir. Não é necessário que venham à igreja. Vocês, nós somos a Igreja', disse", relata Olga.

O batismo foi realizado na semana seguinte. O cardeal nunca lhe perguntou nenhuma das coisas que a mulher temia. "Veio até o centro comunitário de ônibus, batizou-as e nem sequer foi problema o fato de que os padrinhos fossem um ateu e outro judeu", destaca Olga, admirada.

De fato, meio ano antes de se tornar papa, Bergoglio emitiu uma instrução aos párocos de Buenos Aires para pedir que não interpusessem nenhum tipo de impedimento para quem se aproximasse da igreja para batizar os filhos. Inclusive, em setembro de 2012, durante a missa de encerramento do Encontro de Pastoral Urbana, o então arcebispo de Buenos Aires chamou de "hipócritas" os padres que recusavam batizar as crianças nascidas fora do casamento ou cujos pais não as tivessem reconhecido.

Diante dos participantes da cerimônia, Bergoglio "lamentou" que na capital e na Grande Buenos Aires houvesse padres que não batizavam os filhos extramatrimoniais e, em particular, os das mães solteiras, porque "não foram concebidos na santidade do casamento". Criticou-os com dureza, ao considerar que "afastavam o povo de Deus da salvação", e inclusive deu a entender que esses padres não valorizavam o fato de que a mãe tivesse assumido a gravidez e evitado um aborto. "Esta pobre moça que, podendo ter mandado o filho ao remetente, teve a coragem de trazê-lo ao mundo, anda peregrinando de paróquia em paróquia para que o batizem", fustigou.

Há alguns anos, quando começaram a analisar os obstáculos que fiéis e sacerdotes encontravam na hora de celebrar um batismo, os párocos da zona sul de Buenos Aires lhe expuseram que, como as atas de batismo exigem registro dos dados filiais e do número de documento nacional de identidade, milhares de cidadãos peruanos, paraguaios ou bolivianos, que vivem na jurisdição de suas paróquias, viam-se impedidos de receber o sacramento porque não tinham documentos.

"Sem documentos, não", disse Bergoglio. "São pessoas que têm um documento de seu país de origem. Não vejo por que isto deva ser um problema", afirmou.

Assim, em 2011, por exemplo, na paróquia de Nossa Senhora da Misericórdia, no bairro de Mataderos, foi organizado um batizado coletivo. Conta o padre Fernando Gianetti que umas 140 pessoas, em sua maioria de origem boliviana, receberam o sacramento naquele dia.

Assim que explodiu a notícia da designação de Bergoglio, o jornalista Luis Moreiro ficou todo orgulhoso. "Não consigo acreditar: o papa casou minha filha, há alguns meses." Como bom profissional, contou sua história em uma matéria que saiu publicada no dia seguinte, na quinta-feira, 14 de março de 2013, na contracapa da edição histórica do jornal *La Nación*, sob o título "Uma história que de tão pequena será difícil de esquecer".

"O papa Francisco, em uma fria noite de setembro do ano passado, foi o sacerdote que casou a minha filha María Emilia com Gastón, seu marido. Três meses antes da cerimônia pediram audiência com o cardeal Jorge Bergoglio. Gastón, crente praticante, conhece-o há anos", começa a matéria, que foi, além disso, uma das mais lidas nesse dia.

Como o casamento seria na cidade de La Plata, na província de Buenos Aires, dois dias antes da cerimônia ligaram para Bergoglio para perguntar a que horas deviam enviar um carro para que o levasse até a igreja. "'Carro? Não, eu vou no trem do Roca', foi a resposta." Os noivos ficaram surpresos. Em um sábado à noite, a estação de trens de Constitución, de onde partem os vagões da Linha Geral Roca, era segura? Depois de muita insistência, conseguiram convencê-lo de, pelo menos, buscá-lo de carro na chegada da estação de La Plata. Tinha medo de se perder nas vias diagonais características da cidade.

Desta noite, embargada pela emoção de ver sua filha diante do altar e de assistir à cerimônia de casamento, Moreiro se lembra de alguns detalhes. Poucos, mas suficientes para traçar um perfil do papa.

"Em algum canto da memória resta a lembrança do riso franco e dos gestos de carinho que acompanharam aquele nascer de uma nova vida compartilhada. No momento de consagrar o compromisso dos noivos, Bergoglio convidou-os a subir ao altar e pediu que ficassem de frente para os convidados para que, dali, assumissem sua promessa, não só diante de Deus, mas também diante de todos os presentes", relata o jornalista.

E depois, fiel ao seu estilo, Bergoglio se perdeu na noite, sem deixar rastros. "Não quis sair para cumprimentar. Desculpou-se dizendo que Emilia e Gastón eram as estrelas da noite. O protagonismo e todos os parabéns deviam ser para eles."

Em outro gesto que fala de sua grandeza, um dia antes de partir para Roma o cardeal ligou para eles. "Queria cumprimentar o Gastón pelo seu aniversário. Perguntou por María Emilia, mas sobretudo queria saber de Catalina, a filha recém-nascida dos dois", conta Moreiro. E se despediu: "Não sei quando volto de Roma. Não sei se volto."

Capítulo IX

Um papa latino-americano

Quando se ouviu a notícia, quando afinal a decifraram em meio àquelas palavras incompreensíveis em latim, explodiu o entusiasmo popular. Gritos. Expressões eufóricas. Buzinas. Pessoas na rua comemorando. Depois de alguns instantes, surgiu em muitos a pergunta: "O que Cristina dirá disto?" Mas a presidenta argentina não deixou espaços vazios. Depois de duas horas de silêncio, felicitou-o via Twitter. E pouco depois, durante um discurso por ocasião de uma inauguração, chegaram os cumprimentos em um tom quase cordial. Em seguida, fiel ao seu estilo, Cristina Fernández de Kirchner recorreu a uma linguagem própria da revolução latino-americana para se dirigir àquele que, até esse dia, tinha sido seu grande adversário político: "Esperemos que realmente faça um trabalho significativo e que leve a mensagem às grandes potências do mundo, para que dialoguem. Esperamos que consiga convencer os capitalistas do mundo, os que têm armamentos, os que têm poder financeiro, a dirigirem um olhar para suas próprias sociedades, os povos emergentes e promoverem um diálogo de civilizações."

Em seguida anunciou que viajaria para a posse do papa, o papa argentino, com uma numerosa comitiva de partidários próprios e opositores.

E viajou. O papa a recebeu como primeira visita oficial e até a convidou para almoçar. Ela apareceu elegante em seu *tailleur* preto. Com cachos que se acomodavam ao chapéu, também preto. Segura, quase cordial. Quase natural. Dona da situação. Como sempre. Lo-quaz. Como sempre. Atenta ao papa. Entregando-lhe seus presentes, um a um. O mate e seus recipientes. A garrafa térmica. A *yerbera*. E o açucareiro. Mas Bergoglio não ingere açúcar. Talvez algum de seus convidados sim, e então ele renuncie aos seus mates amargos para compartilhar com alguém. Bom clima, afinal. Tinha sabido adequar-se à nova situação. Bem, ter discrepâncias com um líder religioso de certa hierarquia e peso na cidade de Buenos Aires, e mesmo em toda a Argentina, e até na América Latina, não é igual a mantê-las com uma figura de transcendência mundial. De peso. Bem acolhida por todo o planeta. Com autoridade. Com poder. Além de todas as fronteiras. Não valia a pena.

Então, veio a mudança. Aceita pelo papa. E entre os dois abriram um espaço novo. Um espaço de aceitação mútua. E de entendimento. Talvez ao princípio um tanto precário. Mas sempre se pode crescer em uma relação. E toda a nação espera que seja assim. Respiramos aliviados. A coisa ia bem.

Por sua vez, o Santo Padre também lhe estendeu seu presente: um livro com as conclusões da V Conferência Geral do Conselho Episcopal Latino-americano (Celam), que se realizou em 2007 na cidade brasileira de Aparecida. Bergoglio tinha presidido nada menos que a comissão de redação do documento. "Isto vai ajudá-la um pouco a ir pescando o que os padres latino-americanos pensam", disse o papa à presidente, enquanto o entregava.

"A ir pescando." A frase escolhida por Francisco foi tão gentil quanto sugestiva. Estava lhe entregando algo valioso para ele. Quase como um filho. O que diz este documento tão prezado pelo papa? Suas 276 páginas percorrem os distintos problemas sociais e políticos que afetam esta parte do continente e descrevem o papel que os bispos deveriam cumprir nesta conjuntura. Um dos parágrafos destacados adverte sobre "o avanço de diversas formas de retrocesso autoritário pela via democrática que, em certas ocasiões, derivam em regimes de corte neopopulista".

"Não basta uma democracia puramente formal, fundada na transparência dos procedimentos eleitorais, é necessária uma democracia participativa e apoiada na promoção e no respeito aos direitos humanos. Uma democracia sem valores, como os mencionados, torna-se facilmente uma ditadura e acaba traindo o povo", alertaram os bispos.

Em outra passagem advertiram sobre o avanço da corrupção. "Um grande fator negativo em boa parte da região é o recrudescimento da corrupção na sociedade e no Estado, que envolve os poderes legislativos e executivos em todos os níveis, e alcança também o sistema judicial que, frequentemente, inclina seu julgamento a favor dos capitalistas e gera impunidade, o que coloca em risco a credibilidade das instituições públicas", acrescentaram.

Além disso, o documento faz uma calorosa crítica à visão de gênero, uma matriz que derivou na Argentina em leis como a do casamento igualitário e que se implantou na educação pública: "Entre as ideias que enfraquecem e menosprezam a vida familiar encontramos a ideologia de gênero, segundo a qual cada um pode escolher sua orientação sexual, sem levar em conta as diferenças dadas pela natureza humana. Isto provocou modificações legais que ferem gravemente a dignidade do matrimônio, o respeito ao direito à vida e à identidade da família", diz.

Bergoglio tinha razão: compreende-se melhor a situação da região, ou pelo menos o papa latino-americano, quando se considera o conteúdo do documento de Aparecida. Documento que chegou em um determinado contexto social, político e religioso.

Por que a nomeação de Francisco como pontífice traz a lembrança do Concílio Vaticano II? Porque este concílio motivou os sacerdotes do Terceiro Mundo a abraçar a Teologia da Libertação e foi uma contribuição muito importante para a relação da Igreja com os pobres. Por isso teve um significado particular na América Latina, que vivia anos de intensas transformações sociais. E este contexto repercutiu de forma especial em Bergoglio, que naqueles anos fazia parte da Companhia de Jesus.

Foi um dos eventos históricos que marcaram o século XX. Convocado pela papa João XXIII, o concílio constou de quatro sessões, a partir de 1962. Este papa só conseguiu presidir uma delas, em virtude de seu falecimento em 3 de junho de 1963. As três etapas restantes foram presididas por Paulo VI, seu sucessor. Estendeu-se até 1965. Comparado com os anteriores, este concílio foi o que contou com a mais ampla e variada representação quanto a línguas e etnias. Além de contar a com a participação de mais de 2.400 padres conciliares, o concílio se abriu à presença de membros de outras confissões religiosas cristãs. Isto significou algo totalmente diferente, fora do comum. E produziu uma grande abertura entre a Igreja católica e outros cristãos, que de "hereges" passaram a ser considerados "irmãos separados". Foi um concílio ecumênico. Um bom avanço.

O Concílio Vaticano II procurava alcançar alguns fins específicos, como promover o desenvolvimento da fé católica, produzir uma renovação moral da vida cristã, adaptar a disciplina eclesiástica à necessidade dos tempos e obter uma melhor relação com as outras religiões. Ou seja, produzir um *aggiornamiento*, uma atualização aos tempos. Promover uma mudança importante dentro da Igreja.

Participaram os bispos católicos, teólogos convidados pelo papa (que não podiam intervir), consultores de igrejas ortodoxas e protestantes, observadores, católicos leigos, além de jornalistas e outros observadores.

A partir de então, abriu-se o diálogo com as igrejas orientais, impulsionou-se a reforma litúrgica que permitiu que a partir de 1969 as missas fossem celebradas no idioma de cada país, em vez de em latim, e com o padre de frente para os fiéis, entre outras mudanças. Também se rompeu o centralismo europeu, revalorizando a participação dos leigos dentro da Igreja e avançando para um conceito mais amplo da instituição.

De alguma forma, Francisco encarna e resume muitas das mudanças promovidas pelo Concílio Vaticano II: sua preferência pelos pobres, sua humildade, seu despojamento. Sua relação com os que sofrem, sua vocação de levar a Igreja às fronteiras. Quando Bergoglio foi ordenado cardeal, perguntaram-lhe se acreditava que seria preciso encarar um novo concílio. Disse que não. Que eram necessários entre cinquenta e sessenta anos entre um concílio e outro para assimilar as mudanças. Em outras palavras: antes de incentivar novas mudanças era preciso lutar para que as mudanças proclamadas tivessem seu correlato na realidade.

Pelo menos na América Latina, o Concílio Vaticano II teve uma importante influência nos acontecimentos dos anos seguintes. Como a Teologia da Libertação, por exemplo, que nasceu depois deste concílio, e a Conferência de Medellín (Colômbia), realizada em 1968 e que contou com representantes como o padre brasileiro Leonardo Boff e o uruguaio Juan Luis Segundo, entre outros.

Naqueles anos, esta corrente tentou dar resposta a dois dilemas fundamentais: como ser cristão em um continente oprimido? Como conseguir que a fé não fosse alienante, mas libertadora? Para entender a situação que a Igreja vive na América Latina, deve-se dizer que muitos sacerdotes e líderes da região aceitam na atualidade os pressupostos da Teologia da Libertação, embora a Igreja católica a tenha repudiado por suas origens marxistas, que pareceram incompatíveis com o Evangelho.

Alguns de seus principais enunciados são a opção preferencial pelos pobres: a salvação cristã não pode se dar sem a libertação econômica, política, social e ideológica, como signos visíveis da dignidade do homem. A necessidade de eliminar deste mundo a exploração, a falta de oportunidades e as injustiças. Entender a libertação como tomada de consciência diante da realidade socioeconômica latino-americana. Entender que a situação atual da maioria dos latino-americanos contradiz o desígnio histórico de Deus sobre a pobreza ser um pecado social. Entender que não somente há pecadores, mas vítimas do pecado que necessitam de justiça e reparação.

Pode-se dizer que a Teologia da Libertação partiu de uma tentativa de análise profunda do significado da pobreza e dos processos históricos de empobrecimento e sua relação com as classes sociais. Afirma que os direitos dos pobres são os direitos de Deus e que, como Ele escolheu os pobres, foi Ele quem fez a opção preferencial pelos pobres. Posicionou-se como uma alternativa ao capitalismo na América Latina. A injustiça, que cresceu nos países industrializados, e a globalização da economia levaram a uma falta de solidariedade com os pobres.

Mas alguma coisa aconteceu. Algo não deu certo na América Latina. A interpretação da realidade desde os princípios marxistas não tinha conduzido a uma libertação, mas inspirou a luta armada, e os resultados foram sangrentos. Os pobres continuaram sendo pobres, e o desencanto se instalou em muitos corações que, fora de qualquer ideologia, tinham abraçado o compromisso com os pobres.

Um papa latino-americano

Naqueles tempos, coube a Bergoglio estar à frente da Companhia de Jesus. Eram anos em que a ordem se debatia entre os que queriam se alinhar com a Teologia da Libertação e os que desejavam continuar sendo uma ordem de educadores. Bergoglio não aderiu a nenhuma das duas posturas, e se opôs a que a luta política e ideológica se infiltrasse na Igreja. Tinha que haver outra opção da Igreja para os pobres que não fosse nem o assistencialismo nem a luta armada.

No final da década de 1970, o teólogo protestante José Míguez Bonino se referiu às luzes e sombras da Teologia da Libertação: "Acho que no futuro, com os mesmos fios, se tecerá uma nova trama." Amadurecer esta ideia levou tempo. Finalmente, o conceito apareceu com força durante a reunião dos bispos em Aparecida: a Teologia da Libertação foi superada pela "teologia da pobreza", que não é outra coisa senão conhecer o pobre desde sua própria realidade, da perspectiva cristã de amor ao próximo. Algo que requer se tornar parte de sua realidade. Aprender de sua pobreza. Tornar-se parte de sua pobreza.

Este conceito aparece de forma reiterada no documento, entrelaçado com o de "piedade popular", incluído por solicitação do próprio Bergoglio. "O Santo Padre destacou a 'rica e profunda religiosidade popular, na qual aparece a alma dos povos latino-americanos' e a apresentou como o precioso tesouro da Igreja católica na América Latina. Convidou a promovê-la e a protegê-la. Esta maneira de expressar a fé está presente em diversas formas em todos os setores sociais, em uma multidão que merece nosso respeito e carinho, pois sua piedade reflete uma sede de Deus que somente os pobres e simples podem conhecer. A religião do povo latino-americano é expressão da fé católica. É um catolicismo popular, profundamente espontâneo, que contém a dimensão mais valiosa da cultura latino-americana", afirma o documento.

"A Igreja católica está presente no meio dos povos latino-americanos há mais de quinhentos anos. Navegantes, missionários, comerciantes e imigrantes trouxeram a fé cristã e as formas da vida eclesiástica, impregnando a cultura e a vida destes povos com o Evangelho de Jesus Cristo. Os povos latino-americanos acolheram a fé católica e a expressaram de maneira criativa e exuberante", descreveu o monsenhor Odilo Pedro Scherer, bispo de São Paulo e secretário-geral do encontro, em um texto prévio à V Conferência Geral do Episcopado Latino-americano que delineava as expectativas criadas pelo encontro.

"Depois de cinco séculos de exploração destes povos e de sua submissão ao domínio colonial, os países latino-americanos continuam convivendo com pesados índices de subdesenvolvimento, injustiças sociais estruturais, pobreza generalizada e violência. O regime de servidão e o empobrecimento geral, não somente das riquezas materiais, ocasionado pelo colonialismo ainda não deixaram de produzir efeitos. Sem esquecer que novas formas de colonialismo perpetuam sutilmente antigas dominações. Por que, apesar do trabalho e do sangue derramado de muitos missionários e da boa acolhida oferecida pelos povos latino-americanos à fé católica, não produziram melhores resultados na vida e na organização destes povos alguns dos valores essenciais do Evangelho de Cristo, como a justiça, a solidariedade social, o respeito profundo a toda pessoa e sua importância real dentro da convivência social? Por que certos pecados contra a humanidade e contra Deus, como as escravidões, as violências, as discriminações e exclusões sociais, as estruturas econômicas e políticas que criam situações de dependência ou as eternizam, a concentração do poder e da riqueza, a miséria, a fome e a destruição da natureza continuam marcando de morte a vida de nossos povos?"

Scherer se perguntava: é este o mundo que Deus quer? Qual deveria ser o papel e a atuação da Igreja e dos católicos para que "em Jesus Cristo nossos povos tenham vida"? Para ser uma boa nova, a mensagem cristã deve resultar significativa para a vida destes povos, respondia.

A V Conferência Geral do Episcopado Latino-americano marcou um rumo na cidade de Aparecida em 2007. A análise da situação dos países da região lançou dados concretos. Embora seja verdade que esta concentra mais da metade dos católicos do mundo, as estimativas feitas durante o encontro permitem afirmar que nas últimas décadas a América Latina perdeu 20% de seus fiéis, muitos dos quais acolheram outras religiões, principalmente do credo evangélico. Por dia, cerca de dez mil pessoas abandonam a Igreja católica, segundo estimativas que surgiram nessa conferência.

Na Argentina, embora 91% das pessoas declarem acreditar em Deus e 70% afirmem ser católicas, só 10% assistem à missa aos domingos, segundo os dados da pesquisa de religiosidade realizada em 2008 pelo Conselho Nacional de Ciência e Tecnologia (Conicet).

Os 155 milhões de fiéis que a Igreja estima ter no Brasil (segundo dados de 2007) colocam este país no primeiro lugar do mundo católico. Um estudo da Fundação Getulio Vargas afirma que, embora o catolicismo tenha deixado de perder seguidores no Brasil, o crescimento de outras correntes se mantém constante, e o desafio não desapareceu. A Igreja católica no Brasil perdeu 20 milhões de fiéis na década de 1990, os quais, fundamentalmente, passaram para cultos evangélicos, em especial pentecostais.

A conferência permitiu traçar um diagnóstico da situação social dos países latino-americanos, muitas vezes preocupante. Estima-se que a metade da população total dos países participantes vive na pobreza. E o documento final fez contribuições quanto a maneiras de atenuar situações de injustiça, marginalidade, exclusão. Mas principalmente plasmou uma forte crítica à subsistência do modelo neoliberal, que nos últimos 25 anos aumentou as desigualdades e continua se apresentando como a opção dominante, alimentada pela globalização e pela corrupção, que empobrecem um continente rico. O cardeal Bergoglio foi chave na redação deste documento.

Na terça-feira 15 de maio de 2007, os bispos votaram na comissão encarregada de redigi-lo. Ele saiu eleito presidente por ampla maioria. "Um bispo argentino perguntou *sotto voce*: 'Como Bergoglio faz para sair sempre vitorioso nas votações?' Porque estava claro que ele não tinha feito nenhuma campanha. Simplesmente, quando falou na assembleia, muitos se sentiram cativados por uma linguagem direta e atraente, que transmitia esperança, segurança e vontade de trabalhar para o futuro", explica Víctor Manuel Fernández, reitor da Universidade Católica Argentina, que colaborou com Bergoglio na tarefa.

O então presidente da Conferência Episcopal Argentina viajou esperançoso e preocupado. "Muitos lhe diziam que Aparecida podia ressuscitar o entusiasmo e a esperança, mas sobretudo o sonho de uma Igreja latino-americana com uma identidade própria e um projeto histórico marcado pela beleza do Evangelho e pelo amor aos pobres. Repetia-se por toda parte que na conferência anterior — em São Domingo

— a interferência da cúria vaticana tinha sido excessiva e que o 'ardor latino-americano' despertado em Medellín e em Puebla tinha sido deliberadamente extinto", comenta Fernández.

No dia seguinte presidiu a missa e ali desenvolveu um dos temas que caracterizam seu pensamento: evitar uma Igreja autossuficiente e autorreferencial e que, ao contrário, se transforme em uma Igreja que chegue a todas as periferias humanas. Este assunto tomou forma no documento, seguido por um convite para fazer trabalho missionário.

Nas comissões de trabalho, Bergoglio inspirou ampla e livre participação. A troca dentro dos grupos foi rica. Todos insistiam em um texto breve, mas ninguém queria renunciar à sua contribuição. Assim, Bergoglio se encontrava diante do desafio de permitir que se expressassem, mas ao mesmo tempo de produzir um texto contundente, que não se diluísse.

"Não convinha que, para deixar todos tranquilos, ficasse um documento muito *light*, mas tampouco que um setor se impusesse a outros através de artimanhas de poder. É uma arte extremamente difícil que Bergoglio soube desenvolver de maneira sutil, quase imperceptível, com uma infinidade de pequenas ações, com um paciente trabalho de micro-engenharia", apontou Fernández. Algumas comissões chegaram a redigir alguma coisa, outras só enumeraram vários pontos. Algumas dialogaram com muita harmonia, outras discutiram o tempo todo, e outras optaram por se subdividir em distintos grupos menores. "De qualquer forma, não se pode dizer que houvesse tensão", acrescentou. "Bergoglio teve muito a ver com este clima positivo."

Depois de duas semanas de trabalho, cinco especialistas ajudaram a comissão a estabelecer os modos de organização textual e os mais simples foram incorporados. Fernández estava entre eles. "Ficamos três especialistas para revisar o conjunto. Finalmente, às duas e meia da manhã, só restavam nosso cardeal Bergoglio, ao pé da cruz, dois padres chilenos que atuavam como assistentes e eu. Nós quatro estávamos exaustos, mas Bergoglio era o mais inteiro. Antes de ir dormir, ressaltou: 'Ficou bom, há coisas muito boas, mas seria preciso mais um dia. Só mais um dia.'"

Segundo Víctor Fernández, a palavra que mais se repete em todo o documento é "vida" (mais de seiscentas vezes). Cumpriu-se o objetivo de apresentar a atividade evangelizadora como uma oferta de vida digna e plena para as pessoas. O documento insiste em uma missão alegre e generosa, que chegue às periferias e que ponha ênfase nas verdades centrais e mais belas do Evangelho, sobretudo na pessoa de Jesus Cristo. Convida a crescer como discípulos humildes e disponíveis, amigos dos pobres e apaixonados pelos nossos povos latino-americanos.

"A linguagem e as ênfases de Bergoglio estão por toda parte, sem que o documento deixe de ser uma verdadeira obra coletiva. São muitos os seus chamados a evitar uma Igreja autorreferente, o convite constante a estar perto dos pobres, a preocupação por respeitar o povo com sua cultura e seu modo de expressar a fé, a imagem de uma Igreja missionária orientada para as periferias, a relevância da dignidade humana, da justiça social e da integração latino-americana", diz Fernández.

A "piedade popular" é um dos conceitos que foram incorporados a pedido de Bergoglio, como uma tentativa de identificar e canalizar o potencial energético que a fé tem na região. "Para mim, o melhor que se escreveu sobre religiosidade popular está em *Evangelii Nuntiandi*, exortação apostólica de Paulo VI repetida pelo documento de Aparecida, que para mim é sua página mais bela. À medida que os agentes pastorais descobrem mais a piedade popular, a ideologia vai caindo, porque se aproximam das pessoas e de sua problemática com uma interpretação real, tirada do próprio povo", havia expressado Bergoglio.

Como mais da metade dos católicos do mundo vive na América Latina, o então cardeal tinha especial interesse em revalorizar a religiosidade popular que caracteriza a região e mobiliza milhões de pessoas: em festas de padroeiros, vias-crúcis, procissões, danças e cantos do folclore religioso, no carinho pelos santos e anjos, nas novenas, rosários, promessas, orações em família e peregrinações, entre outras expressões populares de devoção. "Nos santuários, muitos peregrinos tomam decisões que marcam suas vidas. Estas paredes contêm muitas histórias de conversão, de poder e dons recebidos", afirma o documento.

Bergoglio está convencido de que este fervor pelas expressões populares de religiosidade não só constitui o caráter distintivo da fé na América Latina. Esta piedade popular concentra um grande potencial mobilizador, necessário para levar adiante a evangelização. Além disso, em si mesma, implica sabedoria.

A vida de Francisco

"Não podemos desvalorizar a espiritualidade popular ou considerá-la um modo secundário de vida cristã, porque seria esquecer o primado da ação do Espírito e a iniciativa gratuita do amor de Deus. Na piedade popular estão contidos e se expressam um intenso sentido de transcendência, uma capacidade espontânea de se apoiar em Deus e uma verdadeira experiência de amor teologal. É também uma expressão de sabedoria sobrenatural, pois a sabedoria do amor não depende diretamente da formação intelectual, mas da ação interna da Graça. Por isso nós a chamamos de espiritualidade popular. Ou seja, uma espiritualidade cristã que, sendo um encontro pessoal com o Senhor, integra muito o corpóreo, o sensível, o simbólico e as necessidades mais concretas das pessoas. É uma espiritualidade encarnada na cultura dos simples, que nem por isso é menos espiritual, mas o é de outra maneira", expressa o documento.

Em distintas oportunidades, em que lhe perguntaram por que se empenhava tanto no trabalho nas *villas*, Bergoglio explicou que não se tratava apenas de uma missão social. O papa Francisco está convencido de que ali a religiosidade é muito forte e a fé, profunda, a tal ponto que todos deveriam aprender com elas.

A piedade popular é uma maneira legítima de viver a fé, afirma, um modo de sentir-se parte da Igreja e uma forma de ser missionários, ali onde se reúnem as mais profundas vibrações do interior da América. É parte de uma originalidade histórica cultural dos pobres deste continente e fruto de uma síntese entre as culturas e a fé cristã.

"No ambiente de secularização em que vivem nossos povos, a piedade popular continua sendo um poderoso reconhecimento do Deus vivo que atua na história e um canal de transmissão da fé. O caminhar juntos para os santuários e participar de outras manifestações de piedade popular, também levando os filhos ou convidando outros, é em si mesmo um gesto evangelizador pelo qual o povo cristão evangeliza a si próprio e cumpre a vocação missionária da Igreja. Nossos povos se identificam particularmente com o Cristo sofredor, olham-no, beijam-no ou tocam seus pés machucados como dizendo: este é o que me amou e se entregou por mim. Muitos deles, golpeados, ignorados, espoliados, não desistem. Com sua religiosidade característica se agarram ao imenso amor que Deus tem por eles e que os lembra permanentemente de sua própria dignidade", detalha o documento.

Entre outras coisas, Bergoglio está convencido de que a Igreja na América Latina deve "aproveitar o potencial de santidade e de justiça social da piedade popular".

O documento também aborda a participação da Igreja na vida política. Depois de um apelo à busca de estruturas justas dentro da sociedade, enfatiza que esta não é tarefa da Igreja, mas um trabalho político que compete aos governos: "Se a Igreja começasse a se transformar diretamente em sujeito político, não faria mais pelos pobres e pela justiça, faria menos, porque perderia sua independência e sua autoridade moral, identificando-se com uma única via política e com posições parciais discutíveis."

A questão do papel da mulher, embora abordada a partir de outra perspectiva, também foi tema de debate e consenso. O documento invoca a tomar consciência das situações pelas quais passam as mulheres no contexto latino-americano: "Neste momento da América Latina e do Caribe, urge tomar consciência da situação precária que afeta a dignidade de muitas mulheres. Algumas, desde crianças e adolescentes, são submetidas a múltiplas formas de violência dentro e fora de casa — tráfico, violação, servidão e perseguição sexual; desigualdades no mercado de trabalho, na política e na economia; exploração publicitária por parte de muitos meios de comunicação social, que as tratam como objeto de lucro."

Em referência à globalização, faz a seguinte análise: "Na globalização, a dinâmica do mercado facilmente converte a eficácia e a produtividade em valores absolutos, reguladores de todas as relações humanas. Este caráter peculiar faz da globalização um processo promotor de múltiplas desigualdades e injustiças. A globalização, da forma como está configurada atualmente, não é capaz de interpretar e reagir em função de valores objetivos que se encontram além do mercado e que constituem o mais importante da vida humana: a verdade, a justiça, o amor e, muito especialmente, a dignidade e os direitos de todos, inclusive daqueles que vivem à margem do próprio mercado."

Afirma ainda: "Conduzida por uma tendência que privilegia o lucro e estimula a competição, a globalização segue uma dinâmica de concentração de poder e de riquezas em mãos de poucos, não só dos recursos físicos e monetários, mas sobretudo da informação e dos recursos humanos, o que produz a exclusão de todos aqueles não suficientemente capacitados e informados, aumentando as desigualdades que marcam tristemente nosso continente e que mantêm uma multidão de pessoas na pobreza."

A exclusão social derivada da globalização preocupa os bispos: "Isto deveria nos levar a contemplar os rostos de quem sofre", reflete o documento. Entre eles, as comunidades indígenas e afro-americanas, que, muitas vezes, não são tratadas com dignidade e igualdade de condições; muitas mulheres, que são excluídas em razão de seu sexo, raça ou situação socioeconômica; jovens que recebem uma educação de baixa qualidade e não têm oportunidades de progredir em seus estudos nem de ingressar no mercado de trabalho para se desenvolver e constituir uma família; pobres, desempregados, imigrantes, desalojados, camponeses sem terra, os que buscam sobreviver na economia informal; meninos e meninas submetidos à prostituição infantil, ligada muitas vezes ao turismo sexual; assim como as crianças vítimas do aborto.

"Milhões de pessoas e famílias vivem na miséria e inclusive passam fome. Preocupam-nos também quem depende das drogas, as pessoas com capacidades diferentes, os portadores e vítimas de doenças graves como a malária, a tuberculose e a Aids, que sofrem de solidão e se veem excluídos da convivência familiar e social. Não nos esquecemos tampouco dos sequestrados e dos que são vítimas da violência, do terrorismo, de conflitos armados e da insegurança cidadã. Também os idosos, que, além de se sentirem excluídos do sistema produtivo, veem-se muitas vezes repudiados por sua família como pessoas incômodas e inúteis. Dói-nos, enfim, a situação desumana em que vive a grande maioria dos presos, que também precisam de nossa presença solidária e de nossa ajuda fraterna."

A solidariedade e os novos vínculos parecem ser o melhor antídoto para estes males pós-modernos: "Uma globalização sem solidariedade afeta negativamente os setores mais pobres. Já não se trata simplesmente do fenômeno da exploração e opressão, mas de algo novo: a exclusão social. Com ela o sentimento de pertencimento à própria sociedade fica afetado em sua raiz, pois já não se está abaixo, na periferia, ou sem poder, mas fora. Os excluídos não são apenas 'explorados', mas 'sobras' e 'descartáveis'." É uma análise que dói pela veracidade de suas afirmações. E não se trata de fenômenos isolados, mas que abarcam grandes conjuntos humanos dentro da América Latina e do Caribe.

O documento considera, da mesma maneira, as políticas econômicas dos países da região e as guinadas de direção de último momento: "A globalização tornou frequente a celebração de Tratados de Livre Comércio entre países com economias assimétricas, que nem sempre beneficiam os países mais pobres." E remete ao pensamento da Doutrina Social da Igreja: "O objeto da economia é a formação da riqueza e seu aumento progressivo, em termos não só quantitativos como também qualitativos; tudo isto é moralmente correto se está orientado para o desenvolvimento global e solidário do homem e da sociedade em que vive e trabalha. O desenvolvimento, de fato, não pode ser reduzido a um mero processo de acumulação de bens e serviços. Ao contrário, a pura acumulação, mesmo que fosse em prol do bem comum, não é uma condição suficiente para a realização de uma autêntica felicidade humana."

Em seguida enfoca a maneira como a Igreja deve reagir em relação à situação reinante. Chama a viver e a pregar como discípulos de Cristo. "Identificar-se com Jesus Cristo é também compartilhar seu destino", afirma o documento. Destino de trabalho e dedicação aos pobres, aos que sofrem, aos marginalizados. E ressalta: "Ao chamar os seus para que o sigam, dá-lhes uma tarefa muito precisa: anunciar o evangelho do Reino a todas as nações. Por isso, todo discípulo é missionário."

E faz esta reflexão: "Mas o consumismo hedonista e individualista, que coloca a vida humana em função de um prazer imediato e sem limites, obscurece o sentido da vida e a degrada. A vitalidade que Cristo oferece nos convida a ampliar nossos horizontes e a reconhecer que, abraçando a cruz cotidiana, entramos nas dimensões mais profundas da existência. O Senhor, que nos convida a dar valor às coisas e a progredir, também nos alerta sobre a obsessão por acumular."

Continua, então, dizendo: "Mas as condições de vida de muitos abandonados, excluídos e ignorados em sua miséria e sua dor contradizem este projeto do Pai e interpelam os crentes a um maior compromisso a favor da cultura da vida. O Reino de vida que Cristo teve que trazer é incompatível com estas situações desumanas. Se pretendemos fechar os olhos diante destas realidades, não somos defensores da vida do Reino e nos situamos no caminho da morte."

"A Igreja necessita de uma forte comoção que a impeça de se instalar no comodismo, na estagnação e na frieza, à margem do sofrimento dos pobres do continente."

O documento avança sobre o compromisso e a misericórdia: "O amor de misericórdia para com todos os que veem sua vida vulnerável em quaisquer de suas dimensões, como bem nos mostra o Senhor em todos seus gestos de misericórdia, requer que socorramos as necessidades urgentes, e também colaboremos com outros organismos ou instituições para organizar estruturas mais justas nos âmbitos nacionais e internacionais. É urgente criar estruturas que consolidem uma ordem social, econômica e política em que não haja desigualdade e em que haja oportunidades para todos. Da mesma forma, são necessárias novas estruturas que promovam uma verdadeira convivência humana, que impeçam a prepotência de alguns e facilitem o diálogo construtivo para os necessários consensos sociais.

"A misericórdia sempre será necessária, mas não deve contribuir para criar círculos viciosos que sejam úteis a um sistema econômico injusto. As obras de misericórdia devem ser acompanhadas pela busca de uma verdadeira justiça social, que vá elevando o nível de vida dos cidadãos, promovendo-os como sujeitos de seu próprio desenvolvimento."

Também expressa críticas à cultura da imagem: "A cultura atual tende a propor estilos de ser e de viver contrários à natureza e à dignidade do ser humano. O impacto dominante dos ídolos do poder, a riqueza e o prazer efêmero se transformaram, acima do valor da pessoa, na norma máxima de funcionamento e no critério decisivo na organização social."

Uma das questões que mais marcam a vida e o ministério do papa Francisco é a opção preferencial pelos pobres. Este tema se destaca no documento de Aparecida.

Um papa latino-americano

"A opção preferencial pelos pobres é um dos traços que marcam a fisionomia da Igreja latino-americana e caribenha. De fato, João Paulo II, dirigindo-se ao nosso continente, afirmou que se converter ao Evangelho para o povo cristão que vive na América significa revisar todos os ambientes e dimensões de sua vida, especialmente tudo o que se refere à ordem social e à obtenção do bem comum.

"Da nossa fé em Cristo brota também a solidariedade como atitude permanente de encontro, irmandade e serviço, que deve se manifestar em opções e gestos visíveis, principalmente na defesa da vida e dos direitos dos mais vulneráveis e excluídos, e no permanente acompanhamento em seus esforços para ser sujeitos de mudança e transformação de sua situação.

"O Santo Padre — Bento XVI — nos lembra que a Igreja é convocada a ser 'advogada da justiça e defensora dos pobres' frente a 'intoleráveis desigualdades sociais e econômicas' que 'clamam ao céu'. Temos muito que oferecer, já que não há dúvida de que a Doutrina Social da Igreja é capaz de suscitar esperança em meio às situações mais difíceis, pois, se não houver esperança para os pobres, não haverá para ninguém, nem sequer para os chamados ricos.

"A opção preferencial pelos pobres exige que prestemos especial atenção àqueles profissionais católicos que são responsáveis pelas finanças das nações, a quem fomenta o emprego, aos políticos que devem criar as condições para o desenvolvimento econômico dos países, a fim de dar-lhes orientações éticas coerentes com sua fé.

"Comprometemo-nos a trabalhar para que nossa Igreja latino-americana e caribenha continue sendo, com maior afinco, companheira de caminho dos nossos irmãos mais pobres, inclusive até o martírio. Ser preferencial implica que deve atravessar todas as nossas estruturas e prioridades pastorais. A Igreja latino-americana está sendo chamada a ser sacramento de amor, solidariedade e justiça entre nossos povos.

"Pede que dediquemos tempo aos pobres, que lhes prestemos uma amável atenção, que os ouçamos com interesse, que os acompanhemos nos momentos mais difíceis, escolhendo-os para compartilhar horas, semanas ou anos de nossa vida e procurando, a partir deles, a transformação de sua situação. Não podemos nos esquecer de que o próprio Jesus propôs isto com seu modo de agir e com suas palavras: "Quando der um banquete, convide os pobres, os aleijados, os coxos e os cegos."

"Só a proximidade que nos torna amigos nos permite apreciar profundamente os valores dos pobres de hoje, seus legítimos desejos e seu modo próprio de viver a fé. A opção pelos pobres deve nos conduzir à amizade com os pobres. Dia a dia, os pobres se tornam sujeitos da evangelização e da promoção humana integral: educam seus filhos na fé, vivem uma constante solidariedade entre parentes e vizinhos, procuram constantemente a Deus e dão vida ao peregrinar da Igreja. À luz do Evangelho reconhecemos sua imensa dignidade e seu valor sagrado aos olhos de Cristo, pobre como eles e excluído entre eles. A partir desta experiência de crença, compartilharemos com eles a defesa de seus direitos."

O documento também fala a respeito da geração e utilização dos capitais: "Inspiremos os empresários que dirigem as grandes e médias empresas e os microempresários, agentes financeiros da gestão produtiva e comercial, tanto da ordem privada quanto pública, a ser criadores de riqueza em nossas nações, esforçando-se em gerar emprego digno, em facilitar a democracia, em promover a aspiração por uma sociedade justa e a uma convivência cidadã com bem-estar e em paz. Da mesma forma, os que não investem seu capital em ações especulativas mas em criar fontes de trabalho, preocupando-se com os trabalhadores, considerando 'a eles e suas famílias' a maior riqueza da empresa, que vivem modestamente por ter feito, como cristãos, da austeridade um valor inestimável, que colaboram com os governos na preocupação e na conquista do bem comum e se prodigalizam em obras de solidariedade e misericórdia."

Sobre as crianças diz: "Vemos com dor a situação de pobreza, de violência doméstica (sobretudo em famílias desestruturadas ou desintegradas), de abuso sexual pela qual passa bom número de nossas crianças: os setores de infância trabalhadora, crianças de rua, crianças portadoras de HIV, órfãos, meninos soldados, e meninos e meninas enganados e expostos à pornografia e à prostituição forçada, tanto virtual quanto real. Principalmente, a primeira infância requer especial atenção e cuidado. Não se pode permanecer indiferente diante do sofrimento de tantas crianças inocentes."

Um papa latino-americano

E, referindo-se à juventude, menciona: "Por outro lado, constatamos com preocupação que inumeráveis jovens de nosso continente passam por situações que os afetam significativamente: as sequelas da pobreza, que limitam o crescimento harmônico de suas vidas e geram exclusão; a socialização, cuja transmissão de valores já não se produz primariamente nas instituições tradicionais, mas em novos ambientes não isentos de uma forte carga de alienação; sua permeabilidade às formas novas de expressões culturais, produto da globalização, o que afeta sua própria identidade pessoal e social. São presas fáceis das novas propostas religiosas e pseudorreligiosas. A crise por que passa a família hoje em dia produz neles profundas carências afetivas e conflitos emocionais."

"É necessário, na América Latina e no Caribe, superar uma mentalidade machista que ignora a novidade do cristianismo, em que se reconhece e proclama a 'igual dignidade e responsabilidade da mulher com relação ao homem'."

O documento também fala sobre ecologia. Afirma: "A riqueza natural da América Latina e do Caribe sofre hoje uma exploração irracional que vai deixando um rastro de devastação, e mesmo de morte, por toda nossa região. Em todo este processo, tem uma enorme responsabilidade o atual modelo econômico que privilegia o desmedido afã pela riqueza acima da vida das pessoas e dos povos e do respeito racional pela natureza. A espoliação dos nossos bosques e da biodiversidade com ações predatórias e egoístas envolve a responsabilidade moral de quem a promove, porque põe em perigo a vida de milhões de pessoas e em especial o hábitat dos camponeses e indígenas, que são expulsos para as terras de encosta e para as grandes cidades para viver amontoados nos cinturões de miséria. Nossa região tem necessidade de progredir em seu desenvolvimento agroindustrial para valorizar as riquezas de suas terras e suas capacidades humanas a serviço do bem comum, mas não podemos deixar de mencionar os problemas causados por uma industrialização selvagem e descontrolada de nossas cidades e do campo, que polui o ambiente com todo tipo de dejetos orgânicos e químicos. O mesmo deve ser alertado em relação às indústrias extrativas de recursos que, quando não procedem a controlar e neutralizar seus efeitos daninhos sobre o ambiente, produzem a destruição de bosques, a contaminação da água e transformam as áreas exploradas em imensos desertos.

"Pensemos o quanto é necessária a integridade moral nos políticos. Muitos dos países latino-americanos e caribenhos, mas também em outros continentes, vivem na miséria por problemas endêmicos de corrupção. É preciso muita força e muita perseverança para conservar a honestidade que deve surgir de uma nova educação que rompa o círculo vicioso da corrupção imperante. Precisamos realmente de muito esforço para avançar na criação de uma verdadeira riqueza moral que nos permita prever nosso próprio futuro."

"Os desafios que enfrentamos hoje na América Latina e no mundo têm uma característica peculiar. Eles não apenas afetam todos os nossos povos de maneira similar, mas também, para ser enfrentados, requerem uma compreensão global e uma ação conjunta. Acreditamos que 'um fator que pode contribuir notavelmente para superar os problemas urgentes que hoje afetam este continente é a integração latino-americana'.

"A dignidade de nos reconhecer como uma família de latino-americanos e caribenhos implica uma experiência singular de proximidade, fraternidade e solidariedade. Não somos um simples continente, apenas um fato geográfico com um mosaico ininteligível de conteúdos. Deve-se somar e não dividir. É importante cicatrizar feridas, evitar maniqueísmos, perigosas exasperações e polarizações. Os dinamismos de integração digna, justa e equitativa no seio de cada um dos países favorecem a integração regional e, ao mesmo tempo, são incentivados por ela.

"Cabe também à Igreja colaborar na consolidação das frágeis democracias, no positivo processo de democratização na América Latina e no Caribe, embora existam atualmente graves desafios e ameaças de desvios autoritários. Urge educar para a paz, dar seriedade e credibilidade à continuidade de nossas instituições civis, defender e promover os direitos humanos, amparar especialmente a liberdade religiosa e cooperar para suscitar os maiores consensos nacionais."

Dentro deste contexto, Bergoglio, um latino-americano, é eleito papa. É o primeiro papa não europeu em um momento em que a Europa atravessa uma séria crise e uma secularização de sua cultura que a levou inclusive a se afastar de suas raízes cristãs. Em países como a Holanda ou a Alemanha são cada vez mais frequentes as notícias a respeito de igrejas do credo cristão oficial que são fechadas e vendidas por falta de fiéis. Ou que permanecem como monumentos, talvez como lembrança de uma fé que existiu em uma época que evangelizou o continente americano.

É interessante examinar os números dos anuários estatísticos do Vaticano. No mundo há 1 bilhão e 120 milhões de católicos, segundo cifras de 2010. Representam aproximadamente 16% da população mundial, estimada em 6 bilhões e 974 milhões. Do total de católicos, 48,6% vivem no continente americano, e 41,3%, na América Latina, enquanto 23,7% vivem na Europa, 11,7% na Ásia, 15,2% na África e 0,8% na Oceania. Além disso, 44% dos líderes da Igreja católica em todo o mundo — incluindo o papa, cardeais, bispos, sacerdotes, diáconos, religiosos, missionários e catequistas — provêm da América Latina.

Entre 2009 e 2010, o número de bispos em todo mundo cresceu quase 1%. A Europa perdeu um representante; e a Oceania, 3. Já a América somou 15 novos bispos; a África 16 e a Ásia 12.

Analisar a evolução da paróquia católica na América Latina e na Europa entre 1900 e 2010 também é esclarecedor. Em 1900, havia na Europa 181 milhões de católicos, e em 2010, 277 milhões. Na América Latina, por sua vez, em 1900 havia 59 milhões e passaram a ser 483 milhões em 2010.

Isto significa que, enquanto em 110 anos o número de católicos cresceu 50% na Europa, na América Latina o fez em cerca de 900%.

À luz destes números, surgir um papa argentino em momentos em que a Igreja perde milhares de fiéis diariamente não é pouca coisa.

Bergoglio é um papa latino-americano. E reúne o clamor latino-americano como uma síntese da situação da Igreja na América Latina. E a figura de Francisco volta a atrair as pessoas para a Igreja. Afinal, o mundo inteiro não estava clamando por um líder semelhante para a Igreja católica e desejando isto? Não ficamos cansados de falar do luxo, do esbanjamento, das sombras, do abuso do poder e até das corrupções da instituição? Pois bem, Francisco é uma antítese de tudo isto. Aí está. Pronto. Chegou. Ele poderá lidar sozinho com o legado que lhe deixam? Não está sozinho. As pessoas acreditam que ele poderá.

Capítulo X

Um homem de todas as religiões

Bergoglio costuma dizer que, para ser um bom católico, antes se deve ser um bom judeu. É capaz de finalizar uma missa em um colégio católico anunciando aos presentes que vai orar como os evangélicos. Sem acanhamento, disse certa vez que gostaria que muitos cristãos tivessem o compromisso e a integridade de um amigo dele que é ateu. Todas as semanas se reunia para rezar durante uma hora com o jardineiro do Arcebispado, que é pentecostal. E há poucos dias pediu aos católicos que se reconciliassem com os muçulmanos. Quem é Francisco? Certamente, um homem de todas as religiões.

Está convencido de que todas as crenças têm um ponto em que se conectam. A habilidade é encontrar este ponto e deixar de lado as diferenças, para avançar no diálogo e na unidade.

Durante seus anos à frente da Igreja de Buenos Aires e da Argentina, Jorge Bergoglio teve três obsessões: a pobreza, a educação e o diálogo inter-religioso. Trabalhou como poucos para estender laços duradouros com outros cultos. Irmanou-se com diferentes credos e estabeleceu relações de amizade com rabinos, pastores e líderes muçulmanos, entre outros. E dizem que trabalhou como poucos porque o fez em silêncio. Nunca quis anúncios grandiloquentes a respeito. Em compensação, ocupou-se do contato pessoal e de conhecer não apenas os líderes de outros movimentos religiosos, mas também sua gente.

Um homem de todas as religiões

Muito se fala nestes tempos da necessidade de estender pontes, ouvir diferentes vozes e procurar aproximações. De celebrar a diferença em vez de simplesmente tolerá-la. De que o diverso não tem por que estar afastado, mas unido para trabalhar para o que se supõe ser um objetivo comum e desafiador: o bem comum, a paz e o entendimento social.

O homem que foi eleito em 13 de março de 2013 para dirigir a Igreja católica no mundo se caracterizou sempre por procurar o diálogo e a aproximação com diversos e variados atores da sociedade, mas sobretudo dentro de sua área de incumbência: as religiões e a espiritualidade.

Desde o primeiro momento, como número um da Igreja local, Bergoglio se propôs continuar a obra de seu antecessor, monsenhor Antonio Quarracino. Embora não tenha colocado os pilares, que já tinham sido fincados, foi o construtor de um sólido edifício que alcançou seu ponto mais alto no encontro com os líderes de todas as religiões no Vaticano, já como Francisco.

Neste "conclave histórico", realizado na espetacular moldura da Sala Clementina do Palácio Apostólico, o Papa recebeu representantes de 33 confissões cristãs (anglicanos, evangélicos, luteranos, metodistas e ortodoxos, entre outros) e das religiões judaica, muçulmana e budista, em um colorido cadinho de credos, em que desfilaram pela sala quipás judaicos, *takiyahs* muçulmanos, capuzes armênios e túnicas budistas.

Neste encontro, Francisco ofereceu um apaixonado discurso em que convocou à unidade e ao diálogo inter-religioso. "A Igreja católica é consciente da importância da promoção da amizade e do respeito entre homens e mulheres de diferentes tradições religiosas", disse. "E podemos fazer muito pelo bem dos que são mais pobres, dos mais fracos, dos que sofrem, para promover a justiça, para promover a reconciliação, para construir a paz."

Como arcebispo de Buenos Aires, Bergoglio também tinha encabeçado e fomentado encontros com judeus, muçulmanos e evangélicos. Da mesa do Diálogo Argentino, em que se sentou com representantes dos distintos cultos, a encontros ecumênicos em que diferentes credos se uniram para debater os temas que atravessam toda a sociedade e, obviamente, todas as crenças religiosas. Em questões como o casamento igualitário, por exemplo, a Igreja fez causa comum com outros credos, que se mostraram unidos em sua condenação à união de pessoas do mesmo sexo.

Destes encontros, não apenas surgiram documentos, que foram difundidos e publicados pelos principais meios de comunicação argentinos, como também uma amizade com vários representantes das diversas religiões, que hoje comemoram, junto com os católicos, a nomeação do cardeal argentino como papa.

O fato de que essa felicidade ganhou forma em cidadãos de distintas religiões, não apenas nos católicos, constitui um fiel reflexo da alegria argentina pela posse de Bergoglio. Uma pesquisa realizada pela consultora D'Alessio Irol a uma semana do conclave perguntou a 418 pessoas de diferentes religiões se achavam relevante a eleição de Francisco como novo papa. Noventa e cinco por cento dos católicos disseram que sim; 100% dos judeus disseram que sim; 89% dos evangélicos deram esta mesma resposta, assim como 90% dos ateus e 85% dos agnósticos, além de 89% dos fiéis de outras religiões.

Também lhes perguntaram se sentiam orgulho e por quê. Sessenta e um por cento disseram porque era argentino, 55% por ser latino-americano, 58% porque o papa era próximo das pessoas, 55% por sua forma de ser e 41% pelo impulso que dará ao diálogo inter-religioso.

Dentro do judaísmo há diversas posturas em relação ao diálogo inter-religioso. Há os que aderem verbalmente — já que hoje é "politicamente correto" fazê-lo —, os que não estão interessados em fomentá-lo e aqueles que interagem e se envolvem de todo, até praticamente apagar os limites entre uma religião e outra. O rabino Sergio Bergman, sem dúvida, pertence a este último grupo. Ele mesmo se define como um *"freelancer* da Igreja católica" e não hesita em identificar Bergoglio como seu mentor e rabino.

"*'Rabi'* significa mestre — explica Bergman em seu escritório do primeiro andar do emblemático templo da rua Libertad, no centro portenho, a primeira sinagoga do país. Um rabino é um mestre na lei confessional, mas, na minha visão, é um termo muito mais amplo. Por isso digo que Bergoglio é meu rabino, meu mestre."

Um homem de todas as religiões

A última cerimônia que os dois expoentes religiosos compartilharam foi em dezembro de 2012, quando Bergoglio foi à sinagoga da rua Arcos, entre Olazábal e Blanco Encalada, no bairro de Belgrano, para acender as velas do Hanukkah, coincidindo com o Natal cristão. Não foi a única vez: há alguns anos o arcebispo de Buenos Aires comandou a cerimônia e deu o sermão do Yom Kipur, o dia judaico do perdão, considerado a festividade mais sagrada e solene do ano, na sinagoga da rua Libertad. "Eu lhe agradeci a coragem de ter vindo ao templo no dia mais sagrado e importante para nós. E ele me disse: 'Aqui quem tem coragem e valor é você. O templo está cheio dos seus fiéis e você me dá a palavra. Está louco!' E tinha razão: mais de um se levantou e saiu."

Outra amostra desta reciprocidade entre as duas religiões e líderes foi a missa celebrada na Catedral logo depois da morte de João Paulo II, em 2005. "Não sabiam bem o que fazer com um rabino como eu em uma missa desta envergadura e me colocaram em um lugar de honra, me honrando, mas sobretudo honrando nossa união", reconhece Bergman. Juntos, fora dos templos e igrejas, montaram a primeira experiência de refeitório comunitário judaico-cristão, que funcionou primeiro na sinagoga da rua Arcos e depois na sede da Cáritas na rua Moldes. E as *villas* eram outro ponto de encontro para eles.

Apesar desta estreita relação, o líder da Rede Comunitária da Fundação Judaica assegura que Bergoglio nunca teve vínculos exclusivos nem excludentes com nenhuma pessoa, setor nem instituição da sociedade. "Não há nenhum âmbito social onde não tenha uma relação. Nunca privilegiou nenhuma. Não disse: 'Estou em contato com o judaísmo por meio de determinado rabino ou instituição.' Ele dialogava com todos os rabinos e instituições, reformistas ou conservadoras, de esquerda, de centro e de direita, em uma espécie de constelação. Isto fala de sua pessoa. Tudo isto fez que eu me atrevesse, por decisão própria e sob minha exclusiva responsabilidade, a tomá-lo como meu mestre."

Com o rabino Abraham Skorka, reitor do Seminário Rabínico Latino-americano e líder da comunidade Benei Tikva, Bergoglio compartilha a autoria do livro *Sobre o céu e a terra*, que reúne diálogos entre os dois religiosos. Em 2012, Skorka foi testemunha da unidade judaico-cristã quando recebeu das mãos do reitor da Universidade Católica

Argentina, presbítero Víctor Fernández, o doutorado *honoris causa*. Foi um fato inédito já que se tornou o primeiro rabino na América Latina a receber este reconhecimento por parte de uma universidade católica. "As instituições cristãs podem acolher a sabedoria presente em um rabino além das diferenças que subsistem", disse Fernández ao entregar a distinção, aplaudido na primeira fila pelo cardeal Jorge Bergoglio e pelo núncio apostólico, monsenhor Paul Tscherrig.

Bergoglio, que foi acusado pelos kirchneristas de liderar a oposição depois das duras declarações sobre a pobreza imperante, a falta de diálogo e os egoísmos pessoais, também estendeu laços com o rabino Daniel Goldman, da Comunidade Bet-El, com quem colaborou na criação do Instituto de Diálogo Inter-religioso, junto com o muçulmano Omar Abboud. A proximidade de Goldman com o governo jamais foi um estorvo para o intercâmbio, em uma clara demonstração de que ninguém ficou fora de sua órbita de diálogo.

Bergman conta que sua relação com o homem que foi eleito para presidir a Igreja católica no mundo começou no contexto de grave desintegração social, econômica e moral provocada pela crise de 2001. Naquele ano, o presidente Eduardo Duhalde tinha convocado a Igreja para que se apresentasse como fiadora e tutora da paz social. E, fazendo eco deste pedido, o monsenhor Jorge Casaretto, bispo da diocese de San Isidro, na zona norte da grande Buenos Aires, convocou uma mesa de diálogo com diversos atores e referentes para reconstruir a Argentina depois do colapso.

"Foi Bergoglio quem ampliou o diálogo a todas as religiões. Ele disse: 'Não somente a Igreja é garantia, mas as religiões, a fé.' Foi o ponto de inflexão no meu vínculo com ele. Não era mais o líder da Igreja católica argentina, mas uma referência cívica e pessoal para mim", diz o rabino, que além disso reconhece Bergoglio como liderança na emergências mas sem protagonizar. "Ficou à frente colocando outros à frente. Ele acompanhou todo este processo, que depois foi mal-adminstrado pelos argentinos em 2003, quando começou a recuperação da economia."

No entanto, dizer que o diálogo entre judeus e cristãos na Argentina começou em 2001 é faltar com a verdade e desmerecer os muitos sinais de aproximação e reconciliação entre uns e outros durante as décadas de 1980 e 1990, e mesmo muito antes, com o Concílio Vaticano II, convocado por João XXIII em 1962, em uma tentativa de reformar uma Igreja que se afastava de seus fiéis e olhava de esguelha e com desconfiança para as outras religiões. Os frutos foram colhidos pelos que vieram depois. Basta lembrar as palavras de João Paulo II quando, dentro de uma sinagoga, referiu-se aos judeus como "nossos irmãos mais velhos na fé".

Na Argentina, um inequívoco sinal nessa direção foi dado pelo cardeal Antonio Quarracino quando, em 14 de abril de 1997, inaugurou na Catedral Metropolitana, um mural que presta homenagem às vítimas da Shoá. O monumento, verdadeiro símbolo da união entre judeus e cristãos, é composto por dois painéis de vidro entre os quais se situam folhas de livros de oração resgatados das ruínas dos campos de concentração de Treblinka e Auschwitz.

"Sinto que somos parte de uma herança de mestres que iniciaram o diálogo inter-religioso. Nós colhemos o que eles semearam. Eu cresci neste diálogo, para mim foi algo natural, não uma novidade", assegura Bergman. "Eu me iniciei em uma comunidade que era reformista; muitos diziam, lá pelos anos de 1980, que tinha se transformado em uma igreja porque vinham bispos, sacerdotes. E, como jovem, representei a comunidade judaica quando João Paulo II veio ao país. Bergoglio é continuador de algo que começou com Quarracino. Por isso digo que com Bergoglio houve uma continuidade; não começamos do zero. Mas com Francisco todas estas coisas vão adquirir outra dimensão, algo em grande escala. Ele vai se encarregar de coroar um percurso", confia o rabino.

Em 2006 se produziu um novo ponto de inflexão na relação entre Bergoglio e Bergman porque o rabino decidiu se desprender de sua imagem de referência de uma comunidade de origem para se transformar em uma referência cívica e depois política, mediante sua participação na organização política Proposta Republicana (PRO) liderada pelo atual chefe de governo portenho Mauricio Macri. Quando Bergman afirma que sua aspiração "é ser rabino da sociedade argentina", assegura que toma este modelo de Bergoglio. E em função deste modelo decide montar uma "pastoral rabínica" que saia do templo e saia à rua, para peregrinar. "Quando digo que meu rabinato é um magistério para a sociedade e não para uma comunidade de origem, minha referência é Bergoglio. É um mestre da espiritualidade cívica. Ele sempre diz que 'a diferença não deve ser tolerada, mas celebrada'. Não é aceitar, mas alegrar-se de que seja diferente. E esta é a ideia que Francisco vai desenvolver em seu papado."

Apesar da alegria produzida pelo fato de que Bergoglio tenha chegado ao mais alto da pirâmide eclesiástica, muitos não hesitam em expressar que ainda estão tentando superar uma perda. "Nós que convivemos pessoalmente com ele estamos atravessando um luto. Eu senti que perdi o meu rabino, mas é um luto alegre na transcendência; ninguém vai poder me tirar aquilo de Bergoglio que vive em mim. E, nesta transcendência, a perda não é total, evolui. Eu já tenho internalizada a bússola, tenho o norte esboçado. Quero vê-lo por ter o prazer de vê-lo, mas não tenho necessidade de possuí-lo, e sim de liberá-lo para a grande missão que tem agora em grande escala, para a qual Deus o chamou."

Para o rabino Bergman, não há dúvidas de que Bergoglio continua muito presente em Francisco. "O Papa nos deixou uma mensagem plena de bondade e amor, unindo as igrejas cristãs, até as ortodoxas orientais, que há um milênio não estavam presentes nestas instâncias. Deu sinais inequívocos de unidade para a tarefa ecumênica, conferindo um especial lugar ao vínculo judaico-cristão."

O ano de 2001 não ficou marcado a fogo apenas na memória coletiva dos argentinos. Para o mundo também constituiu uma virada. Os aviões que se chocaram contra as Torres Gêmeas em Nova York e o que caiu no Pentágono marcaram um antes e um depois nas relações políticas internacionais, e também na forma como o mundo ocidental encarava o Oriente. A desconfiança, o temor e o afã de revanche aumentavam, ao mesmo tempo que se ampliava a figura de um novo inimigo mundial: o islá.

"Aqueles anos foram particularmente duros quanto à problemática que nosso país enfrentava e, desde outro lugar, era um momento difícil para o islá no mundo. O Onze de Setembro, a guerra no Afeganistão e posteriormente no Iraque colocaram nosso credo em uma situação complexa, de dúvida num contexto de desinformação. Nosso então pre-

Um homem de todas as religiões

sidente do Centro Islâmico, Adel Mohamed Made, saiu dizendo o que é e o que não é o islã a partir do nosso lugar como argentinos de fé islâmica", lembra Omar Abboud, que nessa época ocupava a Secretaria de Cultura do Centro Islâmico.

Nestas rodadas de opinião e difusão dos valores do islamismo, Abboud conheceu o padre Guillermo Marcó, ex-porta-voz do então cardeal Bergoglio. Embora antes tivesse tido um contato mais protocolar com o arcebispo de Buenos Aires — nos Tedeum de 25 de Maio e mediante as ações de ajuda comunitária em que o Centro trabalhava junto com a Cáritas e a Associação Mutual Israelita Argentina (Amia) —, "foi ele, Marcó, em sua generosidade e vocação por aprofundar o diálogo, quem me apresentou a Bergoglio, com quem comecei a compartilhar uma respeitosa relação", conta. "Nessa altura, entre os anos de 2003 e 2004, ele já conhecia e era amigo do rabino Daniel Goldman, com quem tínhamos compartilhado um lugar no conselho de Políticas Sociais do Ministério do Desenvolvimento Social da nação, além de múltiplos fóruns relacionados com o âmbito religioso. Nasceu ali a ideia, com o apoio do cardeal, de criar o que é hoje o Instituto de Diálogo Inter-religioso."

Entre todas as atividades do instituto, organizou, pela primeira vez, a visita do cardeal ao Centro Islâmico da República Argentina. "Foi recebido por toda a comissão diretiva, liderada por Adel Made. Uma grande reunião em que se acordou continuar trabalhando a partir dos dois credos em defesa da vida e contra qualquer tipo de terrorismo e fundamentalismo — diz Abboud. Ainda se lembra das palavras que deixou escritas no livro de visitas do Centro Islâmico: 'Dou graças a Deus, o Misericordioso, pela hospitalidade fraterna, pelo espírito de patriotismo argentino que encontrei e pelo testemunho de compromisso com os valores históricos da nossa pátria.' A partir de então, o intercâmbio com Bergoglio foi habitual, e se multiplicaram as atividades com diferentes atores da Igreja e da comunidade judaica."

Como testemunho desta fraternidade entre credos, em 2005 foi assinado um convênio entre as distintas entidades religiosas contra o fundamentalismo, um acontecimento inédito em outras latitudes. "Neste momento, tivemos que lamentar o desaparecimento físico do presidente do Centro Islâmico, Made, e o cardeal assistiu às honras fúnebres e acompanhou em oração toda nossa comunidade", conta Abboud. "Finalmente, o documento entre as três entidades foi rubricado pelo arcebispo portenho, cardeal Jorge Bergoglio; pelos presidentes do Centro Islâmico, Helal Masud; da Daia — Delegação de Associações Israelitas Argentinas —, Jorge Kirszenbaum; e da Amia, Luis Grinwald. O documento também foi referendado pelo padre Guillermo Marcó, pelo rabino Daniel Goldman e por mim, que trabalhamos na elaboração do texto."

Ao mesmo tempo em que se multiplicavam os gestos de aproximação entre os credos, a relação com o cardeal se tornou frequente e tanto podia estar revestida da mais estrita formalidade institucional quanto de uma simples e informal conversa. Em todas as horas compartilhadas, Abboud teve a possibilidade de conhecer em profundidade quem hoje ocupa o lugar de Pedro e não tem dúvidas de que como papa continuará semeando o diálogo, da mesma forma que fez quando era arcebispo. "Francisco não anda, vive em estado contínuo de peregrinação, com um profundo sentido de missão e um exercício constante da misericórdia e da compreensão para com os outros", destaca. "O novo papa abriu uma porta para poder gerar uma melhor convivência com o islã. Jorge Mario, Sua Santidade Francisco, é uma pessoa que sabe do que se trata a religião islâmica, seus valores, suas práticas e sua cultura."

Neste complexo contexto mundial, o diálogo inter-religioso é uma das necessidades essenciais para Abboud. "Na República Argentina este diálogo existe, embora os muçulmanos no nosso país sejam uma minoria, a atitude do cardeal sempre foi de extrema generosidade e abertura para construir pontes", reconhece. "O diálogo inter-religioso não é uma questão sincrética que busque um tipo de unidade que dilua as identidades próprias. Nem necessariamente é de ordem teologal, já que, se nos remetermos exclusivamente ao âmbito do sagrado, ou seja, à forma de acreditar ou de render testemunho ao Criador, a possibilidade de aproximar posições é quase nula. Mas é uma busca permanente de acordar valores com o outro, para dar a maior quantidade de passos juntos em paz e harmonia, exercer a solidariedade e, acima de tudo, não concordar no erro, embora isto implique às vezes a própria autocrítica."

Um homem de todas as religiões

Começaram a percorrer este caminho juntos durante os anos da crise, e não quiseram abandoná-lo. Quase todos os representantes dos distintos credos afirmaram que foi durante o último desastre econômico de 2001 que começaram a avançar pelas vias do diálogo inter-religioso. Então, bendita crise! E os evangélicos não são exceção. Quando o país vivia suas horas mais difíceis, pastores membros da Câmara Nacional Cristã Evangélica se reuniram com representantes da Conferência Episcopal e emitiram um documento conjunto, na véspera da maior crise financeira da nação. Mas, à medida que os tempos evoluíam, as declarações ficaram insuficientes. Então, sacerdotes e pastores decidiram que era hora de deixar para trás as diferenças dogmáticas para pedir — rogar — de joelhos que Deus tivesse piedade do país. E assim o fizeram. Semanalmente se reuniam para rezar em um escritório da cúria portenha.

Nessa aproximação, os pastores ficaram espantados pelo tratamento e pelo respeito que o padre Bergoglio lhes oferecia e, ao mesmo tempo, começaram a sentir que o poder da oração se potencializava quando deixavam para trás as diferenças e levantavam a bandeira da fé.

Isto foi só o começo. Em outubro de 2012, cerca de 6 mil pessoas participaram do Sexto Encontro Fraterno de Comunhão Renovada de Evangélicos e Católicos no Espírito Santo (Creces), do qual Bergoglio foi mentor e fiador. Sem que existisse diferença entre pastores e sacerdotes, entre evangélicos ou católicos, mas simplesmente como irmãos, participaram do evento que teve como orador principal o padre Raniero Cantalamessa, da Casa Pontifícia, que viajou exclusivamente do Vaticano para se unir a esta experiência.

Bergoglio esteve entre a multidão como qualquer fiel. Tomou mate, comeu empanadas e, quando chegou a vez de transmitir sua mensagem, recebeu uma longa ovação. Cantos e salvas de aplausos atrasaram vários minutos o início do breve discurso do cardeal. Todos queriam ouvir as palavras de quem, a partir do silêncio e da discrição, tinha sido um dos principais promotores do diálogo ecumênico e inter-religioso na Argentina. É claro que ninguém sabia que cinco meses depois este mesmo homem seria papa.

"Jesus passou a maior parte de seu tempo nas ruas. Ele continua passando no meio de nós. As pessoas não deixavam passar oportunidade de estar com Jesus. De tocá-lo, apertá-lo, de receber dele. Eu não tenho medo dos que combatem Jesus, porque eles já estão vencidos. Tenho mais medo dos cristãos distraídos, adormecidos, que não veem Cristo passar. Perdemos duas coisas: a capacidade de nos assombrar diante das palavras do Senhor. Estamos abarrotados de notícias que vão deixando de lado a boa notícia. E, também, perdemos a ternura. Jesus se aproximava da chaga humana e a curava. Recuperemos estas duas características: não nos acostumemos a ver o doente, o faminto sem assombro e sem ternura", disse.

Desde que começaram os encontros fraternos do Creces, em 2004, Bergoglio esteve presente. No início participava como um fiel qualquer. Chegava e se sentava no meio das pessoas, anônimo, na arquibancada, e desfrutava, misturado no meio do povo, da devoção conjunta de cristãos de distintas formações, mas de uma mesma fé. Participava dos cantos e até levantava as mãos em expressão de adoração, um gesto que se costuma identificar mais com os evangélicos do que com os católicos.

Só em 2006 subiu ao palco. Foi durante o terceiro encontro ecumênico. Quando subiu ao palco, no estádio Luna Park, no centro portenho, Bergoglio se ajoelhou e pediu que os pastores e sacerdotes rezassem conjuntamente por ele, em um gesto de humildade e unidade que seria difícil de esquecer para todos os presentes. De joelhos, o cardeal primaz da Argentina recebeu a bênção com imposição de mãos por parte dos pastores e sacerdotes do encontro, entre eles o padre Cantalamessa; o pastor Giovanni Traettino, bispo da Igreja Evangélica da Reconciliação na Itália; Mateo Calisi, presidente da Fraternidade Católica das Comunidades e Associações Carismáticas de Aliança (Associação Privada de Fiéis de Direito Pontifício); Jorge Himitian, pastor da Comunidade Cristã de Buenos Aires; Carlos Mraida, da Igreja Batista do Centro, e Norberto Saracco, pastor da Igreja Evangélica Pentecostal.

"Que lindo ver que não nos atiramos pedras, que não nos arrancamos o couro! Que lindo ver que ninguém negocia no caminho da fé!", disse depois o cardeal ao falar com verdadeiro fervor de pastor diante da multidão reunida no Luna Park. Depois permaneceu a tarde inteira no encontro, compartilhando a arquibancada e os gestos mais cotidianos com o público. Quando os jornalistas chegaram para uma coletiva de

Um homem de todas as religiões

imprensa, os responsáveis se viram na difícil tarefa de encontrar Bergoglio, que tinha se perdido no meio da multidão.

Nesse cenário também teve outro gesto de unidade. Entre os presentes havia um reduzido grupo de católicos que tinha chegado ao local a fim de manifestar seu descontentamento com o diálogo fraterno que Bergoglio propiciava. Um deles se aproximou do palco e desenrolou um cartaz da Virgem Maria e começou a fazer gestos para pastores e sacerdotes, como tentando marcar as diferenças entre eles. Com muito amor e sem estridências, Bergoglio se aproximou do jovem, tomou a imagem da Virgem, enrolou-a e a guardou em sua pasta.

Os gestos de Bergoglio marcaram esse encontro e os sucessivos. Os assistentes concordam que não foi apenas um encontro entre católicos e evangélicos. O que se viveu ali foi uma verdadeira festa da unidade.

O padre Cantalamessa foi pregador de João Paulo II e de Bento XVI, e agora o será de Francisco. Naquela oportunidade, durante uma coletiva de imprensa com meios de comunicação nacionais afirmou: "Eu disse na presença do papa que o que vi em Buenos Aires é algo pioneiro: são cristãos que expressam sua fé em conjunto. Católicos e evangélicos, sem divisões. Esta expressão é como o Pentecostes. Os cristãos devem vivê-lo assim: como um novo Pentecostes."

O testemunho sobre o que estava acontecendo nos encontros ecumênicos do Creces chegou, segundo as próprias palavras do padre capuchinho, aos ouvidos do papa Bento XVI e até chamou a atenção do Vaticano. "A Igreja está acompanhando de forma muito atenta o que está acontecendo em Buenos Aires. Atenta a este sinal que, acho, é um sinal profético dos novos tempos. Esta é a forma de afastar o fundamentalismo religioso: cristãos que se abraçam, que se encontram para compartilhar sua fé." É claro que Cantalamessa não imaginava nessa altura que o próximo papa seria exatamente o homem que estava sentado ao seu lado.

Naquela tarde de outubro de 2012, milhares de cristãos assistiram a esse encontro ecumênico que a cada nova edição amplia sua convocatória. Seu lema foi "O Evangelho, poder de Deus", e mobilizou comunidades de distintos pontos do país. Desde cedo, as ruas que cercam o Luna Park estavam cheias. Todos juntos, sacerdotes, leigos, pastores, religiosas e muitas famílias com filhos pequenos participaram da festa.

A vida de Francisco

Não havia distinções entre uns e outros. Todos estavam ali com o mesmo propósito: celebrar o poder de compartilhar sua fé em Jesus Cristo.

Os louvores foram dirigidos pelo pastor Sebastián Golluscio e se celebraram em um clima fraternal. Ali se viram sacerdotes e pastores compartilhando o mate, e a rodada chegou até as mãos do próprio arcebispo de Buenos Aires. O pastor Himitian foi o encarregado de ler a "Declaração comum do encontro fraternal", um documento conjunto que é difundido em cada ocasião.

"O Espírito Santo abriu nossos olhos espirituais, e entendemos coisas muito simples, mas grandiosas. Coisas muito conhecidas mas ao mesmo tempo ignoradas. Entendemos que a Igreja é mais que um edifício material onde se rende culto a Deus. Todos nós que somos filhos de Deus, somos portanto irmãos. Cristo fundou uma única Igreja, e quer que sua Igreja manifeste no mundo a unidade e a santidade que caracterizam Deus", leu diante da multidão.

No dia seguinte à sua nomeação como papa, Francisco ligou para uma colaboradora próxima, que foi uma das promotoras dos encontros entre católicos e evangélicos. "Quero agradecer o que está fazendo pela Igreja com seus irmãos 'hereges'", disse com toda ironia.

"Sua eleição como papa foi uma resposta às nossas orações", afirmou o pastor Norberto Saracco, reitor do seminário Fiet de Buenos Aires e um dos coordenadores do Conselho de Pastores da cidade. "Bergoglio é um homem de Deus. É um apaixonado pela unidade da Igreja, e não simplesmente no nível institucional. Sua prioridade é a unidade ao nível do povo."

Um Caldeirão de Religiões

O único ciclo televisivo que Bergoglio realizou em toda sua vida o encontrou debatendo temas universais com o rabino Skorka e com o evangélico Marcelo Figueroa, ex-diretor da associação civil Sociedade Bíblica Argentina. Era transmitido pelo Canal 21, a emissora do Arcebispado. Desde que o canal foi instaurado, Bergoglio se opôs a que fosse um instrumento de propaganda de sua atividade pastoral.

Um homem de todas as religiões

Certo dia, propôs a Figueroa — a quem tinha conhecido quase dez anos antes, quando este era diretor da Sociedade Bíblica Argentina — trabalhar juntos. "Trabalhávamos juntos no serviço ecumênico centrando-nos na Bíblia e seu lugar no encontro entre os credos. Com o tempo, esta relação institucional foi se transformando em uma relação fraternal profunda e finalmente em uma genuína amizade pessoal", detalha.

Na primavera de 2010, Bergoglio o convidou a colaborar no Canal 21. "Depois de várias reuniões e propostas, cheguei à conclusão de que um programa de diálogo inter-religioso seria interessante e significativo. Seria uma forma de mostrar nos meios de comunicação o encontro fraterno entre as diferentes confissões de fé, uma realidade genuína, fecunda e crescente em Buenos Aires havia pelo menos uma década. Certamente, propus que o cardeal Bergoglio fosse um participante fixo", conta Figueroa.

Convencê-lo não foi simples. Mas afinal concordou, e assim nasceu o programa de televisão *Bíblia, diálogo vigente*. Skorka, Figueroa e Bergoglio apresentavam o pensamento a partir da própria perspectiva de fé (judaica, evangélica e católica) sobre diferentes temas da atualidade. "O ponto de contato na abordagem foram as Sagradas Escrituras, mas a amplitude e profundidade dos conceitos era livre e variada. Os temas eram ecléticos, mas de conteúdo social e com vigência permanente."

"Nunca nenhum dos três adotou uma postura em que se sentia o dono da verdade revelada, mas cada um se sentiu como mais um construtor de um pensamento superador, em um edifício conceitual trabalhado em conjunto", detalha Figueroa.

"Do padre Jorge conheci, durante este ciclo inesquecível, sua enorme capacidade de escuta, sua fina análise dos temas espirituais, sua bagagem de conhecimentos que variavam sem escalas de uma citação filosófica a uma letra de tango, seu histrionismo posto ao serviço de uma comunicação amena e sua enorme humildade ao evitar a autorreferência, salvo quando contava algum caso no qual se sentia aluno da vida e do Senhor de sua vida", detalha.

Tempos depois, a surpresa foi grande ao comprovar que este ciclo foi o único que o papa Francisco tinha realizado até a data. "Sem dúvidas, um fato histórico, um tesouro incalculável para seu querido Canal 21 e um legado vivo, profundo, ameno e descontraído de seu pensamento", acrescentou.

CAPÍTULO XI

Quando Deus vota: eleições no Vaticano

Não era o favorito. Seu nome não ecoava como primeira opção nas casas de apostas nem entre os vaticanistas, isto é, os analistas políticos dos vaivéns do Vaticano. No entanto, sempre foi "o candidato". Desde o primeiro momento em que os cardeais se encerraram na Capela Sistina, com os afrescos de Michelangelo como testemunhas, com a missão de escolher o 266º sucessor de Pedro, o nome de Jorge Bergoglio liderava a tendência. E já na primeira votação foi o número um.

Não fosse por sua insistência antes de partir de Buenos Aires em dizer que seus 76 anos o deixavam fora do páreo, centenas de pessoas hoje seriam milionárias. Nos dias prévios ao conclave, o especialista da Nottingham Business School britânica detalhou que as apostas pela eleição do novo papa podiam alcançar 11,5 milhões de euros.

Três dias antes de subir no avião que o levaria a Roma, Bergoglio recebeu na sede da cúria portenha um grupo de religiosos do Movimento Apostólico de Schoenstatt, uma comunidade alemã que tem sua sede em Florencio Varela, nos arredores da capital. Compareceram o padre Ángel Strada e um grupo de sacerdotes e seminaristas argentinos e paraguaios. Quando lhe perguntaram o que todos perguntavam naqueles dias, Bergoglio disse em tom irônico: "Fui informado de que em Londres há apostas. Podem apostar por mim." Em seguida riu e esclareceu: "Não, fiquem tranquilos. Para mim, o papa é escolhido pelo Espírito Santo."

Quando Deus vota: eleições no Vaticano

O encontro durou cerca de uma hora, no último sábado que Bergoglio passou em Buenos Aires. Eram 9h15 quando os religiosos chegaram à sede da cúria. Adiantaram-se 15 minutos, mas assim mesmo o cardeal os estava esperando na porta e os mandou entrar.

Strada conta que Bergoglio os recebeu com muito afeto, disse que não queria falar todo o tempo e que lhe perguntassem o que quisessem. A segunda questão se referiu a qual devia ser o perfil do novo pontífice. "Vou dizer coisas evidentes, mas são as coisas em que eu acredito. Primeiro, tem que ser um homem de oração, um homem profundamente vinculado a Deus. Segundo, tem que ser uma pessoa que creia profundamente que o dono da Igreja é Jesus Cristo e não ele, e que Jesus Cristo é o Senhor da história. Terceiro, um bom bispo. Deve ser um homem que sabe cuidar, acolher, terno com as pessoas, que sabe criar comunhão. E quarto, tem que ser capaz de limpar a cúria romana", disse o cardeal, segundo palavras do próprio padre Strada. "Sem saber, estava fazendo uma descrição de sua pessoa", acrescentou.

A Igreja não deve se fechar sobre si própria, disse. Tem que ir procurar os homens. "Bergoglio diz que nos enganamos ao pensar que no rebanho temos 99 ovelhas e há uma ovelha desencaminhada, que está fora. É exatamente o contrário: no rebanho temos uma ovelha e há 99 que estão fora." "Hoje não são necessários clérigos, não são necessários funcionários clericais, são necessários pastores que tenham cheiro de ovelha, pastores que estejam com as ovelhas, que nunca batam nelas, e sim, cuidem com muito amor", resumiu.

O encontro foi como uma antecipação do que ia acontecer. Não só porque o homem que os recebeu se tornaria papa. Também porque os quatro pontos que descreveu foram muito similares aos que enfatizou durante a reunião congregacional prévia ao conclave, em que os 115 cardeais que iam votar no novo supremo pontífice traçaram um perfil do guia que a Igreja católica necessitava. Do mesmo modo, porque as palavras escolhidas, "pastores com cheiro de ovelha", seriam as mesmas que pronunciaria na missa crismal da Quinta-feira Santa, já consagrado papa, para falar com os sacerdotes. Deve-se esclarecer que Strada divulgou estes pormenores de seu encontro com Bergoglio antes da Semana Santa e antes que o cardeal cubano divulgasse o conte-

A vida de Francisco

údo da exposição de Francisco diante do Colégio Cardenalício, prévio à eleição.

Se dessem ouvidos ao seu palpite, os seminaristas teriam feito uma aposta. Mas não, o próprio Bergoglio se encarregou de desalentar qualquer expectativa sobre a possibilidade de que fosse o escolhido. Quando lhe perguntaram como andava sua saúde, um dos sacerdotes o aconselhou a se cuidar: "Se o virem tão bem, os cardeais não vão deixá-lo voltar."

"Já tenho tudo pensado", respondeu Bergoglio, rápido nos arremates. "Comparecerei ao conclave com uma bengala, para que os outros cardeais digam: este velho não vamos eleger nunca."

Quando fez 75 anos, Bergoglio havia apresentado sua renúncia diante de Bento XVI, segundo estabelecem as normas do Vaticano. Tinha pensado em descansar, se aposentar. Para isto, começou a arrumar papéis e objetos pessoais. De fato, quando arrumou algumas coisas de seu escritório, deu a um colaborador uma pilha de textos para jogar fora. Queria deixar tudo organizado para que quem fosse ocupar o Arcebispado encontrasse as coisas mais ou menos em ordem.

Quando esse colaborador deu uma olhada nos papéis, imediatamente lhe disse: "Mas isto é um livro." Pôs mãos à obra e com poucos retoques, finalmente, a editora Claretiana publicou *Mente abierta, corazón creyente*, em julho de 2012.

Bergoglio estava decidido a sair de cena. Depois de ter permanecido à frente da Conferência Episcopal Argentina durante dois períodos de três anos, em novembro de 2011 deixou o cargo. Planejava se aposentar como arcebispo e começar uma vida mais tranquila, dedicada à oração e à meditação. De fato, já tinha um quarto escolhido na residência para sacerdotes e bispos eméritos do Arcebispado portenho. O quarto que ia ocupar, conforme se soube, não era muito diferente do modesto e austero plano dos novos aposentos papais em que Francisco decidiu se instalar. Recusou o luxo da residência oficial e optou por um despojado quarto a apenas 300 metros da Capela Sistina, no complexo Santa Marta, dentro do Vaticano, a mesma residência em que esteve hospedado durante o conclave.

Mas Bento XVI não aceitou a renúncia. Tinha "cheiro de ovelha" demais para se aposentar, sobretudo levando em conta a expectativa de vida média, que ampliou as fronteiras do período ativo das pessoas. Além do mais, em um contexto em que escasseiam bons pastores.

Bento estendeu por dois anos a vigência de seu cardinalato; uma das mensagens implícitas de Joseph Ratzinger para quem em 2005 tinha desistido da luta a fim de que seus votos no conclave fossem para o candidato alemão. Apesar de ter ascendido promovido pelo ramo mais conservador da Igreja, tamanho ato de grandeza impulsionou o papa a ter este e outros gestos de deferência para com seu principal oponente.

Em abril de 2005, quando a saúde de João Paulo II se agravou, não restaram dúvidas de que, depois de 27 anos de papado, o conclave para escolher um novo papa era iminente. Começaram os conchavos, os acordos e os conciliábulos. O Colégio Cardinalício, composto então por 117 membros, devia escolher o sucessor de Karol Wojtyła. Existiam dois grupos bem diferenciados. Os conservadores e os progressistas, embora alguns vaticanistas como Gerard O'Connell preferissem não utilizar definições tão ordotoxas na hora de classificar os cardeais por uma senha ideológica. O'Connell preferiu agrupá-los em dois blocos, em função de sua atitude diante do mundo e diante dos outros. Assim, enquanto uns podiam ser denominados "defensores da fortaleza", os outros seriam os "construtores de pontes".

Entre os primeiros estavam aqueles que queriam manter o *status quo* da rede de poder tecida no Vaticano depois de um dos papados mais longos da história. Com uma visão hierárquica da Igreja, "os outros" representariam um perigo para a identidade católica, considerando que a abertura ao mundo depois do Concílio Vaticano II debilitou a fé. O candidato natural deste grupo era Joseph Ratzinger, que então tinha 77 anos e havia sido o guardião da ortodoxia católica durante o pontificado de João Paulo II.

No caminho oposto estavam os "construtores de pontes", alguns mais progressistas que outros, mas todos coincidindo na necessidade de promover reformas na cúria romana. O'Connell os subdividiu, do mesmo modo, em "reconciliadores", abertos ao mundo mas com cautela e prudência, de modo a não alterar os fundamentos básicos da Igreja, e "os dos novos horizontes", impulsionadores de reformas mais profundas, que envolvessem, por exemplo, a colegialidade — maior participação dos bispos na tomada de decisões do papa — e o *aggiornamento* da doutrina em função das características da sociedade atual, o que implicaria uma nova atitude com relação aos divorciados e à moral sexual dos católicos.

Por aqueles dias, Bergoglio começou a ser mencionado pelos meios italianos e franceses como um favorito dentro da linha dos "reconciliadores". Abertura ao mundo, mas com cautela e prudência. A opção parecia encaminhar para um candidato que reunisse estas características e fosse equidistante entre os defensores do *status quo* e os reformistas ao extremo. Ainda estava fresca na memória dos cardeais eleitores a participação de Bergoglio no sínodo de bispos de setembro e outubro de 2001, quando — em virtude dos atentados contra as Torres Gêmeas em Nova York — tivera de assumir como relator do encontro, já que o cardeal nova-iorquino, inicialmente no posto, viu-se obrigado a renunciar à sua participação para se aproximar da tarefa pastoral em sua cidade.

Naquela ocasião, João Paulo II os havia convocado ao primeiro sínodo do século XXI para debater como deveria ser o bispo do terceiro milênio, com um pedido rápido aos bispos de todo o mundo para serem "efetivamente pobres" a fim de serem críveis e estarem ao lado dos excluídos. Não é uma casualidade, então, que Bergoglio tenha sobressaído com sua participação. Sem fazer nenhum tipo de campanha, e sete meses depois de ter sido nomeado cardeal, o argentino se colocou entre os favoritos.

Em distintos momentos de sua vida, sua discrição e sua grande eloquência o tinham lançado do anonimato ao papel de protagonista. Como Bergoglio faz para ser eleito sempre e sem mover um único dedo em seu favor? — se perguntavam os bispos latino-americanos que tinham participado da Conferência Episcopal de Aparecida em 2007. "Simplesmente sendo ele mesmo", foi a resposta.

Assim, faltando poucos dias para o início do conclave de 2005, apareceu uma alternativa para a ala reformista: instalar um candidato "bandeira" capaz de disputar a eleição com Ratzinger para depois canalizar os votos para uma figura menos magnificente.

Quando Deus vota: eleições no Vaticano

Esse candidato acabou sendo Carlo Maria Martini, ex-arcebispo de Milão, com boas chances de ser eleito supremo pontífice, mas, devido à sua idade — tinha 85 anos — e ao mal de Parkinson que o afligia, não se encontrava em condições de assumir tamanha responsabilidade. (Martini faleceria finalmente um ano antes da última eleição papal.)

Em 2 de abril de 2005, depois da morte da Wojtyła, abriu-se a incógnita da sucessão. Bergoglio estava rezando missa na Villa 21, quando soube da notícia. Viram-no consternado, ofuscado. No dia seguinte, dirigiu um serviço na Catedral Metropolitana pelo eterno descanso de João Paulo II e se preparou para viajar a Roma.

A constituição apostólica *Universi Dominici Gregis* — que significa "Todos os da grei de Deus" — determina que, ao morrer um papa, começa a reger sobre o Vaticano o sistema de "sé vacante". O governo da Igreja católica passa às mãos do Colégio Cardinalício, integrado por cardeais, que desde 1059 têm o direito e a responsabilidade de nomear o pontífice. Para poder participar como eleitores, os cardeais devem ter menos de 80 anos. Os de mais idade podem ser escolhidos e participar das reuniões preparatórias, mas não podem votar.

A cerimônia tem certos rituais bem-estabelecidos e rigorosos, que a maioria dos bispos eleitores em 2005 desconhecia, já que não tinham sido partícipes da eleição anterior do papa polonês. Em 1996, o processo eleitoral havia sido reformado. Entre outras coisas, nesse ano João Paulo II tinha estabelecido que o voto fosse secreto, por quórum de dois terços ou por maioria absoluta.

Os cardeais eleitores não podem ser mais de 120 e devem se reunir dentro da Santa Sé para escolher o sucessor. No entanto, a força da tradição faz com que, desde 1492, a votação se realize na Capela Sistina. Quando os cardeais entram na capela ficam proibidos de abandonar o recinto e manter qualquer tipo de contato com o mundo exterior, até que cheguem a um acordo.

Antes da eleição de João Paulo II, não havia quartos nem espaços apropriados para cobrir as necessidades que essa estadia impunha. Improvisavam quartos para que os cardeais dormissem nos salões contí-

A vida de Francisco

guos, mas o ambiente ficava desorganizado e caótico à medida que se estendiam as votações.

Por isso, João Paulo II decidiu erguer um complexo de 120 quartos e vinte salas dentro do Vaticano, chamado *Domus Sanctae Marthae* — Residência Santa Marta. Os cardeais o estrearam em 2005.

O conclave deve ser realizado entre o 15º e o vigésimo dia depois da morte do papa. Enquanto transcorrem esses dias, no Vaticano se tece todo tipo de estratégias e artimanhas.

O cardeal italiano Achille Silvestrini — que já havia superado os 81 anos — era o cérebro atrás dos reformistas, conhecidos como o grupo "Faenza". Silvestrini não votava, mas era considerado um *kingmaker*, ou seja, "fazedor de reis", alguém respeitado pelo eleitorado, que fixa tendência. No polo oposto, o colombiano Alfonso López Trujillo, o espanhol Julián Herranz (do Opus Dei) e Angelo Sodano, secretário de Estado do Vaticano, a quem muitos chamavam "os wojtylianos de ferro", colocaram-se à frente do bando ultraconservador.

Diante da ausência de um candidato nato, começaram as campanhas de desprestígio contra os principais postulantes, nas quais reformistas e conservadores se lançaram todo tipo de dardos envenenados.

Oito dias depois da morte de Wojtyła, diferentes cardeais denunciaram ter recebido de forma anônima uma publicação intitulada "Ob--Fidem-Et-Chlientela", um panfleto de cunho conservador que em suas páginas atacava Silvestrini e o definia como "um progressista no campo religioso e filocomunista no campo político". Também atacava o grupo Faenza e tudo o que tinha significado abertura durante o pontificado de João Paulo II.

Alguns dias depois, quando os jornais europeus já situavam Bergoglio entre os oito principais candidatos, começaram a circular publicações a respeito de uma suposta participação e falta de defesa para dois padres jesuítas que haviam sido sequestrados e torturados durante a ditadura militar argentina (ver o capítulo 4, "A difícil missão de aprender a governar").

Naquele momento, Bergoglio disse a seus colaboradores que a última coisa que faria seria responder. "Isto só daria importância aos difamadores", considerou. As campanhas desqualificadoras continuaram circulando e alcançaram inclusive Ratzinger, o candidato mais forte, que não obtinha o respaldo de mais de 40 eleitores, segundo se estimava no pré-conclave.

O bloco reformista decidiu avançar com sua nova estratégia para enfrentar os "wojtylianos de ferro". O primeiro movimento seria concentrar os votos do grupo na figura de Martini, um intelectual que havia alguns anos morava em Jerusalém para aprofundar seus estudos sobre a Bíblia. Embora sua doença lhe tirasse possibilidades, como candidato simbólico tinha suficiente poder para agrupar os reformistas e depois, em uma segunda instância, beijar um candidato real, para quem seus eleitores canalizariam seu voto.

"O candidato poderia ser um *outsider*", comentavam os vaticanistas naqueles dias.

Nas congregações prévias ao conclave os cardeais se reúnem para traçar um perfil do novo papa, mas sem mencionar nomes. Com este disparador se inicia o debate.

Na eleição de 2005, foi o padre Raniero Cantalamessa, o pregador da Casa Pontifícia, o responsável por traçar um *identikit* do novo papa, na décima congregação do sínodo, a penúltima antes do conclave. Ele falou sobre a necessidade de uma maior participação dos bispos no governo da Igreja universal.

Para Bergoglio, Cantalamessa não se tratava de um desconhecido. Tinham em comum a vocação ecumênica da Igreja, tanto que um ano mais tarde o sacerdote franciscano participaria como pregador de um encontro conjunto de católicos e evangélicos em Buenos Aires que teve Bergoglio entre seus promotores.

Durante as congregações gerais, Martini teve uma participação destacada. Da mesma maneira que Cantalamessa, havia proposto a necessidade da "colegialidade" para enfrentar temas urgentes como a condução da Igreja e as novas questões sobre a família e a sexualidade, entre outros.

Finalmente, as sessões se iniciaram em 18 de abril. "O conclave da incerteza", denominaram-no. A verdade é que era tamanha a dispersão de candidatos que o jornal da Santa Sé, *L'Osservatore Romano*, que imprime sua edição assim que aparece a fumaça branca, preparou sessenta capas diferentes com as fotos e os perfis dos possíveis ganhadores.

A vida de Francisco

Em sua condição de decano do Colégio Cardinalício, Ratzinger presidiu a missa "Para a eleição do romano pontífice", que dá início ao conclave na basílica de São Pedro. Foi uma homilia pragmática, do tipo tudo ou nada, que para muitos teve um tom bastante próximo do proselitismo religioso. Falou sobre a "ditadura do relativismo" e as distintas correntes de pensamento, o marxismo e o liberalismo, incluindo a "libertinagem". "Ter uma fé clara muitas vezes é visto como um fundamentalismo", disse. Tudo parecia encaminhado a exercer uma férrea defesa do modelo conservador na hora de conduzir a Igreja. Nem todos o aplaudiram quando finalizou sua mensagem, e inclusive houve troca de olhares entre as distintas facções.

Em seguida, os cardeais foram para a Capela Sistina e, depois de fazer o voto de confidencialidade, os 115 eleitores deram início à sessão. Bergoglio se sentou entre o cardeal indiano Varkey Vithayathil e o português José da Cruz Policarpo, que também figurava entre os favoritos. Quando a câmera de televisão o enfocou, antes que ordenassem a todas pessoas alheias à eleição que deixassem a sala, viu-se o argentino concentrado e em atitude de oração.

Quando votaram pela primeira vez não houve acordo. No entanto, a estratégia dos reformistas já havia sido colocada em movimento.

Fazia uma semana, o semanário italiano *L'Espresso* havia mencionado Bergoglio entre os principais papáveis e prognosticado que seria eleito caso se repetisse "o roteiro que em 1978 levou João Paulo II ao pontificado, quando os candidatos italianos se neutralizaram entre si e permitiram a eleição de um cardeal polonês". O título foi mais que sugestivo: Bergoglio na "*pole position*".

Finalmente, no segundo dia e na quarta eleição, apareceu a fumaça branca, e uma hora mais tarde foi proclamado ganhador Joseph Ratzinger, o primeiro pontífice alemão em quase cinco séculos, que escolheu o nome de Bento XVI.

Mas o que tinha acontecido entre a primeira e a quarta eleição para que o "conclave da incerteza" fosse definido em apenas quatro votações? Embora o segredo juramentado os impedisse de contar os pormenores da eleição, sob pena de excomunhão, tempos depois o hermetismo foi se suavizando e alguns dados fundamentais foram conhecidos.

Quando Deus vota: eleições no Vaticano

O único candidato alternativo a Ratzinger havia sido Bergoglio, conforme revelou Andrea Tornielli, um dos vaticanistas mais bem-informados da Itália, que atualmente escreve no jornal *La Stampa* e há alguns anos publica sobre temas religiosos em um site chamado *Vatican Insider.*

A estratégia da ala progressista de se alinhar atrás do candidato "bandeira" tinha dado seus frutos. Algumas fontes indicam que inclusive na primeira votação Martini superou Ratzinger. Na continuação, entrou em movimento a segunda fase do plano. Martini declinou ser o eleito por seus problemas de saúde, e de alguma forma estes votos se transferiram para o outro candidato de caráter progressista nas questões sociais, embora muito mais conservador que Martini em temas de doutrina: Jorge Bergoglio.

Era um moderado capaz de atrair votos dos dois setores em conflito e com capacidade para liderar uma reforma da Igreja.

Na segunda votação, o nome de Bergoglio apareceu em um grande número de papeletas. Na votação seguinte, as tendências se afiançaram: tanto Ratzinger quanto o argentino cresciam em adesões, ao mesmo tempo em que desapareciam os candidatos minoritários.

Mas tinham que continuar votando, já que nenhum dos dois conseguia superar os 77 votos necessários para alcançar os dois terços dos eleitores.

A disputa estava "cabeça a cabeça", disseram alguns vaticanistas. Bergoglio parecia nervoso. Sofria com cada novo voto que recebia, tanto que alguns dos cardeais temeram que, se fosse eleito, recusasse aceitar tamanha responsabilidade.

Não era a primeira vez que lhe acontecia. Segundo ele mesmo contou, quando uma situação nova se coloca de repente, sua primeira reação é a paralisia. A recusa. Depois, a decisão vai amadurecendo de outra maneira, mas sua primeira reação, a instintiva, a de sobrevivência, é de recusa.

Cabe destacar que Bergoglio nunca falou sobre o que tinha acontecido dentro do conclave. Nem com jornalistas que o consultaram nem com seus amigos íntimos. Fiel à sua coerência, sempre considerou que os segredos do conclave eram invioláveis.

Depois da terceira votação na terça-feira, houve uma pausa para o almoço. Neste *intermezzo*, Bergoglio teria intercedido diante de ou-

A vida de Francisco

tros para que seus votos fossem para Ratzinger. Conforme afirmou o teólogo Vittorio Messori, alguns anos depois houve "vozes coincidentes" em afirmar que Bergoglio pediu aos seus pares que votassem em Ratzinger.

Por quê? É difícil saber. Entre outras razões, levanta-se o argumento de que Bergoglio não queria ser um candidato da divisão, mas do consenso. Persistir em uma votação tão disputada podia significar que o conclave se prolongasse indefinidamente. Além disso, não queria ser eleito pelo voto "de oposição a Ratzinger".

Podia assumir a condução da Igreja tendo chegado ao cargo pela acumulação do voto residual dos reformistas e dos opositores ao candidato conservador? E se aceitasse... isto teria lhe conferido poder real suficiente para encarar as reformas da Igreja que tantos apregoavam? Dificilmente. Não sentia paz. Ser "o eleito" significava outra coisa. Sua hora ainda não tinha chegado.

Provavelmente sem saber disso, com sua decisão de renunciar à sua candidatura, Bergoglio tinha aberto o atalho que oito anos mais tarde o conduziria ao trono de Pedro.

Com seu gesto, ganhou a popularidade e o apreço daqueles que acreditavam que, para encarar a reforma da Igreja, era preciso pôr fim às disputas internas vaticanas. Bergoglio abriu um caminho de diálogo e consenso que muito em breve voltaria a percorrer como protagonista.

Sua atitude lhe valeu a incondicionalidade de Bento XVI, que soube valorizar seu gesto de grandeza. Talvez tenha sido parte do começo de um papado distinto do que esperavam os setores ultraconservadores do Vaticano, quando incentivaram sua candidatura.

Quase oito anos mais tarde, em 11 de fevereiro de 2013, ao constatar que o poder de seu mandato estava sendo boicotado pelas intrigas vaticanas e afligido por seus problemas de saúde, Bento XVI anunciou que deixaria o cenário. Punha fim assim a séculos de papado vitalício, talvez uma das reformas mais vigorosas promovidas na sua gestão, num século caracterizado pelas vertiginosas mudanças sociais.

"Minha decisão de renunciar ao ministério petrino não revoga a decisão que tomei em 19 de abril de 2005 [quando foi eleito Papa]. Não retorno à vida privada, a uma vida de viagens, encontros, conferências.

Não abandono a Cruz, continuo de uma nova maneira com o Senhor Crucificado. Continuo a seu serviço no recinto de São Pedro", disse em sua última aparição pública. "O Senhor nos deu muitos dias de sol e brisa leve, dias em que a pesca foi abundante, mas também momentos em que as águas estiveram muito agitadas e o vento contrário, como em toda a história da Igreja, e o Senhor parecia dormir."

"Da cruz não se desce", sentenciou o cardeal polonês Stanislaw Dziwisz, arcebispo de Cracóvia e ex-secretário de João Paulo II, que enfatizou que Wojtyła tinha permanecido em seu posto apesar de sua prolongada doença.

Depois da divulgação da renúncia, os caluniadores descarregaram todas as suas armas. Mas a decisão — inédita— estava tomada. Em 28 de fevereiro, o papa deixou o Vaticano, fecharam-se suas portas e começou a vigorar a sé vacante. Todas as atividades da Santa Sé ficaram suspensas, até que o Colégio Cardinalício se reunisse e se realizasse o conclave para escolher o sucessor.

Nos últimos dois anos, aumentaram as crises de poder no Vaticano. Nenhuma das duas facções dentro dos conservadores que tinham incentivado a candidatura de Ratzinger em 2005 o apoiava oito anos mais tarde. Bento XVI sentiu esse vazio de poder. Durante os último tempos, os grupos internos tinham dado origem a diversos escândalos que terminaram por arranhar sua imagem como líder da Igreja católica.

O "Vatileaks" foi uma das maiores crises de seu papado. O vazamento de uma centena de documentos internos, entre eles numerosas cartas privadas dirigidas ao papa ou ao seu secretário, desencadearam uma onda de questionamentos em nível mundial.

A notícia do vazamento foi conhecida no início de 2012. Um canal de notícias italiano tornou públicas algumas cartas enviadas ao papa pelo núncio nos Estados Unidos, Carlo Maria Viganò, em que denunciava a "corrupção, prevaricação e má gestão" na administração vaticana. Pouco depois, vários jornais vazaram outros documentos nesta mesma linha, incluindo um sobre um suposto complô para assassinar Bento XVI antes do final daquele ano.

No decorrer do tumulto, Bento XVI criou uma comissão cardenalícia, presidida pelo espanhol Julián Herranz, para esclarecer os fatos.

A vida de Francisco

Mais de trinta pessoas foram interrogadas pela comissão. Em 19 de maio de 2012, as dimensões do escândalo eram intratáveis. Foi publicado o livro *Sua Santità*, do jornalista italiano Gianluigi Nuzzi, que compilou mais de uma centena de documentos reservados enviados ao papa e a seu secretário, Georg Gänswein, e da Santa Sé, que revelam as tramas e intrigas no Vaticano.

Em 23 de maio de 2012, o ex-mordomo do papa, Paolo Gabriele — também conhecido como o "Corvo" —, foi detido pela polícia depois de encontrarem em sua casa milhares de documentos fotocopiados e numerosos originais que pertenciam ao papa. Muitos deles tinham sido publicados por Nuzzi em seu livro. Dois dias depois também foi preso o analista de sistemas responsável Claudio Sciarpelletti, após encontrarem entre seus pertences um envelope com documentos que supostamente lhe tinha sido entregue por Gabriele.

O "Vatileaks" foi percebido como o produto da luta de facções entre cardeais italianos, que com suas manobras políticas continuavam dominando o governo da Igreja. Estes grupos instalaram um verdadeiro poder paralelo ao do Bento XVI, que, embora fosse muito respeitado por sua mensagem religiosa, recebeu fortes críticas a respeito de sua má administração e por não ter conseguido pôr fim às lutas internas no Vaticano.

Pouco antes de deixar a sé vacante, Bento XVI recebeu, dos três cardeais a quem tinha encarregado de investigar, o relatório final, de cerca de trezentas páginas. Leu-o e decidiu que o documento continuaria sendo secreto e que seria entregue unicamente ao seu sucessor. As versões preliminares o teriam deixado perturbado: revelavam com riqueza de detalhes uma obscura trama de lutas de poder, de corrupção, e inclusive de um *lobby gay* dentro do poder central da Igreja, segundo o jornal italiano *La Repubblica*, que destacou que isto teria determinado sua renúncia.

Quando começou a vigorar a sé vacante, o decano do Colégio Cardinalício, Angelo Sodano, convocou os cardeais para realizar as primeiras reuniões preparatórias, as congregações gerais, na Aula Nuova do Sínodo do Vaticano. Como ficou dividido o eleitorado cardinalício? Em consequência das lutas internas dentro da cúria vaticana, os cardeais "curiais" tinham se separado em dois grupos. Um deles congregou os italianos que não queriam ser expulsos da administração central depois dos escândalos. A aspiração máxima era manter o *status quo*. O máximo expoente desta facção era o próprio decano e ex-influente secretário de Estado de João Paulo II. A outra facção era liderada pelo grande adversário de Sodano, o cardeal Tarcisio Bertone, que foi questionado como secretário de Estado de Bento XVI.

No contexto de seu confronto, Sodano e Bertone tiveram que compartilhar a condução do novo conclave. Enquanto Sodano era o decano do Colégio Cardinalício e presidia a maioria dos encontros, Bertone era o camerlengo. Finalmente, os dois cerraram fileiras atrás do mesmo candidato, o cardeal brasileiro Odilo Pedro Scherer, arcebispo de São Paulo. Era o candidato perfeito: respondia à exigência de ser latino-americano, mas tinha um "coração romano" que jogaria a favor de que as coisas permanecessem como estavam.

As coisas estavam complicadas.

O cardeal italiano Angelo Scola — arcebispo de Milão, de 71 anos, e membro do grupo Comunhão e Libertação— não foi impulsionado por seus compatriotas, mas por um grupo de norte-americanos e latino-americanos que acreditavam ver nele um homem forte, conhecedor das divisões do Vaticano, alheio às intrigas da cúria e capaz de lhes fazer frente para encarar as reformas necessárias.

Segundo as especulações dos dias prévios, outro candidato era o canadense Marc Ouellet, prefeito da Congregação para os Bispos e presidente da Comissão para a América Latina, que morou durante muito tempo na Colômbia, é poliglota e tem 68 anos.

Aqueles que aspiravam a uma mudança progressista mencionavam dois candidatos: o cardeal norte-americano Sean Patrick O'Malley, arcebispo de Boston, e o filipino Luis Antonio Tagle, arcebispo de Manila, chamado o "Wojtyła do Oriente". No entanto, os 55 anos deste último pareciam ser o maior impedimento, não por sua falta de experiência mas porque ninguém queria um papado tão longo.

Bergoglio aparecia na lista de favoritos? Sim, mas entre as últimas opções. Sua idade representava o principal obstáculo.

Quando ninguém apostava um dólar nele, o vaticanista Andrea Tornielli colocou uma ficha por Bergoglio. Em uma entrevista com a correspondente do *La Nación* em Roma, Elisabetta Piqué, publicada três dias antes da eleição final, disse: "Penso que Bergoglio continua sendo uma figura importante, de referência, de estima e de atenção." Mas, quando lhe perguntou em quem apostaria todas as suas fichas, o italiano hesitou. Não jogaria "todas" as fichas, mas colocaria muitas em Ouellet.

Era verdade. Na Argentina e no mundo, ninguém previu o resultado final.

Antes de entregar o anel do pescador, para que fosse destruído, Bento XVI teve um gesto para Bergoglio. Designou-o membro da Pontifícia Comissão para a América Latina — CAL.

Quando soube da renúncia de Bento XVI, Bergoglio se surpreendeu. "Fala-se de um papa conservador. Mas o dele foi um gesto revolucionário, uma mudança em seiscentos anos de história", disse de Buenos Aires. "Considero que se trata de uma decisão muito pensada diante de Deus e muito responsável por parte de um homem que não quer errar ou deixar a decisão nas mãos de outros", declarou. Duas semanas depois, tomou o voo da Alitalia com a convicção de que viajaria para escolher o sucessor. Em cima de sua mesa deixou assuntos pendentes e documentos sem assinar. Tinha passagem de volta para 23 de março.

Antes de partir, despachou alguns envelopes com o sermão que ia dar na missa crismal de 28 de março. Tinha a gentileza de enviá-lo a alguns de seus amigos, aqueles com quem gostava de debater sobre teologia, ainda que fossem judeus, evangélicos ou muçulmanos.

Em 27 de março de 2013, a carta foi colocada embaixo da porta de Marcelo Figueroa (ex-presidente da Sociedade Bíblica Argentina), o apresentador do programa que Bergoglio e o rabino Skorka realizavam pelo Canal 21, do Arcebispado portenho. Figueroa pegou o envelope, abriu-o e leu a carta, surpreso pelo conteúdo dessa mensagem extemporânea que mesmo assim se ajustava perfeitamente às circunstâncias.

Quando o avião aterrissou no aeroporto de Fiumicino, Bergoglio esperou para desafivelar o cinto de segurança como qualquer cristão. Também esperou sua vez para descer e se dirigiu à esteira de bagagem. Enquanto esperava que sua mala preta aparecesse entre as faixas de borracha, um jornalista que estivera no mesmo voo se aproximou e se surpreendeu que não viajasse com uma comitiva. Trocaram algumas palavras e, quando sua bagagem apareceu, o arcebispo resgatou a mala, despediu-se amavelmente e foi caminhando para tomar o trem até a estação Termini. Dali, pegaria um ônibus para desembarcar no Vaticano.

Foi o único cardeal que chegou a pé.

Pela frente teriam várias semanas de deliberações até encontrar o candidato indicado. A renúncia de Bento XVI tinha deixado o Vaticano sem manual de procedimentos, e era preciso pôr em movimento o complexo mecanismo do conclave.

As congregações gerais, em que os cardeais descrevem a situação da Igreja em cada país e traçam um perfil do pontífice que se requer no momento, foram fundamentais na eleição do novo papa. O padre Cantalamessa, pregador da Casa Pontifícia, ficou encarregado da primeira análise.

Cantalamessa e Bergoglio se cumprimentaram com afeto, felizes de voltar a ver-se.

Atribuíram a Bergoglio uma participação destacada no primeiro dia do encontro. Isso não significava que fosse um dos candidatos mais fortes, mas que era considerado um *kingmaker*, uma voz autorizada, um marcador de tendências. Dois dias antes de sua dissertação, *La Stampa* fez menção à importante participação do cardeal argentino, mas voltou a insistir que Bergoglio não era considerado um "papável" devido à sua avançada idade. "Nos últimos anos, o prestígio de Bergoglio foi crescendo tanto na Igreja latino-americana quanto dentro do Colégio Cardinalício." Também deu como fato que seria "uma peça chave nas congregações gerais e no conclave".

E assim foi. Quando todos os cardeais aguardavam em silêncio, Bergoglio, com voz serena, pausada e coloquial, dirigiu-lhes uma mensagem que obrigou muitos a repensar o nome de seu candidato.

As congregações gerais desempenharam um papel decisivo para postular e descartar candidatos. Ali jogou sua sorte um dos favoritos, o brasileiro Scherer. Um dos eixos da controvérsia tinha sido por que os cardeais não podiam ter acesso ao relatório secreto sobre o "Vatileaks". Outro ponto polêmico era a situação das finanças do Vaticano. "É realmente necessário que o Vaticano tenha um banco?" — questionou um dos cardeais na segunda-feira 11 de março pela manhã, durante a última congregação preparatória.

O secretário de Estado de Bento XVI e cardeal camerlengo na sé vacante, Tarcisio Bertone, leu um benevolente relatório de 15 minutos sobre o estado e a administração do Instituto para as Obras de Religião (IOR), conhecido como o "banco" do Vaticano. Imediatamente, a controvérsia explodiu: trinta cardeais rebateram e relativizaram sua versão, à luz dos escândalos e denúncias de administração fraudulenta. Não foram poucos os que especularam que o Instituto deveria ser liquidado definitivamente.

Scherer, o candidato da cúria romana, como membro de uma das comissões encarregadas de custodiar as finanças da Igreja, saiu em defesa de Bertone e isso lhe custou o voto de muitos cardeais.

Durante as reuniões prévias, a figura de Bergoglio tinha começado a atrair interesse, sem que ele se encarregasse de se promover. O desencanto que produziu o alinhamento de Scherer com a condução dominante no Vaticano também colaborou.

Na terça-feira, a Capela Sistina e a residência de Santa Marta amanheceram blindadas por um escudo eletromagnético. Segundo relataram alguns dos cardeais, foi utilizado um sistema similar ao empregado pelos Estados Unidos para evitar vazamentos. Acabava de começar o conclave e estava proibida qualquer comunicação com o exterior. Nada de celulares nem computadores nem internet. Como nos velhos tempos, os cardeais se isolaram para votar.

No primeiro dia, subiram nos ônibus brancos e foram transportados até a catedral de São Pedro, onde teve lugar a missa "Pro Eligendo Romano Pontifice", presidida pelo cardeal Sodano, reitor do Colégio Cardinalício.

À tarde começou oficialmente o conclave.

Os cardeais ingressaram na Capela Sistina em fila dupla, com seus trajes vermelhos e cantando uma invocação ao Espírito Santo. Em meio aos cânticos litúrgicos, e com os magníficos afrescos de Michelangelo sobre suas cabeças, os cardeais eleitores juraram, primeiro em conjunto — com um texto lido por Giovanni Battista, decano da assembleia — e depois de maneira individual, guardar o segredo do conclave. A cerimônia foi transmitida ao vivo pela televisão.

Quando Deus vota: eleições no Vaticano

A Capela Sistina tem três seções, já que foi construída como o templo de Jerusalém. Na primeira encontra-se a lareira onde são queimados os votos dos eleitores. Na segunda se localizam os eleitores, divididos em quatro longas mesas, dispostas contra as paredes laterais. No centro e com a imagem do Juízo Final como fundo se localiza o estrado e, atrás, a mesa em que serão contados os votos.

Cada eleitor recebeu uma pasta de couro vermelho. Dentro figurava a lista completa dos nomes dos cardeais elegíveis.

Uma vez que todos realizaram seu juramento, o mestre de cerimônias Guido Marini pronunciou o secular "Extra omnes!" — Fora todos —, ordenando a saída de todas as pessoas alheias à eleição. Com um golpe sonoro, a capela ficou isolada.

Quão real era o isolamento? Total, segundo alguns dos cardeais. As janelas estavam fechadas e com faixas de segurança. Nem sequer na sala de jornalistas a internet funcionava. Na tarde em que Francisco foi eleito chovia forte, e quando se preparavam para sair à sacada para dar a notícia, alguém perguntou se havia muita gente na praça. "Está cheia, apesar de estar chovendo." Em seu isolamento, os cardeais nem sequer sabiam disto.

Na realidade, este último conclave foi bem breve. Em 1268, por outro lado, os cardeais demoraram dois anos e nove meses para escolher o novo pontífice, na cidade de Viterbo, perto de Roma. Para estimulá-los a decidir, o povo decidiu tirar o teto do Palácio dos Papas, onde estavam reunidos, selou portas e janelas, e os submeteu a uma dieta de pão e água. Aí nasceu o termo "conclave", que em latim significa "o que se fecha com chave".

Como foi que Bergoglio, que não figurava entre os favoritos, ganhou a eleição com mais de 90 votos? Embora a primeira fumaça tenha sido preta, desde a primeira votação ficou claro que Bergoglio era uma das tendências.

Nas horas seguintes, foram se somando adesões provenientes de distintos setores. Aos que haviam ficado deslumbrados com sua participação, somou-se um grupo de cardeais norte-americanos dispostos a respaldar o argentino. Também o arcebispo de Paris, André Vingt-Trois.

Distintas versões indicaram que durante o jantar de terça-feira na Santa Marta, que se estendeu até altas horas da noite, com direito a conhaque, o francês teria dito aos seus: "Bergoglio é melhor opção que Scola." Os dois candidatos principais se afastavam e abriam caminho a uma nova opção.

Na manhã de quarta-feira, na segunda e terceira votações, a tendência já parecia marcada, mas nenhuma era conclusiva.

No conclave, cada eleitor recebe uma pilha de papeletas em branco, nas quais deve escrever o nome ou sobrenome de seu candidato. Deve fazê-lo com letra diferente da sua, para respeitar o anonimato do voto. Depois, em fila, cada um deposita seu voto na urna, segundo a ordem de localização.

Para cada votação são escolhidos três escrutinadores. Um tira a papeleta com o voto, anuncia o nome e a passa para o que está ao lado, que confirma o que foi dito. O terceiro cardeal se encarrega de certificar que não haja erros. Depois da recontagem, queimam-se as papeletas na lareira da capela. Queimam inclusive qualquer papel que os cardeais tenham usado para fazer anotações; tudo deve ser destruído pelo fogo.

Antigamente, eram usados diferentes sistemas para que a fumaça fosse preta ou branca. Desde jogar peixes até queimar palha úmida ou seca. Mas estes procedimentos muitas vezes originavam uma nuvem cinza que não era conclusiva, além de encherem de fumaça a Capela Sistina. Por isso, para este conclave, a lareira incorporou um novo dispositivo: a chaminé conta com um segundo compartimento onde é colocado fogo com lactose ou enxofre para produzir a fumaça branca ou preta que se visualizará desde a praça de São Pedro.

Em quem o papa votou? Dado o completo anonimato do voto, é difícil saber. No entanto, vários de seus próximos deixaram escapar um nome, embora não de todo seguros: Sean Patrick O'Malley, cardeal de Boston.

Este frade capuchinho tem uma história interessante.

O'Malley é um cardeal "blogueiro". Tem uma conta no Twitter e mais de 13 mil seguidores. Seu estilo sereno e simples, próximo das pessoas, representou uma verdadeira mudança para a arquidiocese de Boston. O'Malley chegou a se transformar na máxima autoridade da

Quando Deus vota: eleições no Vaticano

Igreja dessa cidade depois que os escândalos de pedofilia salpicassem seu antecessor, Bernard Francis Law, com quem Francisco cruzou na basílica da Santa Maria Maior no primeiro dia de seu papado. Disse então aos seus colaboradores: "Não quero que frequente mais esta basílica." Law é acusado de haver encoberto padres pederastas entre 1984 e 2002.

O'Malley o substituiu e depois aplicou uma política de "tolerância zero" contra esse tipo de delito. Além de sua simpatia e simplicidade, o capuchinho é reconhecido entre seus pares por ter tomado a corajosa decisão de vender a residência do arcebispo para indenizar as vítimas de abusos sexuais durante a gestão de Law. Depois se mudou para um quarto modesto em um seminário e coordenou reuniões periódicas com as vítimas para ouvir seus relatos. Muito ao estilo de Francisco.

Não é preciso saber muito mais sobre ele para entender por que Bergoglio lhe tem grande afeto. De fato, em 2012, quando O'Malley visitou a Argentina e o Paraguai para percorrer as ordens dos capuchinhos, se reuniram no apartamento que Bergoglio ocupava na cúria, e o argentino lhe deu de presente um CD com a *misa criolla*, uma obra musical folclórica com textos litúrgicos adaptados para este propósito.

O'Malley, de 68 anos, passeou no conclave com suas sandálias franciscanas e foi um forte candidato. Debilitada a tríade Scherer, Scola e Ouellet, vários meios italianos o colocavam entre os quatro principais papáveis.

"Se uma condição para ser papa é não desejar o posto, então eu sou a pessoa que mais condições reúno", disse, irônico, O'Malley, que, quando retornou a Boston, se alegrou por não ter sido eleito. "O papa é um prisioneiro em um museu. Espero que Francisco encontre a maneira de poder sair à rua, como ele tanto gosta", declarou.

Naquele meio-dia em que se definiria o jogo, Bergoglio e O'Malley se sentaram juntos para almoçar, na residência de Santa Marta. Foi quando, segundo distintas versões, terminaram de tecer os acordos que o levariam ao trono de Pedro.

Sentaram-se juntos e brincaram. "Pude ver que estava sob muita pressão àquela altura. Quase não comeu nada", disse O'Malley.

Durante as duas últimas votações, boa parte do eleitorado italiano passou seus votos para Bergoglio. Scherer, na terceira votação, caiu definitivamente. Scola, por seu lado — segundo vazou —, ao ver que suas chances haviam se esfumado, teria tido com Bergoglio um gesto similar ao de 2005: teria pedido a seus pares que votassem no argentino. Na quarta rodada já quase se alcançaram os dois terços dos votos, e na quinta a recontagem foi definitiva.

Quando o nome de Bergoglio superou as 77 papeletas, explodiu um aplauso. "Não se esqueça dos pobres", disse-lhe ao ouvido o cardeal Claudio Hummes. Tiveram que pedir ordem para poder completar a recontagem, que havia superado os 90 votos com folga.

"Sou pecador, mas aceito", disse Bergoglio, e anunciou que seu nome seria Francisco, por São Francisco de Assis, algo que encheu O'Malley de orgulho. Depois, passou à chamada Sala das Lágrimas, na sacristia da Capela Sistina, onde o esperavam três trajes brancos para que os experimentasse e vestisse o que melhor servisse.

Enquanto acendiam a fumaça branca para avisar o mundo que a Igreja já tinha papa, os cardeais se prepararam para sair à sacada e revelar a identidade do novo líder. Antes, participaram de um Tedeum por Francisco.

Os cardeais então acabaram de tomar consciência do término de seu isolamento e perguntaram se havia muita gente reunida na praça. Depois, todos caminharam para a sacada a fim de fazer o grande anúncio. O resto é história conhecida.

Quais tinham sido as palavras de Bergoglio diante da congregação geral para despertar tantas simpatias entre seus pares? Bergoglio parou diante dos cardeais e com tom simples e suave falou sobre a misericórdia de Deus e da Igreja de que o mundo precisa na atualidade: uma Igreja evangelizadora, não mundana; que vá até os marginalizados e evite concentrar-se em si mesma, presa de suas vísceras e doenças. A partir destas definições, traçou o perfil de como devia ser o papa adequado.

"Evangelizar deve ser a razão de ser da Igreja. Supõe nela a audácia de sair de si mesmo. A Igreja é chamada a sair de si mesma e ir para as periferias, não somente as geográficas, mas também as periferias existenciais: as do mistério do pecado, as da dor, as da injustiça, as da ignorância e ausência religiosa, as do pensamento, as de toda miséria", disse diante de um auditório que seguia suas palavras em completo silêncio.

Quando Deus vota: eleições no Vaticano

"Quando a Igreja não sai de si mesma para evangelizar, se torna autorreferencial e então adoece. Os males que, ao longo do tempo, se dão nas instituições eclesiásticas têm raiz na autorreferencialidade, um tipo de narcisismo teológico", sentenciou. Cultivando uma fala breve e pausada, Bergoglio costuma conseguir uma evidente concentração do auditório. Não é simples quando os que estão sentados em frente são os cardeais que vão escolher o novo papa. Mas, mesmo assim, Bergoglio se manteve fiel ao seu estilo. E os resultados foram conclusivos.

"No Apocalipse, Jesus diz que está à porta e bate. Evidentemente, o texto se refere a que bate de fora a porta para entrar... Mas penso nas vezes que Jesus bate de dentro para que o deixemos sair. A Igreja autor-referencial pretende Jesus Cristo dentro de si e não o deixa sair", conti-nuou. "A Igreja, quando é autorreferencial, sem se dar conta, acha que tem luz própria; deixa de ser o *mysterium lunae* — mistério da lua — e dá lugar a este mal tão grave que é a mundanidade espiritual, que segun-do [o teólogo jesuíta Henri] de Lubac é o pior mal que pode sobrevir à Igreja: este viver para dar-se glória uns aos outros", acrescentou.

"Simplificando: há duas imagens de Igreja: a Igreja evangelizadora que sai de si — a *Dei Verbum religiose audiens et fidenter proclamans* — e a Igreja mundana que vive em si, de si, para si", disse.

O diagnóstico estava esboçado: a opção era entre uma Igreja que saísse para fora e uma que ficasse encerrada em si mesma. De qual das duas os cardeais queriam ser parte? "Isto deve dar luz às possíveis mu-danças e reformas que se deve fazer para a salvação das almas", concluiu Bergoglio.

Antes de se despedir, particularizou as características que o novo pontífice devia ter como sacerdote: "Pensando no próximo papa, [deve ser] um homem que a partir da contemplação de Jesus Cristo e da ado-ração a Jesus Cristo ajude a Igreja a sair de si para as periferias existen-ciais, que a ajude a ser a mãe fecunda que vive da 'doce e confortadora alegria de evangelizar'", rematou.

Bergoglio desceu do estrado e, antes de chegar ao seu assento, o auditório explodiu em aplausos.

Tinha sido um discurso breve, animador e direto. Com uma gran-de clareza de objetivos. "Foi uma intervenção que me pareceu magistral,

A vida de Francisco

esclarecedora, comprometedora e verdadeira", disse o cardeal cubano Jaime Ortega.

Depois se seguiram outras mensagens, mas, quando se fez um intervalo, Ortega abriu caminho entre os cardeais e esperou sua vez para felicitar Bergoglio. Estava fascinado com suas palavras. Pediu-lhe uma cópia de seu texto, porque queria compartilhar a mensagem com os seus quando retornasse a Havana. Bergoglio se desculpou e lhe disse que não tinha. Seu discurso estava escrito a mão e em castelhano, com aquela letra apertada que o caracteriza. Finalmente, na manhã seguinte o argentino lhe deu de presente o original.

Tão simples, tão transparente, sua mensagem havia causado impacto no eleitorado. E definira o curso da votação.

"Um homem de oração, de contemplação, capaz de tirar a Igreja de seu egocentrismo e levá-la à periferia onde a esperam milhões de necessidades?", perguntaram-lhe outros cardeais.

A conclusão foi unívoca: "Este homem é você."

Capítulo XII

O papa do povo e seus desafios

Finalmente chegou. Está ali. Vestido com uma cor que ele jamais teria escolhido. Encarnando um sonho que nunca teve. De pé diante de uma praça que de repente adquiriu o tamanho do mundo. Há vertigem em seu olhar. Está a ponto de romper o estrito protocolo do Vaticano. Sabe disto. Há uma submissa obediência em sua atitude e em seu traje. Brilha a revolução em seu olhar. Embora preferisse estar do outro lado das cortinas vermelhas da sacada, sabe que está ali por uma só razão: contar ao mundo o segredo dos pobres.

Por onde começar? Ah, sim, pelo misterioso poder da humildade, talvez. Então ajoelha seu coração e pede ao povo que reze sobre ele. Abaixa a cabeça e ouve. Recebe, sente. Não pediu que orassem por ele. Pediu que o fizessem "sobre" ele. Assim, o primeiro ato de seu governo como soberano da Igreja Universal foi justamente o de se submeter. Colocar-se abaixo. Pedir e receber.

Do outro lado destas rezas há milhares, milhões de corações, alguns felizes e outros abatidos. Corações ardentes, distantes, feridos, desanimados, indiferentes, calados e também alguns desejosos de reconciliação. Francisco recebe as preces como se as fizessem ao seu ouvido. Mais que sumo pontífice, seu desejo sempre foi ser uma ponte que muitos atravessem para voltar a se aproximar de Deus.

Como reconstruir essas pontes em um mundo em que reinam a incomunicação e a desconfiança, em que as seguranças de ontem se transformaram hoje em tábuas de madeira podres e ocas, a ponto de rachar assim que alguém coloque um pé sobre elas? Como restaurar esses vínculos corroídos?

Seu exemplo foi o melhor primeiro passo. Em Roma, no Vaticano e no mundo, as coisas tinham começado a mudar.

Aqueles que não o conheciam tiveram que aprender primeiro seu nome. Depois, checar onde ficava exatamente "o fim do mundo". Por último, colegas e desconhecidos o descobriram: é alguém que viaja de ônibus, que entra nas *villas* como qualquer morador. Vive atento às necessidades dos outros. Seus pequenos gestos são o mais dileto de sua personalidade. É um excelente orador, mas o poder de suas palavras não provém do que diz nem de como o diz. Não é a mensagem que dá, nem sua retórica. Pelo contrário, ele é a mensagem.

Sua vida, seu exemplo, seu compromisso não deixam lugar a contra-argumentações. E, assim, a força da coerência convence — de forma quase sobrenatural — quem o ouve.

Isto também é parte do mistério que Francisco veio contar. Muitos inclusive em sua pátria só conheceram sua obra quando foi nomeado papa. Primeiro sentiram orgulho porque era argentino, depois o descobriram e então sentiram orgulho de ser eles próprios argentinos.

A notícia atravessou várias etapas de felicidade. A primeira, por sentir que os argentinos têm uma bandeira em quase todos os lugares de poder no mundo. Temos Lionel Messi no Barcelona, Diego Maradona em Dubai, Máxima Zorreguieta na Holanda... "Só nos falta plantar um presidente norte-americano, e o mundo será nosso", foi uma das piadas que circularam pelas redes sociais nos dias seguintes. A argentinidade nos saía do peito.

Mas pouco a pouco a notícia começou a perfurar novas etapas ou razões de felicidade. Por sua humildade, por sua integridade, pela dialética irrepreensível de seus pequenos gestos, pela coragem de querer mudar o mundo aos 76 anos...

Como não nos demos conta antes? Por que não o escolhemos como presidente?, ironizaram alguns.

O papa do povo e seus desafios

Ouvi a melhor resposta no rádio, dentro de um táxi. Os peixes não veem a água quando estão nela. Da mesma maneira, é provável que muitos argentinos tenhamos necessitado vê-lo de longe, de fora, no Vaticano, para reconhecer em Bergoglio suas qualidades de pastor.

Quem mais poderia ser papa?, pensamos. Agora tudo parece tão evidente... Obviamente esta reflexão feita depois dos acontecimentos carece de valor.

Seus primeiros gestos foram uma verdadeira mensagem à fé dos mais céticos. O primeiro convite à reconciliação. Recusou-se a usar a estola papal, descartou a cruz de ouro e, em vez dos sapatos vermelhos, calçou seus velhos companheiros de estrada, com que tinha percorrido as *villas* e centenas de procissões. Nada de limusines nem de luxuosas residências papais. Depois de se tornar papa, viajou no ônibus branco com outros cardeais e até apareceu na Casa Santa Marta para pagar os gastos de sua estadia. Também ligou para o seu jornaleiro em Buenos Aires para cancelar as encomendas. A mensagem estava clara. Nada de contas pendentes. Adeus ao esbanjamento de "recursos suados do povo", como disse uma vez a um presidente.

Depois proclamou que queria uma "igreja pobre para os pobres". Pediu que não se perdesse a esperança nem se abrisse espaço ao pessimismo, e até advogou pelo diálogo e pelo perdão. Comoveu o mundo na Quinta-feira Santa lavando os pés de 12 jovens detentos em uma instituição para menores em Roma. Reuniu-se com seu antecessor, Joseph Ratzinger, e lhe pediu que rezassem juntos, como irmãos, para desalentar as versões que alguns animam na Europa a respeito de que Bento XVI exerceria o poder por trás de Francisco.

Durante as primeiras semanas de seu papado, a frase "Sabe o que o papa 'aprontou' hoje?" se instalou em Buenos Aires como disparador das conversas cotidianas. Não há nada de irreverente neste modo de falar tão popular quanto o próprio papa. O próprio Bergoglio o teria usado para enfatizar uma conversa.

Nos dias seguintes, Francisco se juntou de surpresa à missa celebrada pelos jardineiros do Vaticano e até lhes pediu que não se distraíssem nem se sentissem constrangidos por sua companhia. Beijou os bebês e benzeu os deficientes que encontrou em seu caminho no dia em que assumiu como sumo pontífice. Evitou os guardas de segurança para sentir o calor popular.

Um papa próximo. Um papa do povo. A revolução da fé já estava em movimento e se propagava de Roma a Buenos Aires e pelo mundo inteiro, levantando suas duas bandeiras: a austeridade e a humildade.

Os resultados ficaram à vista em poucos dias, inclusive para os mais céticos. No domingo seguinte à eleição, a cena se repetiu nas igrejas e templos dos distintos credos em Buenos Aires: a assistência no mínimo dobrou. Durante a semana, nas paróquias, aconteceu uma coisa que fazia tempo não acontecia: houve filas nos confessionários. Depois da eleição de Jorge Bergoglio como papa se desatou na Argentina uma explosão de espiritualidade. Milhares de pessoas, que durante muito tempo se mantiveram afastadas das instituições eclesiásticas, nos dias seguintes ao conclave começaram a experimentar um ressurgir da fé.

"Foi o assunto do momento", explica o padre Javier Klajner, encarregado do Vicariato de Jovens do Arcebispado de Buenos Aires. "As paróquias da cidade se encheram como nunca." Não apenas nesse domingo. Todos os dias, nas distintas missas, os assistentes duplicaram. O mesmo aconteceu nas igrejas evangélicas, segundo os seguidores deste credo. Os judeus e os muçulmanos tampouco ficaram alheios a este fenômeno. Também entre eles o furor por este papa ecumênico trouxe emparelhada, por decantação, uma maior afluência de fiéis a suas sinagogas e centros.

O renascer da espiritualidade dos argentinos é um fato, e os especialistas em opinião pública já se preparam para medir o fenômeno.

Acontece que na Argentina, nos últimos anos, cresceu o que se denomina a "desinstitucionalização da fé", ou seja, nove de cada dez argentinos acreditam em Deus e 70% se definem como católicos, mas apenas 10%, uns 4 milhões de pessoas, assistem à missa aos domingos, segundo a extensa pesquisa de espiritualidade realizada pelo Conselho Nacional de Investigações Científicas e Técnicas em 2008. Em outras palavras, a fé em Deus era vivida até agora fora dos templos. Pouco antes da eleição do novo papa, a consultora Voices repetiu a medição com 1.030 casos. Os resultados foram similares.

199

O papa do povo e seus desafios

Voltar a levar as pessoas à Igreja ou, melhor ainda, levar a Igreja aonde as pessoas estejam é o grande desafio que propõe Francisco. Os últimos dados em nível mundial indicavam que a Igreja católica perdia todos os dias cerca de 10 mil fiéis, e a metade dos católicos se encontrava na América Latina.

"As pessoas estão muito contentes e nestes dias encheram as paróquias. Todos queriam agradecer e comemorar", aponta Klajner, que esteve a cargo da organização da vigília que se realizou diante da Catedral portenha, na véspera da posse de Francisco no trono de Pedro.

Pediram a todos os sacerdotes que comparecessem com veste branca e estola para confessar. Não pararam de trabalhar durante toda a noite. "Os jovens, espontaneamente, se aproximavam e pediam para se confessar. Foi incrível", resume Klajner.

"O que aumentou foi a vontade de participar, a partir de uma figura próxima, transparente e inspiradora como é Francisco", disse Omar Abboud, membro da Mesa do Diálogo Inter-religioso por parte do credo islâmico.

Em que medida a "papamania" vai se traduzir em uma volta dos argentinos às igrejas? É difícil saber. Fortunato Mallimaci, sociólogo especialista em religião que foi responsável pela pesquisa realizada pelo Conicet, se mostra cético. "Será preciso ver, passada a efervescência da paixão pelo personagem do papa, o que vai acontecer.

"Suponhamos que nos próximos tempos uns 100 mil argentinos queiram se aproximar da experiência religiosa que acreditam ver no papa Francisco... Quantos Jorge Bergoglio vão encontrar nas igrejas? Quem vai atendê-los?", destaca o sociólogo, polêmico.

"As igrejas na América Latina não estão preparadas para receber a enchente de fé desatada pela figura do papa. Ao contrário, desenvolveram instituições fechadas, às quais não é fácil acessar. Muitos falam dos padres *villeros*, mas nas *villas* portenhas há apenas vinte sacerdotes para 300 mil pessoas. Não é só a estrutura da cúria romana que deve ser reformada, mas também o funcionamento orgânico de uma igreja de portas abertas ou de portas fechadas", acrescenta.

Os desafios expostos por este boom da fé não são poucos. A pesquisa da Voices aponta que o sentido da religião é "fazer o bem às outras pessoas", enquanto que apenas um em cada dez expressa que a religião é "seguir normas e restrições". Isto indica que, apesar de o grau de pertencimento à religião ser elevado, em amplos estratos da população a religião não se canaliza por meio dos ritos prescritos pelo culto, mas mediante uma relação pessoal com Deus; por exemplo, pela oração.

Segundo os resultados da Voices, seis de cada dez argentinos rezam semanalmente. Em 1984, 81% se definiam como católicos, enquanto que no último censo 70% se reconheciam como tal. Não obstante, quando se perguntava às pessoas que importância tinha Deus em sua vida, em uma escala de 1 a 10, há quase duas décadas a resposta mais recorrente era 7, enquanto que em 2000 foi 8,5, e em 2013, 7,5. A importância aumentou. A tendência é a individualização das crenças. Acreditar cada um por sua conta, mais além da Igreja.

"Nestes dias, muitas pessoas começaram a se sentir identificadas com o próximo e solidário Francisco. Mas o que vai acontecer com esses jovens quando a Igreja lhes disser que não podem ter relações sexuais antes do casamento, que não podem usar métodos anticoncepcionais? Talvez esta dissociação entre a realidade que se vive e o dogma que se prega é o que acabe afastando os fiéis", expõe Mallimaci.

"Os preceitos cristãos não vão mudar. O erro é pensar a moral sexual fora do encontro com Jesus Cristo. Não é cumprir regras, é descobrir o sentido", aponta Klajner.

"É evidente que a nomeação de Jorge Bergoglio como novo papa provocou uma comoção em nosso país. Gerou-se uma grande expectativa. E isto também implica, daqui em diante, que os efeitos de sua liderança não passarão despercebidos", afirmou o pastor da igreja do Centro, Carlos Mraida.

O pastor evangélico está convencido de que a liderança de Francisco terá consequências tanto no plano religioso quanto no quadro social. "No plano religioso se vislumbram pelo menos duas coisas. A primeira é um freio ao processo de dessacralização da sociedade que alguns setores pretenderam impor na nossa nação. A resposta maciça dos argentinos diante desta nomeação, não apenas dos católicos, demonstra que estas tentativas de perda de valores, de mudanças na educação, nos meios de comunicação, são gerados por uma pequena minoria de nossa nação. Que a imensa maioria dos argentinos acredita em Deus, e queremos viver segundo valores e conceitos que praticamente todos compartilhamos. E que as pessoas não precisam pedir desculpas por ter fé, por viver coerentemente com esta fé, e por opinar e participar ativamente nos diferentes níveis de nossa sociedade, não apesar de nossa fé, mas por causa de nossa fé", declarou Mraida.

Em seu ponto de vista, vislumbra-se a possibilidade verdadeira de um fortalecimento da Igreja católica no mundo, e na Argentina em particular. "Depois de vários anos de pronunciada queda, tanto no número de fiéis, quanto no número de vocações, no nível espiritual e até moral, a liderança de Francisco fará com que muitos católicos que estavam decepcionados com a Igreja tenham uma abertura nova."

No entanto, Mraida considera que esta possibilidade de fortalecimento se verá confirmada com o tempo, "unicamente se os bispos e sacerdotes argentinos tomarem e reproduzirem as características da liderança de Bergoglio. Ou seja, um coração pastoral e próximo das pessoas; uma voz profética diante das injustiças sociais; uma abertura humilde e prática para as outras Igrejas cristãs; um diálogo fluido com as outras religiões; um perfil pessoal de despojamento, humildade e respaldo moral; e principalmente um compromisso com a evangelização centrada em Jesus Cristo e não meramente uma 'igrejização'", apontou.

Caso contrário, "se os agentes pastorais não repetirem a liderança de seu papa, toda a expectativa gerada ficará focada unicamente na admiração para a pessoa de Francisco, mas não redundará no fortalecimento da Igreja católica argentina".

"A comoção e a euforia iniciais devem agora se transformar em compromisso. Do que nos serve este legítimo orgulho se não se traduzir em promessa de uma vida de fé e de fidelidade ao Evangelho? E visto que a fé se fortalece oferecendo-a, saibamos que o batismo e a crisma nos obrigam a transmitir a outros a riqueza da fé que temos, primeiro com nosso exemplo e depois com a palavra", expressou o bispo de Mar del Plata, monsenhor Antonio Marino, na missa do Domingo de Ramos na catedral local. "Eu queria que todos, depois destes dias de graça,

A vida de Francisco

tenhamos a coragem, sim, a coragem de caminhar na presença do Senhor, com a cruz do Senhor, de edificar a Igreja sobre o sangue do Senhor que se derramou na cruz, e de confessar a única glória: ao Cristo crucificado. E, assim, a Igreja irá para a frente. Desejo para todos nós que o Espírito Santo e a oração da Virgem, nossa Mãe, nos concedam esta graça: caminhar, edificar, confessar a Jesus Cristo", enfatizou Marino.

Muitos já começaram o caminho para a reconciliação. Muitas pontes já foram atravessadas. "Revelar o segredo dos pobres" deu seus primeiros frutos. De qualquer forma, ainda existem na sociedade atual algumas questões que Francisco deverá retomar para completar sua tarefa de substituir os elos corroídos destas pontes por estruturas sólidas que animem as pessoas a atravessar para o outro lado, sem medo de cair no meio do caminho.

Quais são os principais desafios de seu papado? Alguns apontam a necessidade de encarar reformas profundas na estrutura da cúria romana para devolver credibilidade à Igreja. Também que promova uma política de tolerância zero contra os casos de abusos sexuais, durante muitos anos silenciados pelas autoridades eclesiásticas.

Que outras pontes Francisco estenderá? Aceitará, por exemplo, o casamento entre pessoas do mesmo sexo? Tudo indica que não. Bergoglio foi categórico ao se opor à lei de casamento que permitiu na Argentina, desde julho de 2010, a união de pessoas do mesmo sexo. "Não sejamos ingênuos: não se trata de uma simples luta política; é a pretensão destrutiva ao plano de Deus", declarou pouco antes da sanção da norma.

Também se opôs à lei de identidade de gênero, aprovada em maio de 2012 e que autoriza, entre outras questões, travestis e transexuais a registrar seus dados de acordo com o sexo escolhido. Em compensação, o celibato, sim, é um ponto que, caso se encontre consenso, poderia ser reformado. No círculo íntimo do Francisco explicam isto claramente: Bergoglio não rompe com a doutrina fundamental da Igreja. Principalmente naqueles assuntos em que a postura de Deus foi explícita. No entanto, o celibato não é uma delas, trata-se de uma disposição transitiva da administração da Igreja que bem poderia ser revogada. Mas a possibilidade de não optar pelo celibato, segundo Francisco, se estenderia até a fila dos sacerdotes. Os bispos, por sua vez, para estar ao serviço de Roma, deveriam ser pessoas solteiras consagradas exclusivamente a Deus e ao seu serviço.

Em seus anos como bispo auxiliar e também como arcebispo, foram-lhe apresentados casos de sacerdotes sob sua responsabilidade que entraram em crise com sua vocação ministerial por terem se apaixonado por uma mulher. Devido à incompatibilidade que hoje rege este assunto, quando surgia um caso deste tipo, Francisco obrigava os religiosos a fazer uma pausa para voltar a pensar se sua vocação era servir a Deus como sacerdote ou como leigo.

Em relação ao aborto, Bergoglio é intransigente. Foi inclusive um dos que mais insistiram em que se incorporasse o conceito de "feto como pessoa" e não como extensão do corpo da mãe. "Uma mulher grávida não leva no ventre uma escova de dentes, nem um tumor. A ciência ensina que, desde o momento da concepção, o novo ser tem todo o código genético", disse Bergoglio.

Por outro lado, para muitas pessoas, seus estilos de vida e escolhas familiares e cotidianas historicamente constituíram um obstáculo no momento de batizar os filhos. Isto afastou milhões de pessoas da Igreja, em uma sociedade como a portenha, em que, por exemplo, mais da metade dos filhos chegam ao mundo sem que seus pais sejam casados. Bergoglio é um fervoroso promotor de não privar ninguém da bênção de se unir ao povo de Deus" mediante o batismo. Como vimos, em 2012 pediu aos sacerdotes das diocese de Buenos Aires que batizassem todos os bebês, incluindo os nascidos de uma relação extraconjugal. "Com dor digo e, se parecer uma denúncia ou uma ofensa, me perdoem, mas na nossa região eclesiástica há presbíteros que não batizam as crianças das mães solteiras porque não foram concebidos na 'santidade do matrimônio'", disse naquela ocasião.

Dar a comunhão a pessoas divorciadas e novamente casadas também é um dos eixos da polêmica. Em um polo estão aqueles que pensam que a Igreja deve *adaptar-se* aos tempos atuais: permitir que pessoas separadas e novamente casadas comunguem significa o retorno de milhares de fiéis às filas do catolicismo. No outro polo localizam-se os que consideram que deve ser mantida a doutrina original da Igreja, sem se deixar tentar pelos vaivéns próprios dos tempos que correm. Se a renúncia de Bento XVI implicasse o final do papado vitalício, como interpretar o sacramento de manter o compromisso do casamento até a morte?

Estas são apenas algumas das pontes que Francisco deverá restaurar em sua tarefa pastoral. Não são poucos os desafios que há pela frente. Em seu reencontro com os cardeais, no dia seguinte à nomeação, muitas feridas do passado parecem ter se fechado.

Alguém lhe perguntou se havia pensado em visitar o Japão como papa, sem saber o significado que estas palavras tinham para ele. Francisco respondeu que já tinha ido uma vez. Certamente lembrou-se daquela interrogação que lhe tinha ficado em sua juventude a respeito de por que Deus lhe tinha dado uma alma missionária e o desejo de trabalhar naquele país, mas não a saúde em seus pulmões para tornar isto realidade.

Romano Guardini, o teólogo alemão cujos textos admirava e foram objeto de estudo desta tese que não chegou a finalizar na Alemanha, também esteve ali. "Talvez metade de nós já esteja na velhice", disse aos cardeais no último encontro na Capela Sistina depois do conclave. "A velhice é, eu gosto de dizer assim, a sede da sabedoria da vida. Doemos esta sabedoria da vida aos jovens. Vem-me à cabeça aquilo que um poeta alemão disse sobre a velhice: o tempo da tranquilidade e da oração." Estava falando de Guardini, com os olhos carregados de emoção.

Talvez esta fosse a razão. Talvez sua obra o tivesse deslumbrado na juventude, mas teve de atravessar a velhice para compreender inteiramente o que Guardini dizia ao destacar que era a etapa mais importante da vida, em que a gente se prepara para a única coisa que há pela frente: o encontro com o Senhor.

"*Fratelli cardinali*", disse. "Esta fase final do conclave esteve carregada de significado. Nestes dias teremos sentido o afeto e a solidariedade da Igreja universal. De todos os cantos do mundo se levantou fervorosa e coral a oração pelo novo papa, feita pelo povo cristão. Com esta sugestiva imagem do povo rezando em minha mente, desejo agradecer", disse.

O papa do povo e seus desafios

Supunha-se que devia falar em latim no último encontro pós-conclave, mas Francisco deixou de lado esta opção e preferiu se dirigir aos seus pares em italiano. Fez um reconhecimento especial ao papa Bento XVI, por sua humildade. "Acendeu em nosso coração uma chama que se alimentará com suas orações", disse.

Depois, levou sua exortação aos cardeais um passo mais à frente: "Quando caminhamos sem cruz, quando edificamos sem cruz e quando confessamos um Cristo sem cruz, não somos discípulos do Senhor. Somos mundanos, somos bispos, sacerdotes, cardeais, papas, mas não somos discípulos." Depois, convidou-os a viver de maneira irrepreensível. "Quando a gente não se confessa para Jesus Cristo, se entrega para a mundanidade do demônio."

A revolução já estava em marcha. O verdadeiro desafio não é o de Francisco, mas daqueles homens sentados à sua frente. Como as autoridades do Vaticano fariam para evitar que o papa escapasse de seus muros, entrasse no meio do povo e percorresse a cidade, para continuar em contato com os pobres? Afinal, este era seu segredo. Eles já sabiam: de alguma maneira, Francisco ia conseguir escapulir e sair dos museus e das catedrais para fazer o que mais gosta nesta terra: percorrer as ruas.

A MODO DE EPÍLOGO

Como conheci Bergoglio

Pude entrevistá-lo em distintas oportunidades e circunstâncias, mas, nestes momentos em que proliferam os casos de quem diz tê-lo conhecido muito bem, minha história é mínima.

Só posso dizer que uma vez o vi multiplicar os alimentos, como Jesus fez com os pães e os peixes. Foi em outubro de 2012. Eu colaborava com a equipe de imprensa dos encontros ecumênicos de católicos e evangélicos que tinham o padre Bergoglio entre seus organizadores.

No estádio onde se realizava a reunião, a administração não permitia a entrada de um catering externo, de modo que, durante o recesso, todos os presentes deviam comprar o almoço dentro do próprio prédio. As opções não eram variadas: só empanadas, e ainda por cima poucas. Era feriado nacional e não haviam previsto mais nada.

Perguntaram a Bergoglio se preferia ir almoçar no exclusivo bairro de Puerto Madero, que fica perto dali e concentra numerosos passeios e restaurantes, mas ele disse que ficaria para comer com todos os outros.

Quando nós, que trabalhávamos na imprensa do evento, fomos convocados para o almoço, já era muito tarde, não restava quase nada. Dirigimo-nos ao final do salão.

Quando passamos, Bergoglio se aproximou, cumprimentou cada um com um beijo e agradeceu pelo nosso trabalho.

Como conheci Bergoglio

Depois, nos sentamos à última mesa. A garçonete trouxe um pratinho com cinco empanadas. (Éramos oito.) Alguém tomou a iniciativa e começou a parti-las pela metade. Compartilhar, este era o espírito do encontro. E não restava outra opção.

De sua mesa, na outra ponta do salão, Bergoglio seguiu nossos movimentos e entendeu. Depois se levantou e começou a perguntar nas demais mesas se iam continuar comendo. Resgatou de mãos de pastores e sacerdotes as últimas empanadas, reuniu-as em um prato e nos serviu.

Comovidos por seu pequeno gesto, nos sentimos adulados e envergonhados. Tinha multiplicado os alimentos.

Este pequeno milagre ficou gravado em nossos corações. O homem que hoje ocupa o trono de Pedro tinha percebido uma necessidade e a reparou, quando outros nem sequer tinham se dado conta.

Este é o homem que, aos 76 anos, se propõe a mudar o mundo. Conseguirá?

Agradecimentos

A Silvina Premat, com quem sonhamos juntas este livro. A Laura Reina, meu alter ego e amiga, que se ofereceu e trabalhou a meu lado. A Silvia Palacio, que leu os capítulos e pescou o que me havia escapado. A Gastón Márquez, que me alimentou física e afetivamente durante a pesquisa deste livro. A Soledad Vallejos, que me ofereceu seu alento. A meus colegas Hugo Alconada Mon, Santiago Dapelo, Diego Melamed e Teresa Buscaglia, que me ajudaram em todas as horas. A meu irmão Juan Pablo e sua esposa Soledad, que me receberam em seu lar para que pudesse terminar o livro quando minha casa ficou debaixo d'água, como outro meio milhão de lares argentinos, no início de abril de 2013. E principalmente, a esta pessoa tão amiga do papa que me contou as melhores histórias e, muito fiel ao estilo do padre Bergoglio, pediu-me que não a mencionasse.

A todos eles, obrigada.

Anexo

ENTREVISTA COM ALICIA OLIVEIRA, EX-ADVOGADA DO
CENTRO DE ESTUDOS LEGAIS E SOCIAIS — CELS
22 de março de 2013

> *"Consta-me que, naqueles anos,*
> *salvou a vida de muitos."*

Quando muitos atacavam Bergoglio, Alicia Oliveira saiu em sua
defesa e contou o outro lado da história da participação do papa Francisco durante os anos da ditadura militar na Argentina, feitos que Bergoglio, por alguma razão, nunca mencionou, nem sequer quando prestou um depoimento diante da Justiça. Esta comprometida lutadora
pelos direitos humanos e amiga pessoal do papa integrou a comitiva que
acompanhou a presidenta argentina Cristina Fernández de Kirchner
durante a cerimônia de posse de Francisco.

— *Como se conheceram?*
— Foi nos anos setenta. Ele era apenas um padreco. Éramos dois
frangotes. Veio com um amigo para fazer uma consulta jurídica. Sentimos afinidade de imediato e depois nos tornamos amigos. Eu não falo
com ele sobre assuntos espirituais, nem legais, nem sobre direitos humanos. Conto meus problemas cotidianos, falo sobre os meus filhos, nos

reunimos para jantar. Somos amigos. Ele é o padrinho de meu filho mais novo, que se chama Alejandro Jorge, por causa dele. De vez em quando meu filho reclama e diz: você me colocou o nome do Videla...

— *É verdade que naqueles anos ele a avisou de que iriam prendê-la e que lhe ofereceu que fosse morar na casa de exercícios do Colégio Máximo?*
— Sim. Eu era juíza penal na capital federal, a primeira que houve. Minha relação com a Polícia Federal não era muito boa, porque não se respeitavam os direitos dos menores de idade ao serem detidos. Em fevereiro de 1976, Jorge foi me buscar. Fazia um mês que os jornais diziam que ia haver um golpe de Estado. "O que vem é muito sangrento, muito terrível, você deve ir morar comigo", disse. Mas eu não aceitei. "Prefiro que me levem presa a ir morar com os padres", falei.

— *Teve que se refugiar em outro lugar?*
— Depois, sim. Em 24 de março de 1976, no dia do golpe militar, ligaram para minha casa e disseram que a minha amiga Carmen Argibay — hoje juíza da Corte Suprema de Justiça da Nação — tinha sido presa e que viriam me buscar. Nunca vieram, não sei por quê. Mas cada vez que ouvia o elevador, o meu coração parava. Nunca vieram. Em 5 de abril chegou ao tribunal um despacho que ordenava meu afastamento. Depois de poucos dias recebi um maravilhoso buquê de rosas na minha casa com comentários elogiosos sobre meu trabalho como juíza, mas sem assinatura. Eu sabia que era de Jorge, porque conheço sua letra de formiga.

— *Consta-lhe que escondeu pessoas perseguidas pela ditadura militar e que as ajudou a sair do país, para salvar suas vidas?*
— Sim. Ele vinha à minha casa duas vezes por semana e me contava. Além disso, aos domingos eu ia visitá-lo na Villa San Ignacio, em San Miguel, onde os jesuítas têm outra casa de exercícios espirituais. Por coincidência, fica exatamente em frente ao Campo de Mayo, diante da Porta 4. [*Campo de Mayo é uma das principais bases militares do país, onde, durante o último governo de fato, funcionaram quatro centros clandestinos de detenção e tortura.*] Ali vi — não me contaram— que Bergoglio celebrava missa e organizava o almoço para despedir, supostamente, quem tinha participado dos exercícios espirituais. Mas na verdade eram pessoas cujas vidas corriam perigo e que ele ajudou para que pudessem sair do país.

A vida de Francisco

— *Falou-lhe alguma vez sobre Yorio e Jalics?*

— Estava preocupado com eles. Trabalhavam no Bairro Rivadavia. Certa vez me disse: "Estes rapazes não entendem que os militares veem um louro na *villa* e acham que são subversivos." Queria protegê-los, mas eles não queriam sair de lá, não queriam receber ordens.

— *Poderia ter feito algo mais por eles?*

— Isto é relativo. Sempre se pode fazer mais, mas fez bastante, porque outros não fizeram nada. Fez tudo o que pôde, até onde eu sei. Levaram outros por muito menos.

— *Poderia ter denunciado publicamente o que estava acontecendo? Faltou-lhe coragem, como disse Pérez Esquivel?*

— Hoje acho que não. Talvez em outra época o tenha recriminado. Hoje me dou conta de que da forma como agiu ajudou muitos a evitar uma morte certa.

— *Você teve que se exilar nesses anos?*

— Exilar-me, não. Um juiz federal da ditadura decidiu que o CELS feria a chamada "lei de segurança nacional". Quando revistaram os escritórios, levaram todos os que trabalhavam e foram buscar alguns em suas casas. Eu me salvei porque tinha saído meia hora antes para pegar o trem. Mas então tive que ficar escondida durante dois meses, até que se resolveu. Nesta época meus filhos eram pequenos, e Mariano, o do meio, sempre foi muito apegado a mim. Além disso, por tudo o que estava acontecendo, ele acordava sonhando que "os homens maus estão levando a mamãe". Se passasse muito tempo e não me visse, iria pensar que tinham me matado. Então, como eles foram ao colégio de El Salvador e Jorge [Bergoglio] trabalhava ali, me levava por uns corredores secretos para que eu pudesse vê-los.

— *Como recebeu a notícia de que seu amigo era papa?*

— Fiz um papelão. Estava em um bar tomando um café, a uma quadra da minha casa. Levantei a cabeça e vi: "Jorge Bergoglio foi eleito papa." Comecei a chorar como uma louca. O dono do bar veio e me

Anexo

perguntou: "O que tem, senhora? É um homem muito ruim?" E eu lhe respondi: "Não, choro porque vou perder um amigo."

— *Por que decidiu falar, contar agora esta história?*
— Um amigo comum me convenceu. Disse-me: são mentiras, há uma campanha contra ele e ninguém melhor que você para contar isto. Por isso o fiz. Há alguns dias, tocou o telefone em casa, atendi e era Jorge... "o Papa". Contei-lhe brevemente o que estava acontecendo no país, com esta campanha contra ele. Disse-me: "Obrigado, Alicia, por contar."

Os Sacerdotes que Bergoglio Salvou
(22 de março de 2013)

Os sacerdotes Enrique Martínez Ossola, Miguel La Civita e Carlos González eram seminaristas quando em la Rioja, sua província, começaram a assassinar religiosos e leigos comprometidos com o trabalho com os mais despossuídos. Um mês antes de ser assassinado, o cardeal dessa província pediu a Bergoglio que acolhesse e protegesse estes estudantes. Entre 4 de junho e 4 de agosto de 1975, houve oito assassinatos. Também foram buscar os três seminaristas, mas, graças a terem se transferido para Buenos Aires, para o Colégio Máximo de San Miguel sem que ninguém soubesse, conseguiram salvar suas vidas. Atualmente, Martínez Ossola está à frente da paróquia Anunciación del Señor, em La Rioja, e La Civita, da paróquia de Villa Eloísa, na província de Santa Fé.

— *Qual foi a primeira impressão que tiveram do homem que hoje é papa?*
Martínez: acabávamos de chegar ao colégio, ele se aproximou e disse: "Olá, sou Jorge. Vocês são os *riojanos*." Nós pensamos "este é um padreco daqui". "Sim, e você onde está?", disse-lhe. "Aqui... sou o provincial." Quase desmaiamos. Era a máxima autoridade dos jesuítas e se comportava como um padre qualquer.

La Civita: acabávamos de chegar. Angelelli havia nos enviado para que completássemos estudos ali. Não tinha nos dito nada. Não sei se nos mandou para nos proteger ou para que terminássemos nossos estudos, mas isto nos salvou a vida.

— *O que ele fez depois da morte do arcebispo Angelelli? Protegeu-os?*
Martínez: Ele estava em um encontro dos jesuítas no Peru. Voltou imediatamente. Eram cerca de duas da manhã, quando percebemos alguém se aproximando do nosso quarto pelo corredor do seminário. Estávamos tremendo de medo, depois do que tinha acontecido. "Rapazes, abram, é Jorge", disse. Ficou conosco e depois nos deu instruções.
La Civita: Colocou-se à nossa disposição. Disse-nos que andássemos sempre os três juntos, para dificultar um sequestro, que não saíssemos à noite, que não usássemos a escada principal, mas o elevador, entre outras questões. Preocupou-se.

— *Deixou desprotegidos Yorio e Jalics?*
Martínez: Não. Eles tinham um projeto, o de fazer uma comunidade, e quando seu superior lhes disse que não, por um problema de segurança, eles interpretaram isto como que queriam "estancá-los". Não viram que era para protegê-los. Nós também tínhamos o projeto de estudar em La Rioja, mas tivemos de mudar isso, por pedido de nosso superior, que viu um perigo que nós não víamos e dessa maneira nos salvou a vida. Podem ter entrado algumas questões de ego.
La Civita: Vimos como ele se movia nessa situação. Preocupava-se e se ocupava. Procurava respostas para que aparecessem.

— *É verdade que esconderam pessoas perseguidas pelo regime militar na casa de exercícios espirituais?*
Martínez: Sim. Nesta altura nós desconfiávamos. Depois confirmamos. Os exercícios inacianos se fazem em completo silêncio. Havia uma ala do seminário para tal. Tem uma grande quantidade de quartos individuais. Quem os usa são leigos que vão ali para passar um período em silêncio. Não falam com ninguém. Depois de um fim de semana, vão embora. Por isso, era ideal para ocultar pessoas perseguidas. Aparentemente, não estavam fazendo nada de estranho.

Anexo

La Civita: Vimos que utilizava os retiros espirituais para refugiar pessoas. Dali, muita gente partia para o exterior com documentos e tudo.

— *Ele podia ter feito mais?*
Martínez: Francisco é papa, mas não é o Super-homem. Que eu saiba, fez tudo o que pôde. E mais.

— *Vocês continuaram em contato com Bergoglio?*
La Civita: Voltamos a nos encontrar quando se completaram trinta anos da morte de Angelelli. Da mesma forma, sempre continuamos em contato.
Martínez: Sim. Quando nos ordenamos, em 1978, ele veio pregar para nós em um retiro espiritual que fizemos em uma casinha, em um campo meio desértico em La Rioja. Fomos nós três e ele. Certa tarde, tínhamos entrado em um canal de irrigação porque não aguentávamos o calor que fazia. "Que preguiça de sair para fazer nossa preparação espiritual", dissemos. "Não há problema, rapazes", disse. Foi, colocou o short, procurou sua Bíblia e entrou na água. "Tudo bem, vamos fazer aqui dentro."

Biografia do Sumo Pontífice apresentada no Vaticano em 13 de março de 2013

Jorge Mario Bergoglio, S.I.

O cardeal Jorge Mario Bergoglio, S.I., arcebispo de Buenos Aires (Argentina), Ordinário para os fiéis de Rito Oriental residentes na Argentina e desprovidos de Ordinário do próprio rito, nasceu em Buenos Aires em 17 de dezembro de 1936. Estudou e se diplomou como Técnico Químico, para depois escolher o caminho do sacerdócio e entrar no seminário de *villa* Devoto.

Em 11 de março de 1958 ingressou no noviciado da Companhia de Jesus, realizou estudos humanísticos no Chile, e em 1963, de volta a Buenos Aires, licenciou-se em filosofia na Faculdade de Filosofia do Colégio "San José" de San Miguel.

A vida de Francisco

De 1964 a 1965 foi professor de Literatura e Psicologia no Colégio da Imaculada de Santa Fé, e em 1966 ensinou a mesma matéria no colégio de El Salvador de Buenos Aires.

De 1967 a 1970 estudou Teologia na Faculdade de Teologia do Colégio "San José", em San Miguel, onde se licenciou.

Em 13 de dezembro de 1969 foi ordenado sacerdote.

Durante 1970-1971, terminou a terceira prova em Alcalá de Henares (Espanha) e em 22 de abril de 1973 fez a profissão perpétua.

Foi professor de noviços em Villa Barilari, em San Miguel (1972-1973), professor da Faculdade de Teologia, consultor da Província e reitor do Colégio Massimo. Em 31 de julho de 1973 foi eleito provincial da Argentina, cargo que exerceu durante seis anos.

Entre 1980 e 1986, foi reitor do Colégio Máximo e da Faculdade de Filosofia e Teologia da mesma casa, e pároco da paróquia do Patriarca San José, na diocese de San Miguel.

Em março de 1986, transferiu-se para a Alemanha para concluir sua tese doutoral, e seus superiores o destinaram ao colégio de El Salvador, e depois à igreja da Companhia de Jesus, na cidade do Córdoba, como diretor espiritual e confessor.

Em 20 de maio de 1992, João Paulo II o nomeou bispo titular de Auca e auxiliar de Buenos Aires. Em 27 de junho do mesmo ano recebeu na Catedral de Buenos Aires a ordenação episcopal das mãos do cardeal Antonio Quarracino, do Núncio Apostólico Monsenhor Ubaldo Calabresi e do bispo de Mercedes-Luján, monsenhor Emilio Ogñénovich.

Em 13 de junho de 1997 foi nomeado arcebispo auxiliar de Buenos Aires, e em 28 de fevereiro de 1998, arcebispo de Buenos Aires por sucessão, na morte do cardeal Quarracino.

É autor dos seguintes livros: *Meditaciones para religiosos*, de 1982, *Reflexiones sobre la vida apostólica*, de 1986, e *Reflexiones de esperanza*, de 1992.

É ordinário para os fiéis de rito oriental residentes na Argentina que não contam com um ordinário de seu rito.

Grande Chanceler da Universidade Católica Argentina.

Relator Geral Adjunto na 10ª Assembleia Geral Ordinária do Sínodo dos Bispos de outubro de 2001.

Anexo

De novembro de 2005 a novembro de 2011 foi presidente da Conferência Episcopal Argentina.

João Paulo II o fez e nomeou cardeal no Consistório de 21 de fevereiro de 2001, titular de São Roberto Bellarmino.

Era membro:

- das seguintes congregações: para o Culto Divino e a Disciplina dos Sacramentos; para o Clero; para os Institutos de Vida Consagrada e da Sociedade de Vida Apostólica;
- do Pontifício Conselho da Família;
- da Comissão Pontifícia para a América Latina.

EXPEDIENTE JUDICIAL DA CAUSA "ESMA":
"CASO EM QUE RESULTARAM VÍTIMAS ORLANDO VIRGILIO YORIO E FRANCISCO JALICS"

(extrato)

Assim também se pôde demonstrar que os padres Orlando Virgilio Yorio e Francisco Jalics foram privados ilegalmente de sua liberdade, na manhã do domingo 23 de maio de 1976 por membros das forças de segurança, fortemente armados, alguns vestidos de civil e outros com roupa cor verde e boinas vermelhas, e efetivos da Polícia Federal Argentina, no momento em que ambos os religiosos se encontravam na casa que compartilhavam no Bairro Rivadavia desta cidade e em que também funcionava a Comunidade Jesuítica.

Que a moradia foi revistada e o padre Yorio isolado e interrogado de maneira intimidatória a respeito de Pinochet, Angola e sobre certa documentação que tinham achado no local e em relação a Mónica Quinteiro, que também teria sido sequestrada e cujo caso não conforma o objeto processual deste julgamento.

Que do domicílio levaram um cesto grande, cheio de papéis, livros e um pouco de dinheiro.

Também foi provado que passado o meio-dia e sem mediar ordem de detenção, foram levados a Esma, encapuzados e algemados e em seguida alojados no "Porão". Que posteriormente foram conduzidos até o terceiro andar e ingressados em outros dois setores e finalmente, por volta de 27 ou 28 de maio deste ano, a uma fazenda da região de Dom Torcuato, localizada na esquina de Ricchieri e Camacuá e onde as condições de cativeiro se mantiveram.

Que estando em dito centro clandestino de detenção, o padre Yorio foi ameaçado com a aplicação de *picana* elétrica, narcotizado e interrogado com o fim de obter informação sobre sua atividade nas *villas*.

Também ficou registrado que os nominados foram submetidos a sofrimentos físicos e psíquicos derivados das condições desumanas de alojamento, sendo ingressados em um cômodo sem luz, em que permaneceram, sem nenhum tipo de atenção, jogados sobre os ladrilhos, encapuzados, com as mãos algemadas às costas e os pés atados. A comida era escassa, lhes traziam uma vez ao dia pedaços de pão e um pouco de café.

Que, como consequência das providências efetuadas, entre outras, pela Ordem religiosa à qual pertenciam os prejudicados e pelo interesse demonstrado pela cúpula da Igreja Católica, durante a noite de 23 de outubro de 1976 foram liberados, depois de ser drogados e transportados em helicóptero até um campo localizado em Cañuelas, província de Buenos Aires.

Do mesmo modo, teve-se por provado que os padres Yorio e Jalics sabiam que por sua atividade nas *villas* eram objeto de perseguição por parte da ditadura e que suas vidas corriam perigo. Este fato era conhecido pelo irmão de Yorio e por seus superiores eclesiásticos, que, inclusive, tiraram do primeiro deles, dias antes de seu sequestro, a licença para oficiar.

Das pressões recebidas pelos prejudicados, deram conta no debate Rodolfo Yorio e Silvia Elena Guiard.

Rodolfo Yorio ressaltou que a situação era bastante conflitante dentro da Província Eclesiástica. Acrescentou que, antes do sequestro de seu irmão Orlando, a autoridade máxima da Igreja Católica Argentina, Monsenhor Aramburu, tinha tomado a decisão de proibir seu irmão de oficiar missas. No entanto, relatou a testemunha, que a autoridade direta, que era Bergoglio, autorizou-o a continuar celebrando-as de forma privada.

Anexo

Acrescentou que seu irmão pertencia à Companhia de Jesus, em que uma das características mais importantes era a obediência e que todas as ações dos sacerdotes estavam autorizadas por Bergoglio. Do mesmo modo, lembrou que este também os advertiu de que "tinha muitas pressões, muito más informações sobre eles", que sabia que eram todas falsas e que deviam abandonar o trabalho pastoral nas *villas.*

A respeito, expressou que em uma primeira instância lhes disseram para fazer o trabalho em outro lugar; o que, relembrou, eles aceitaram desde que fosse dentro da opção "pelos pobres"; ou seja, pelos carentes. No entanto, relatou, a situação ficou cada vez mais dura, e Bergoglio lhes informou que não suportava as pressões e lhes deu um tempo para se incorporarem. Explicou que assim como um soldado não pode carecer de um superior, um padre tampouco. Que, acrescentou, por este motivo foram ver o bispo de Morón, recomendados por seu superior.

Com relação ao conhecimento de seu irmão a respeito de que sua opção pastoral podia trazer algum prejuízo à sua integridade física, Rodolfo Yorio lembrou que aquele sempre lhe manifestava que devia deixar a Ordem, ao que lhe respondia que devia se afastar da *villa* porque iam matá-lo.

Silvia Elena Guiard, por sua vez, relatou que Yorio e Jalics pertenciam à Companhia do Jesus e que sofriam pressões havia algum tempo por parte do provincial da Ordem, Jorge Bergoglio. Acrescentou que sempre soube das pressões e que foram aumentando, até que, explicou a testemunha, dois meses antes, foram expulsos ou forçados a ficar fora da companhia, em uma situação de desamparo institucional. Aduziu que dias antes de serem sequestrados, monsenhor Aramburu lhes tinha tirado a licença para oficiar na capital federal e que o dia dos fatos foi o primeiro domingo que não celebravam missa.

Do mesmo modo, merece ser destacada a cópia simples da apresentação de Orlando Yorio, de 24 de novembro de 1977, dirigida ao R.P. Moura, acrescentada ao debate por seu irmão Rodolfo Yorio, que reconheceu a assinatura do prejudicado inserida na página 27 do documento. Nesta apresentação, aquele, depois de sintetizar sua carreira apostólica, relatou os pormenores vividos em torno à pressão que, soube, provinha de "Roma" e de nosso país. Que também, por outro lado,

A *vida de Francisco*

demonstra que os prejudicados estavam avisados que as tarefas que vinham desenvolvendo lhes estavam vedadas e que isto era perigoso.

A respeito, por sua contundência, resulta ilustrativo resenhar o seguinte:

"Em meados de 1971, o então P. Provincial (P.O. Farell) chamou-me para me dizer que o P. Geral insistia na importância da pesquisa teológica na América Latina e que, na Província, nesse momento, a pessoa que estava em melhores condições para se preparar para isto era eu. Quatro anos e meio depois (final de 1975), o P. Bergoglio (novo provincial) ia me informar que enviar-me a estudos especiais foi apenas uma desculpa. Em 1971, na Consulta de Província (em que esteve presente o P. Bergoglio) tinham exposto que meu trabalho, tanto no Máximo quanto na comunidade de Ituzaingó, era altamente nocivo e que devia procurar uma maneira de me afastar. Pedi conselho a um professor de Teologia de V. Devoto muito estimado na Argentina (P. Gera) e a conversa com ele me convenceu da urgência de refletir sobre a Teologia no fato político latino-americano. No final de 1972 nos instalamos no apartamento da rua Rondeau, um bairro simples e antigo de Buenos Aires. Eu fui nomeado responsável pela comunidade. O Superior da comunidade era o próprio P. Provincial, mas o Reitor do Máximo fazia as vezes de observador. Tínhamos reunião comunitária semanalmente. Eu informava periodicamente ao Reitor do Máximo e ao Provincial. Pouco tempo depois de instalados (meados de 1973) começaram a nos chegar rumores indiretos (por meio de laicos e religiosos) de sérias críticas que alguns jesuítas faziam a nós. Duas vezes, pelo menos, falamos com o P. Provincial sobre estes falatórios e ele nos tranquilizou (fazer orações estranhas, conviver com mulheres, heresias, compromisso com a guerrilha etc.).

"*Comunidade do Barrio Rivadavia (1975)* No final de 1974, nomeado Provincial o P. Bergoglio se interessa especialmente por nossa comunidade. Temos uma ou duas reuniões com ele em que nos expressa seus temores sobre nossa disponibilidade (novo tema das críticas), expressamos também nossa disposição de ir aonde o Provincial nos mandasse. O P. Bergoglio insistiu conosco especialmente perguntando se estávamos dispostos a dissolver a comunidade, respondeu

221

Anexo

que não tinha nada contra o que tínhamos feito. Que necessitava do P. Rastellini para enviá-lo a outro lugar. Que os outros três continuássemos na mesma experiência, mas que trocássemos de diocese. Que tratássemos com o bispo da Avellaneda para nos instalar ali. Depois de alguns dias o P. Bergoglio falou comigo, dizendo que não ia ser possível a ida a Avellaneda, que em vez de nos transferir para Avellaneda, mudássemos para um bairro pobre (Bairro Rivadavia). Respondeu-nos, o Provincial, que ficássemos tranquilos que ele garantia pelo menos uma presença de três anos da Companhia neste lugar. No início de 1975 nos transferimos para uma casinha do Bairro Rivadavia. Pouco tempo depois de localizados em nosso novo destino, o P. Ricciardelli, sacerdote da equipe pastoral de *Villas* e destinado a ser pároco da Villa Miséria veio me trazer um aviso especial. O Arcebispo (Mons. Aramburu) alertou-o contra nós. O P. Bergoglio tinha ido ver o Arcebispo para lhe informar que nós estávamos sem permissão no bairro (isto ocorreu entre março e maio de 1975). Imediatamente comuniquei-me com o P. Bergoglio. Ele me tranquilizou dizendo que o Arcebispo era um mentiroso. Também a pouco tempo de estar ali (março de 1975) recebi uma carta muito direta do Colégio Máximo dizendo que, por razões de reestruturação, eu não teria mais aulas, sem mais explicações. Um mês mais tarde (agosto 1975) o P. Bergoglio me chamou. Ali me comunicou que havia uns primeiros relatórios muito graves contra mim, mas que ele não os levaria em conta. Mas deste segundo pedido de informe, também negativo, tinha-me feito um resumo por escrito das acusações que me faziam. O P. Bergoglio respondeu que havia um problema anterior, que segundo ele era a raiz para que na Província houvesse uma ideia falsa sobre mim. Era o problema da comunidade. Reunidos os três com o P. Bergoglio, este nos diz que há muitas pressões sobre ele contra nossa comunidade. Pressões provenientes da província, provenientes de Roma, provenientes de outros setores da Igreja argentina. Que as pressões são muito fortes, que ele não pode resistir. Fala-nos sobre a dissolução da comunidade (era novembro de 1975). Tentamos buscar as razões. Desacordos de origem política, provocados sobretudo por minhas incursões na Teologia da Libertação e pelas tensões do país. Em dezembro de 1975, voltamos a nos reunir com o

A vida de Francisco

P. Bergoglio. Continuava afirmando que as pressões de Roma e da Argentina eram cada vez mais fortes. Nesta altura também se acentuaram boatos provenientes da Companhia sobre nossa participação na guerrilha. As forças da extrema direita já tinham metralhado em sua casa um sacerdote e tinham raptado, torturado e abandonado morto outro. Os dois viviam em *villas* misérias. Nós havíamos recebido avisos no sentido de que nos cuidássemos. Neste mês de dezembro (1975), dado a continuação dos rumores sobre minha participação na guerrilha, o P. Jalics voltou a falar seriamente com o P. Bergoglio. O P. Bergoglio reconheceu a gravidade do fato e se comprometeu a frear os rumores dentro da Companhia e a adiantar-se a falar com gente das forças armadas para testemunhar sobre nossa inocência. No mês de fevereiro (1976) o P. Bergoglio estava de volta de Roma. Leu-nos uma carta do P. Geral em que lhe dizia que dissolvesse a comunidade ao término de 15 dias, que enviasse o P. Jalics aos EUA e os dois argentinos a outras casas da Província. A situação do país fazia com que nossa vida perigasse, se não tivéssemos um amparo eclesiástico seguro. Para agravar as coisas, nesta época recebi um aviso do Mons. Serra (Vigário regional) em que me comunicava que eu ficava sem licenças na Arquidiocese. A razão que me dava para me tirar as licenças era uma comunicação que a Arquidiocese tinha feito ao P. Provincial no sentido de que eu saía da Companhia. Fui falar com o Provincial. Respondeu-me que era apenas um trâmite de rotina. Que não tinham por que me tirar as licenças. Que eram coisas do Mons. Aramburu. Que eu continuasse celebrando missa em particular, que ele me dava licenças até que eu conseguisse um bispo. Esta foi a última vez que vi o Provincial antes de sair da prisão. O encontro foi entre 7 e 10 dias antes de me prenderem. Demo-nos conta de que nosso sacerdócio e nossas vidas corriam muito perigo."

De resto, as circunstâncias de modo, lugar e tempo em que aconteceu o sequestro, cativeiro e posterior liberação no centro clandestino de detenção que se erigiu na Esma encontram-se provadas, em primeiro lugar, por meio das declarações eloquentes e diretas de Francisco Jalics e de Orlando Virgilio Yorio, as quais foram incorporadas por leitura ao debate (dossiê nº 92 da Câmara Nacional de Apelações

Anexo

na Criminal e Correcional Federal da Capital Federal, folhas 12.415/28 da causa nº 13, folhas 5445/68 das atas datilografadas correspondentes à prestada na causa 13/84). A respeito, o padre Jalics manifestou que desde o começo do cativeiro até seu fim esteve junto ao padre Yorio.

Que viu no cinturão de uma das pessoas que o tomaram prisioneiro a âncora distintiva da Marinha. Disse que identificou que se encontrava cativo na Esma em razão da distância percorrida do lugar onde foram detidos até o primeiro destino, também por ter ouvido aviões e o trânsito contínuo de carros.

Acrescentou que, além disso, dois dias depois de sua captura, realizou-se a celebração com motivo do 25 de maio e conseguiu ouvir, do segundo ou terceiro andar do edifício e onde funcionava uma biblioteca ou arquivo conforme conseguiu identificar, movimentos de tropas e o começo de um discurso que se dirigia aos membros da Escola de Mecânica da Armada.

Manifestou que percebeu, também, que foram conduzidos a uma casa particular localizada entre as ruas Camacuá e Ricchieri, na localidade de Dom Torcuato, depois de ter ouvido as pessoas que os transportavam falar disto.

Do mesmo modo, Orlando Virgilio Yorio relatou que distinguiu o lugar de detenção pelo movimento externo da Esma e pela forma de se expressar de certos oficiais no momento de identificar sua posição, dizendo que estavam à "sua popa" a respeito de outro veículo.

Outros indícios que levaram este religioso a concluir que estava na Esma, disse, foram as curtas viagens a que eram submetidos para ser levados de um lado a outro. Quando foi levado, por algumas horas, a certo lugar onde ouviu barulho de entrada de água em caixas pelo qual deduziu estar no andar mais alto deste edifício.

Somado a isso, lembrou Yorio que, durante seu cativeiro, uma pessoa lhe levou a comunhão que lhe tinha enviado o padre Bossini e que conseguiu fazer chegar por amizades que tinha na Esma. Explicou que logo depois de sua liberação, Bossini lhe comentou que quando se apresentou naquele lugar pôde ver as pessoas que tinham participado da operação produzida na *villa* e pela qual foi sequestrado.

Acrescentou que depois de ser tirado de seu domicílio foi colocado no banco traseiro de um automóvel cor preta, com três pessoas armadas e que depois de três ou quatro quadras cobriram sua cabeça com um capuz de lona.

Que estando no "Porão" percebeu que se tratava de um lugar de grandes dimensões e onde havia muita gente e pessoas que vigiavam estes indivíduos. Também ouviu rádio e música.

Expressou o padre Yorio que, quando foi levado para um quarto pequeno e escuro localizado pelo menos dois andares acima do "Porão", e equipado com uma cama de ferro de um praça, pediu para ir ao banheiro e negaram, permanecendo ao redor de dois ou três dias na penumbra, sem beber água, nem alimentar-se, encapuzado, acorrentado e com as mãos amarradas com uma corda pelas costas.

Lembrou também que seus captores ingressavam no recinto somente para insultá-lo e ameaçá-lo de morte.

Que depois de 25 de maio injetaram-lhe uma substância que o adormeceu, mas conseguiu perceber que colocavam em movimento um gravador e depois disto começaram a interrogá-lo. Lembrou que lhe diziam que com seu trabalho nas *villas* unia os pobres e que isto era subversivo.

Destacou que também lhe perguntaram a respeito de por que o Cardeal Aramburu lhe tinha tirado, uma semana antes, a licença para celebrar missa e que quando quis responder mencionou o Monsenhor Serra, sendo este dado, ao que parece, suficiente, pois cortaram seu relato sem exigir que prosseguisse com sua resposta. Acrescentou que supunha que a pergunta se referia a um conflito que vinha acontecendo havia algum tempo, em razão de conversas que teve com o padre Provincial da Ordem, que, afirmou, pediu-lhe que se retirasse e que as razões eram secretas, provenientes de Roma e da Argentina.

Yorio também lembrou que, por volta do dia 27 ou 28, voltaram a interrogá-lo nos seguintes termos: "Olhe, padre, saiba que pegar você para nós foi um grande trauma, saiba que nós procurávamos um chefe montonero e acabou que encontramos um homem a quem se deve dar trabalho, não sou militar, e gostaria muito de conversar com você para que pudéssemos falar sobre muitas coisas se você ficasse por aqui. Mas

Anexo

entendo que o que mais lhe deve interessar é sair em liberdade, e eu estou em condições de lhe dizer que você vai sair em liberdade; somente que, por estas coisas dos homens, terá que passar um ano em um Colégio, não deverá aparecer em público. Você é um padre idealista, um místico diria eu, um padre pio, somente tem um erro, que é ter interpretado muito materialmente a doutrina de Cristo. Cristo fala dos pobres, mas quando fala dos pobres, fala dos pobres de espírito e você fez uma interpretação materialista disto, certamente influenciado por uma infiltração marxista que há na Igreja latino-americana e foi morar com os pobres materialmente."

Por outro lado, Yorio relembrou que estando em Don Torcuato tiraram-lhe o capuz e colocaram-no em substituição uma máscara. Que também o algemaram pela frente e deixaram um único grilhão unido com uma corrente às algemas. Deram-lhes de comer e os levaram para tomar banho. Mencionou que neste lugar havia cerca de oito pessoas que se alternavam para vigiá-los.

Adicionou que na casa se faziam reuniões. Ouviu conversas próprias de oficiais e entre oficiais e familiares de detidos e que no marco das mesmas ouviu que cunharam a frase "Villa Capucha".

Relatou que percebeu que em determinado momento se produziu na casa uma espécie de revista por parte de outras forças de segurança. Que neste dia desapareceram os guardas que sempre estavam vigiando-os e entraram outras pessoas.

Declarou, além disso, que em 23 de outubro de 1976, por volta das 17:00 lhes aplicaram uma injeção que os enjoou imediatamente. Posteriormente os fizeram descer e os introduziram em uma caminhonete. Depois de uma hora aproximadamente lhes aplicaram outra injeção na nádega que gerou uma sensação de enjoo maior, finalmente lhes deram uma terceira injeção no braço e já não conseguiu se lembrar de mais nada.

Manifestou que ao despertar se encontraram no chão, atirados, que já não tinham algemas nem grilhões, só uma venda nos olhos. Conseguiram dar-se conta que estavam no meio de um campo, pantanoso e alambrado.

Yorio, por último, lembrou-se de que depois de se levantar, caminharam cerca de um quilômetro e chegaram a um rancho, que o dono

A vida de Francisco

os informou que estavam na localidade de Cañuelas e que viu na tarde anterior um helicóptero que tinha baixado na área (declaração de 23/8/83 em causa nº 6.511 cuja cópia luz na fs. 583/7 do dossiê nº 92; declaração na causa nº 4.333 que integra o dossiê nº 92: fs. 348/53 —14/6/84—, fs. 588/91—21/9/84—; fs. 634 —10/10/84—; declaração de 22/6/84 diante da Conadep no marco da causa nº 6.328 acrescentada a fs. 380/6 do dossiê nº 92).

As afirmações precedentes encontram correlato com os testemunhos fornecidos por Silvia Elena Guiard e Rodolfo Yorio e pelas declarações incorporadas por leitura ao debate de Rodolfo Alfredo Ricciardelli e María Elena Funes de Perniola (fs. 517/20 e 715/19 do dossiê nº 92 da Câmara Nacional de Apelações no Criminal e Correcional Federal da Capital Federal, respectivamente).

Por sua vez, Silvia Elena Guiard apontou que no dia do acontecimento viu um grande cordão de pessoas ao longo da avenida, alguns vestidos com uniforme militar, botas e boinas vermelhas e carregando armas compridas.

Também relembrou que parte do operativo estava na casa dos padres. Em relação a isso, a senhora María Elena Funes de Perniola atestou que em 23 de maio de 1976 se produziu um operativo na *villa* de Bajo Flores por membros das forças de segurança vestidos de civil e que se distinguiam usando uma boina vermelha.

Ressaltou que foi detida e, antes de ser retirada do lugar, autorizaram-na a procurar seus documentos, que estavam na casa do padre Yorio. Referiu que ao ingressar no domicílio viu que ali se estava levando adiante outro procedimento e que o proprietário da casa, junto com Jalics e Bossini, estava sob vigilância.

Assegurou a declarante que o padre Yorio e ela estiveram no mesmo lugar e percebeu isto por conversas mantidas com o mencionado religioso posteriormente à sua liberação.

Por sua vez, Rodolfo Yorio manifestou que seu irmão Orlando Virgilio Yorio foi sequestrado em 23 de maio de 1976, junto com o padre Jalics. Que nesse domingo houve uma grande movimentação de pessoal uniformizado, com roupas militares e não identificado, que depois de revistar sua casa, procederam a detê-los. Declarou que estiveram cativos

Anexo

no centro de detenção clandestino que funcionava na Esma e em uma casa rural localizada na localidade de Don Torcuato, onde permaneceram por cinco meses.

Disse que tomaram conhecimento do sequestro de seu irmão por meio de uma ligação feita pela senhora Cenobia que era vizinha dos religiosos.

Também referiu que na Esma o interrogaram a respeito de sua atividade e sobre história.

Finalmente, referiu que, depois de ser liberado, Orlando estava bastante mais magro, abatido e confuso. Que as sequelas médicas foram sobretudo cardíacas e de pressão sanguínea. A respeito, disse que, como consequência de carregar a bala de canhão toda vez que ia ao banheiro, ficaram marcas que por um tempo não se apagaram.

Por seu lado, Rodolfo Alfredo Ricciardelli disse que teve conhecimento através do padre Bossini e por vizinhos do lugar que em 23 de maio de 1976 foi realizada uma operação militar na região da *villa* de Bajo Flores.

Também soube por intermédio do coronel Flouret, que era um dos assessores do Ministro Harguindeguy, que os padres Yorio e Jalics estiveram presos na Esma. Relatou que o nominado referiu que "eles" não podiam avançar mais em suas investigações e do interesse que existia por parte tanto do Ministério do Interior quanto do Presidente sobre o paradeiro dos sacerdotes, já que, explicou, "a Santa Sé, o Bispo e o Núncio reclamavam escandalosamente por eles".

Lembrou que depois de duas ou três semanas, aproximadamente, os prejudicados recuperaram sua liberdade. Que imediatamente se comunicou por telefone com o Coronel Flouret, "que informado expressou que tinha sido graças a 'vocês' que os padres tinham aparecido, e que esta nova busca era 'oficial', pois tanto o Ministro quanto o Presidente queriam saber onde os padres tinham estado detidos, oferecendo-se inclusive para acompanhá-los pessoalmente a prestar a declaração que ofereceriam".

Ricciardelli acrescentou que os sacerdotes compareceram à Superintendência de Segurança Federal a fim de prestar declaração, a qual, manifestou, não refletia fielmente o que havia acontecido, por reco-

A vida de Francisco

mendação dos funcionários que os atenderam. Que nela afirmaram não conhecer nem quem os detiveram nem onde estiveram cativos.

Por outro lado, agregou que Monsenhor Serra compareceu à Esma poucos dias depois do procedimento de sequestro, sendo atendido pelo subdiretor, que negou que os religiosos permanecessem ou tivessem permanecido ali detidos.

Emilio Mignone, cuja declaração se incorporou por leitura ao debate, relatou que Bossini, durante quatro dias, levou à porta da Esma a comunhão para os sacerdotes e que as "sagradas formas" foram recebidas por um suboficial (fs. 108/110 do dossiê nº 92, qualificado "Lorusso, María Esther Rosa e outros", da Câmara Nacional de Apelações no Criminal e Correcional Federal da Capital Federal). Tal extremo foi corroborado por Jorge Vernazza, cuja declaração também foi incorporada por leitura ao debate (fs. 499/500 do dossiê nº 92 mencionado), que, acrescentou, informado de que os religiosos se encontravam no referido lugar, comunicou a novidade ao Monsenhor Serra e que ao comparecer este à Esma, o diretor negou aquelas detenções.

De resto, também Mignone fez referência às gestões realizadas a fim de dar com o paradeiro dos religiosos. A respeito, apontou que no final de setembro circulou a versão de que estes dois sacerdotes tinham sido mortos e que diante desta afirmação reiterada por fontes oficiais o Cardeal Aramburu — Arcebispo de Buenos Aires —, compareceu pessoalmente diante do Ministro do Interior, General Harguindeguy, que ordenou uma investigação que encomendou ao Coronel Ricardo Flouret.

Também apontou que foi recebido, em 1º de julho de 1976, às 16h, no Edifício "Liberdade" pelo Almirante Montes, que lhe confirmou que os sacerdotes tinham sido presos pela Infantaria de Marinha.

Tal extremo foi corroborado por José María Vázquez, cuja declaração foi incorporada por leitura ao debate, que manifestou que junto com o Dr. Mignone se reuniram com o Almirante Montes, para averiguar sobre o paradeiro de sua filha que se encontrava desaparecida, e nesta oportunidade este confirmou que os padres Jalics e Yorio foram detidos pela Marinha, mas foram liberados depois de cinco meses (na fs. 5485/9 da causa nº 13).

Francisco Jalics, por seu lado, referiu que um irmão dele foi falar pessoalmente com Jimmy Carter, que se encontrava em campanha elei-

Anexo

toral pela presidência dos EUA; que outro de seus irmãos escreveu ao Núncio da Argentina, Monsenhor Laghi. Da mesma forma que o Padre Geral dos jesuítas negociou com o Embaixador da Argentina em Roma, que Monsenhor Serra foi à Esma sem poder entrar e que, soube por amigos, que Monsenhor Aramburu falou três vezes com o General Videla. Acrescentou que o padre Provincial Bergoglio falou com o Almirante Massera e várias pessoas próximas falaram com diferentes oficiais da Marinha.

Por outro lado, relatou que, uma vez liberados, disseram-lhe que era muito perigoso ficar no país, já que "tinham tido que nos liberar, porque era muito conhecido que a Marinha nos havia sequestrado, mas uma vez liberados podiam nos matar na rua para que não falássemos".

Por último, Jorge Bergoglio relatou que, uma vez liberadas as vítimas, a primeira coisa que procurou foi assegurar sua integridade física; para o que lhes solicitou que não dissessem onde tinham estado e os tirou do país. A respeito disso, lembrou que informou às autoridades, ao Bispo local e a Roma.

Também declarou que a partir de 1974 atuou como Provincial da Companhia de Jesus na Argentina, cargo que ocupou até 8 de dezembro de 1979.

Relatou que conheceu Orlando Yorio e Francisco Jalics em 1961 ou 1962, no Colégio Máximo, e que o primeiro deles nunca faltou aos seus votos.

Por outro lado, Bergoglio explicou que naquela época todo sacerdote que trabalhava com os mais pobres era alvo de acusações. A respeito, lembrou que em junho de 1973 viajou a La Rioja para intervir no caso de dois jesuítas que estavam em uma missão ali, que realizavam tarefas com os pobres e foram considerados "esquerdistas". Acrescentou que quando o Padre Arupe, geral da companhia, chegou ao nosso país, em agosto de 1974, e fez uma visita à dita província, despertou o desagrado de muitos setores, que expressaram isto publicamente, em razão de que os jesuítas trabalhavam com os mais pobres.

Bergoglio lembrou que estava "instalado", desde antes do golpe militar, que os padres que trabalhavam com os pobres eram considerados "esquerdistas".

A vida de Francisco

Também afirmou que os padres Yorio e Jalics deixaram a companhia antes do golpe; pensa que foi quando o padre Mugica morreu.

Por outro lado, declarou que o Geral dos Jesuítas era um homem que apoiava o trabalho com os pobres e que se encontrou, para buscar a maneira de seguir atuando, com todos os religiosos dessa companhia que trabalham com os pobres. Acrescentou que não era o único trabalho que Yorio e Jalics tinham, que o bairro Rivadavia tinha trabalhos de exercícios, de orientação espiritual e aulas, que ajudavam nos fins de semana na *villa* 11-14 e que costumavam comentar com ele o que acontecia neste lugar.

Relatou que entre 1975 e 1976 havia uma preocupação normal de todos os sacerdotes, como consequência do assassinato do Padre Mugica. Portanto, tinham de atuar com cuidado e sob certas precauções, como por exemplo, não entrar sozinhos nos bairros e à noite andar acompanhados.

Por outro lado, Bergoglio manifestou que a comunidade do bairro Rivadavia se dissolveu por uma política de reordenamento da província argentina, onde as pequenas comunidades se desvinculavam para fortalecer obras pontuais, colégios, residências e postos missões. Que nesta época existiam oito pequenas comunidades e se foram redistribuindo jesuítas. Mas isto não implicava deixar de trabalhar na *villa* 11-14. Esclareceu que redistribuir significava transferir os sacerdotes para fortalecer outras comunidades que estavam débeis.

Explicou que os padres Yorio e Jalics não eram os únicos integrantes desta comunidade no bairro Rivadavia, mas a redistribuição implicou que saíssem também porque fechavam esta comunidade.

Manifestou que residência e comunidade eram duas coisas distintas; que o bairro Rivadavia era uma residência, portanto não era uma paróquia, nem uma oratória, moravam ali jesuítas que trabalhavam em diferentes partes.

Afirmou que a redistribuição, pensa, envolveu os padres Yorio e Jalics na segunda metade de 1974, e que como consequência disto o primeiro foi para o Colégio Máximo e o segundo para a província Chilena, e que podiam continuar com suas funções na *villa* 11-14, mas desde sua nova residência.

Anexo

Que, diante disso, os padres decidiram recorrer junto ao Superior com o propósito de que não se dissolvesse esta comunidade, o que significa que quando lhes dão uma ordem com a qual não concordam, têm o direito, segundo o voto de obediência, de expor os motivos pelos quais não a consideram conveniente. Que embora tenha sido estudada, igualmente se resolveu dissolvê-la, processo que durou um ano e meio e no qual interveio o Padre Geral.

A respeito, Bergoglio referiu que aquele disse que ou se dissolvia a comunidade ou eles deveriam procurar outras alternativas; o que significava sair da Companhia.

Acrescentou que quando se decidiu recusar o recurso, solicitaram aos sacerdotes sua saída da Companhia.

Disse que a resolução foi informada ao padre Yorio em 19 de março de 1976 e que a partir deste momento devia procurar um bispo. Que os sacerdotes não foram aceitos, desconhecendo os motivos disto.

Por outro lado, Bergoglio afirmou que não soube da existência de um acordo entre a igreja e os militares para que, caso algum padre fosse sequestrado, devessem informar previamente ao bispo.

Declarou que o sequestro de Jalics e Yorio ocorreu aproximadamente entre 22 e 23 de maio, sendo estes detidos em uma blitz junto com um grupo de leigos. Esclareceu que alguns deles ficaram em liberdade nesses primeiros dias. Que soube do sequestro no mesmo dia, nas primeiras horas da tarde, por meio de uma ligação de uma pessoa do bairro, e que, ao mesmo tempo, soube que os responsáveis pertenciam à Marinha, embora desconhecesse que estivessem alojados na Esma.

Destacou que alguns jesuítas conversaram com os leigos liberados que os informaram que estiveram detidos em uma dependência da Marinha. Afirmou que não procurou ter contato direto porque lhe pareceu que era a melhor maneira de proceder, já que havia outras pessoas que estavam se ocupando do assunto.

Não tem conhecimento, mas ouviu que naqueles dias tinham suspendido as licenças das vítimas. Referiu que os autorizou a continuar rezando missa.

Por outro lado, Bergoglio referiu que com o fim de conhecer o paradeiro dos mesmos se reuniu duas vezes com o comandante Massera, da primeira vez o ouviu, disse que não sabia nada a respeito e que ia investigar. Que como não recebeu resposta, transcorridos dois meses, pediu-lhe uma nova audiência; a qual, lembrou a testemunha, "foi muito feia", não durou nem dez minutos e que o Comandante lhe disse que já tinha informado o presidente do Episcopado, Monsenhor Tortolo.

Declarou que se encontrou duas vezes com Videla, Que a primeira foi muito formal, anotou, disse que ia averiguar e comentou que diziam que estavam na Marinha. Explicou que ficou sabendo quem era o sacerdote que celebraria missa na residência do Comandante e o substituiu, e que depois do celebrá-la pediu para conversar. Que nesta oportunidade lhe deu a impressão que se ia preocupar mais e ia tomar as coisas mais a sério.

Bergoglio relatou que uma vez que Yorio foi liberado, se comunicou com ele por telefone e se reuniram para conversar. Que devia tirá-lo do país; razão pela qual Yorio, com o secretário da Nunciatura, compareceu ao Departamento de Polícia, com uma cobertura diplomática para que não acontecesse nada ali dentro. Que garantiu suas integridades físicas, solicitando a ele que não dissesse onde estava.

Por outro lado, Bergoglio lembrou que soube que dentro da Esma levaram a comunhão aos sequestrados.

Por último, explicou que o trabalho realizado pelos "padres *villeros*" era variado nos diferentes países, em alguns esteve muito envolvido com mediações políticas e uma leitura do Evangelho com uma hermenêutica marxista; o que, explicou, deu lugar à Teologia da Libertação, e em outros, por outro lado, optaram pela piedade popular, deixando de lado a política, dedicando-se à promoção e acompanhamento dos pobres.

Do mesmo modo, como prova documental, merecem ser destacadas de um modo genérico as constâncias obrantes no dossiê nº 92 da Câmara Nacional de Apelações no Criminal e Correcional Federal da Capital Federal, intitulado "María Esther Rosa Lorusso e outros", bem como o dossiê Conadep nº 6.328 correspondente a Orlando Virgilio Yorio.

Também dá sustento ao exposto a cópia do habeas corpus interposto em 9 de agosto de 1983 em favor de Antokoletz Mignone, Vázquez Ocampo, Lugones, Pérez Weiss, Lorusso Lamle, Teresa e Pablo Ravignani, Fidalgo, Berardo, Elbert, Ballestrino de Careaga, Oviedo, Horane, Bullit, Hagelin, Fondevilla, Ponce do Bianco, Duquet, Domon, Villaflor e Auad, no qual se faz referência ao fato que prejudicou os sacerdotes Yorio e Jalics (fs. 1.718/62 da causa nº 14.217).

Anexo

Por último, merece destacar-se da cópia simples da apresentação efetuada por Orlando Yorio, citada anteriormente, o seguinte: "No domingo 23 de maio no meio da manhã, fizeram-se presentes uns duzentos homens armados (segundo versões posteriores) e paralisaram a *villa*. Revistaram totalmente nossa casa, levando meus papéis e documentos. Levaram presos oito jovens catequistas que havia nesse momento. Levaram-nos presos ao P. Jalics e a mim. Aos catequistas perguntaram sobre como eu celebrava a missa e sobre minha teologia. Deixaram livres um ou dois depois. Segundo soube ao sair. Com o P. Jalics estivemos cinco meses acorrentados de pés e mãos e com os olhos vendados. Totalmente incomunicáveis. Os primeiros quatro ou cinco dias, passei sem comer, sem tomar água, sem ir ao banheiro. Um mês e meio depois pude trocar a roupa suja. No 6º dia me localizaram junto ao P. Jalics. Começaram a me dar de comer e pude ir ao banheiro. Ali estivemos acorrentados e sem ver luz, e incomunicáveis totalmente, os cinco meses. Só me interrogaram durante os primeiros dias, drogaram-me para me fazer falar inconscientemente. Tinham recebido sérias acusações de que eu era guerrilheiro. Pediam-me que esclarecesse por que não tinha licença, perguntaram-me sobre minha atividade na *villa*. Sobre minhas opiniões sobre a história argentina. Se tinha relações sexuais com uma catequista. Antes de começar a me dar de comer recebi a única explicação que me deram. Tinha havido sérias denúncias contra mim. Ter-nos prendido para eles havia se tornado agora um grande problema, porque tinha havido uma reação fortíssima da Igreja e de muitos setores em todo o país. Que eu era um bom sacerdote. Mas que cometera um engano: ter ido morar junto com os pobres. Que isto era uma interpretação materialista do evangelho. Que Cristo quando fala da pobreza fala da pobreza espiritual. Que na Argentina os pobres são os ricos, e eu devia atendê-los. Que embora não seja culpado de nada, no entanto por "estes problemas dos homens" embora vá ficar livre vou ter que passar um ano em um colégio. Depois disto me transferiram e estive os cinco meses inteiros sem receber novas explicações. Em 23 de outubro à noite fomos anestesiados e abandonados adormecidos no meio do campo ao sul de Buenos Aires. Levados certamente em helicóptero pela distância e os pântanos adjacentes. No dia seguinte ao meio-dia, assim que chegamos

A vida de Francisco

a Buenos Aires e conseguimos um telefone, falei com o P. Provincial. Dois dias depois (26 de outubro, 1976) nos reunimos com o P. Bergoglio na casa de minha mãe. Eu estava sem documentos e não podia me movimentar. Neste dia acordamos que o P. Provincial trataria sobre minha incardinação com Mons. Novak. Neste dia me disse que não era necessário que eu assinasse a demissão, pois, para tornar o trâmite mais livre, ele tinha feito uma ata com a presença de testemunhas, com a qual ficava clara minha saída da Companhia. Eu entendi que isto se fez neste momento e em razão de que eu não podia sair de casa da minha mãe e para acelerar minha incardinação. O Provincial não me disse que com esta ata tinham me expulsado, tampouco me disse que isto tinha sido em 20 de maio (ou seja, três dias antes de ser preso) como você, P. Moura, informou ao P. Jalics. Além disso, depois dos cinco meses de grilhões, falta de luz, incomunicação e sustos, eu me sentia enjoado com todas as emoções; poder caminhar, ver a luz, ver os seres queridos e a quantidade ininterrupta de pessoas que até tarde da noite passava pela casa de minha mãe. Interiormente me sentia inseguro e com desejo que as coisas se arranjassem de qualquer maneira depois dos sustos e ameaças de morte vividos na prisão. Para agravar as coisas, no dia seguinte a polícia começou a me procurar e tive que me esconder. O P. Bergoglio informou ao Mons. Novak sobre minha pessoa verbalmente. Fez isto na minha presença para que não houvesse mais problemas, conforme disse. Informou muito favoravelmente. Disse também que eu não saía da Companhia por nenhum problema sacerdotal, nem religioso, nem disciplinar. Que o único problema era o de tensões entre grupos humanos. O P. Bergoglio, com amparo da Nunciatura, fez o trâmite dos meus documentos. Facilitou minha documentação da Companhia. Pagou minha viagem a Roma porque a diocese não podia fazê-lo. Aqui em Roma interveio para que eu fosse recebido no Colégio Pio Latino e para facilitar meu ingresso na Gregoriana. No trâmite de incardinação e de minha viagem a Roma entendo que se comportou com muita diligência e correção. Meu bispo ficou muito agradecido por isto. Mas explicações sobre o ocorrido anteriormente não pôde me dar nenhuma. Ele se antecipou a me pedir que por favor não as pedisse porque nesse momento se sentia muito confuso e não saberia dá-las. Eu tampouco lhe disse

Anexo

nada. O que podia lhe dizer. Voltando ao assunto da ata com a presença de testemunhas. Você, P. Moura, em junho, quando o vi junto com o P. Jalics, me falou de uma reunião diante de testemunhas em que o P. Bergoglio me fez uma intimação ou algo parecido. Agora o professor Cardone voltou a me falar sobre isto. Esta reunião não existiu, nem nada parecido. Eu nunca recebi nenhuma intimação. Segundo você disse ao P. Jalics esta reunião tinha sido em 20 de maio, três dias antes da minha prisão. A última vez que eu vi o P. Bergoglio foi entre 7 e 10 dias antes de minha prisão a propósito do problema da minha licença, e ali ele mesmo me deu licença para celebrar em casas da Companhia, coisa que não acho que lhe ocorreria fazer se me estivesse intimando a sair. Além disso estivemos sozinhos, sem testemunhas. Além disso, se tivesse existido esta reunião, a que vinha a explicação que me deu na casa de minha mãe, depois que fiquei livre, dizendo que para tornar os trâmites mais livres havia feito assinar minha ata por testemunhas? Como se explica que haja um ato fictício no que me expulsa da Companhia, sem que eu saiba, justo três dias antes da minha prisão?"

Em síntese, o exposto permite afirmar que a reação eclesiástica, entre outras, refletida nas diversas providências realizadas tanto pelos superiores da Ordem a que pertenciam os religiosos quanto por outras autoridades da Igreja Católica Argentina, persuadiu a respeito da liberação dos sequestrados pelo regime imperante.

Do mesmo modo, o conhecimento que Jalics e Yorio tinham do perigo que corriam suas vidas, pela atividade desenvolvida, era de conhecimento público, já que precisamente o regime ditatorial acreditava ver no trabalho pastoral nas *villas* uma fachada que escondia a guerrilha. A isso se soma a menção que faz o irmão de Yorio quando apontou que iam matá-lo se continuasse sua atividade, assim como as advertências eclesiásticas traduzidas na retirada de sua licença.

Por outro lado, o evento relatado foi provado no âmbito da sentença ditada pela Câmara Nacional de Apelações no Criminal e Correcional Federal, na causa nº 13/84, correspondendo aos casos individualizados com os números 197 e 198.

Como conclusão, cabe apontar que a evidência descrita por sua concordância, uniformidade e poder de convicção persuade plenamente o Tribunal do afirmado no início.

Bibliografia

Amato, Alberto, "Un conservador moderado que nunca le sacó el cuerpo a la discusión política", *Clarín*, 14 de março de 2013.

Ambrogetti, Francesca y Sergio Rubín, *El jesuita*, Buenos Aires: Vergara, 2010.

Alconada Mon, Hugo, "'Soy Bergoglio, cura': vida íntima y obra del Papa que llegó del fin del mundo", *La Nación*, 17 de março de 2013.

Bergoglio, Jorge e Abraham Skorka, *Sobre o céu e a terra*, Rio de Janeiro: Companhia das Letras, 2013.

"Bergoglio studierte einst in Frankfurt am Main", *Die-Welt*, Alemanha, 14 de março de 2013.

Dapelo, Santiago, "La pobreza, una preocupación que lo desvela desde joven", *La Nación*, 18 de março de 2013.

Di Stefano, Roberto, "El mito jesuita: una teoría conspirativa que movilizó multitudes en la Argentina", *La Nación*, 17 de março de 2013.

"Elegirán al rector de la Universidad del Salvador", *La Nación*, 25 de maio de 1975.

"El éxtasis familiar por el loco de la guerra", *La Nación*, 17 de março de 2013.

"El sobrino del Papa: 'Mi tío asume una responsabilidad infernal'", *Perfil*, 17 de março de 2013.

Bibliografia

"En el cónclave, las divisiones van más allá de la ideología", *La Nación*, 5 de abril de 2005.

"Era estudioso y místico, nosotros éramos un poco más festivos", *Perfil*, 16 de março de 2013.

"Exigente y admirador de Borges, así lo recuerdan sus ex alumnos", *Clarín*, 15 de março de 2013.

Fernández, Oriana y Sergio Rodríguez, "La casona donde Bergoglio pasó sus años en Chile", *La Tercera*, Santiago do Chile, 15 de março de 2013.

Fernández Moores, Ezequiel, "El papa cuervo", *El País*, 18 de março de 2013.

"Il primo beato del Pontefice, un prete ucciso dal regime", *La Stampa*, Roma, 19 de março de 2013.

"Los jesuitas tienen nuevo provincial", *La Nación*, 5 de agosto de 1973.

"Miembros de la Compañía de Jesús en Chile y la elección de Francisco", *La Tercera*, Santiago do Chile, 18 de março de 2013.

"Monseñor Bonet Alarcón le donó sangre en 1957, cuando sufrió una afección pulmonar", *La Nación*, 19 de março de 2013.

"Para los empresarios es quien puede lograr lo imposible: diálogo", *La Nación*, 14 de março de 2013.

Rivas, Tomás, "La juventud de Bergoglio, entre parroquias, amigos y baile", *La Nación*, 14 de março de 2013.

"Soy Bergoglio, cura: vida íntima y obra del Papa que llegó del fin del mundo", *La Nación*, 17 de março de 2013.

"¿Un jesuita franciscano?", *El País*, 14 de março de 2013.

Este livro foi impresso na
LIS GRÁFICA E EDITORA LTDA.
Rua Felício Antônio Alves, 370 – Bonsucesso
CEP 07175-450 – Guarulhos – SP
Fone: (11) 3382-0777 – Fax: (11) 3382-0778
lisgrafica@lisgrafica.com.br – www.lisgrafica.com.br